OUTROS OLHOS MESOPOTÂMIA –
UMA NOVA COSMOVISÃO

OS SUMÉRIOS

VOLUME I

"As passagens da História que não têm conexão com a realidade não são histórias, são fantasias. Não há fato que possa ter ocorrido na consciência do mundo que possa ficar alheio à consciência do homem. Qualquer leitura inserida na História que não tome contato com a consciência do homem é letra morta, é fantasia. Um historiador pode descrever fatos, épocas ou pessoas, porém se nestes ele não tem estampado o selo da realidade, esse historiador fez descrições defeituosas e deficientes que são preservados na existência irreal, pois desde este momento não tem possibilidade de contato com a consciência individual dos seres"
(Pecotche)

Editora Appris Ltda.
1.ª Edição - Copyright© 2024 dos autores
Direitos de Edição Reservados à Editora Appris Ltda.

Catalogação na Fonte
Elaborado por: Josefina A. S. Guedes
Bibliotecária CRB 9/870

B827o 2024	Braz, Carlos Outros Olhos Mesopotâmia - uma nova cosmovisão : os Sumérios ; Volume I / Carlos Braz. – 1. ed. – Curitiba : Appris, 2024. 284 p. ; 23 cm. – (Ciências sociais). Inclui referências. ISBN 978-65-250-5564-0 1. Sumérios. 2. História. 3. Ciência. 4. Espiritualidade. I. Título. II. Série. CDD – 935

Livro de acordo com a normalização técnica da ABNT

Appris *editora*

Editora e Livraria Appris Ltda.
Av. Manoel Ribas, 2265 – Mercês
Curitiba/PR – CEP: 80810-002
Tel. (41) 3156 - 4731
www.editoraappris.com.br

Printed in Brazil
Impresso no Brasil

Carlos Braz

OUTROS OLHOS MESOPOTÂMIA – UMA NOVA COSMOVISÃO

OS SUMÉRIOS

VOLUME I

FICHA TÉCNICA

EDITORIAL	Augusto Coelho
	Sara C. de Andrade Coelho
COMITÊ EDITORIAL	Marli Caetano
	Andréa Barbosa Gouveia - UFPR
	Edmeire C. Pereira - UFPR
	Iraneide da Silva - UFC
	Jacques de Lima Ferreira - UP
SUPERVISOR DA PRODUÇÃO	Renata Cristina Lopes Miccelli
PRODUÇÃO EDITORIAL	Miriam Gomes
REVISÃO	Débora Sauaf
DIAGRAMAÇÃO	Andrezza Libel
CAPA	Sheila Alves
REVISÃO DE PROVA	Jibril Keddeh

COMITÊ CIENTÍFICO DA COLEÇÃO CIÊNCIAS SOCIAIS

DIREÇÃO CIENTÍFICA Fabiano Santos (UERJ-IESP)

CONSULTORES

- Alícia Ferreira Gonçalves (UFPB)
- Artur Perrusi (UFPB)
- Carlos Xavier de Azevedo Netto (UFPB)
- Charles Pessanha (UFRJ)
- Flávio Munhoz Sofiati (UFG)
- Elisandro Pires Frigo (UFPR-Palotina)
- Gabriel Augusto Miranda Setti (UnB)
- Helcimara de Souza Telles (UFMG)
- Iraneide Soares da Silva (UFC-UFPI)
- João Feres Junior (Uerj)
- Jordão Horta Nunes (UFG)
- José Henrique Artigas de Godoy (UFPB)
- Josilene Pinheiro Mariz (UFCG)
- Leticia Andrade (UEMS)
- Luiz Gonzaga Teixeira (USP)
- Marcelo Almeida Peloggio (UFC)
- Maurício Novaes Souza (IF Sudeste-MG)
- Michelle Sato Frigo (UFPR-Palotina)
- Revalino Freitas (UFG)
- Simone Wolff (UEL)

Aos meus familiares e amigos que me ajudaram na concretização desta obra, com intensos intercâmbios de compreensões, análise crítica, sugestões e revisão dos textos, deixo aqui registrado meus mais sinceros agradecimentos.

LISTA DAS ILUSTRAÇÕES

SUMÁRIO

A Infrutífera Busca do Saber

Com relação à busca infrutífera do saber que os seres humanos vêm empreendendo ao longo dos séculos, podemos afirmar que o empenho e o esforço despendidos para descobrir uma forma de conhecer um tanto de coisas que a Natureza tem inquirido seu juízo para responder, com o propósito de arrancar o homem das sombras da ignorância, formadas pelo desconhecimento do que é, do que representa para a sua e para as demais espécies e quais são as suas prerrogativas, humanas e espirituais, têm sido estéreis. Infelizmente, na medida em que o homem pesquisa, ensaia, pratica e avança na conquista do saber, o faz buscando este saber através da sua imaginação, sua intuição, ou ainda, dos seus pressentimentos que, por sua vez, somente o tem levado a crer em afirmações absurdas a respeito da sua criação; do seu destino; do objetivo de sua vida; a respeito do Universo, das leis que o regem e do Seu Criador; e de tantos outros saberes. Negar essa afirmação seria negar a própria evolução.

No Universo visível e invisível, em tudo que nos rodeia, em toda a Criação, está plasmada a vida universal do Criador, e é a maior prova de sua existência e, sobretudo, pelo privilégio que nos foi concedido, como parte integrante desta Criação, de intuir, elaborar e manifestar este interrogante e, também, de respondê-lo: qual o meu conceito de Deus? –; esta deve ser a questão primordial.

Conhecer a evolução do pensamento que inspira a mente humana na elaboração das concepções sobre a criação do Universo, as suas acepções históricas, suas vertentes e perspectivas, desde as primeiras civilizações que se tem conhecimento e registro, até o modelo cosmogônico atual, é fundamental para situar-nos como parte desta Criação e criadores de nós mesmos, compreendendo e tomando consciência do processo evolutivo e dos preceitos estabelecidos para tudo que existe, inclusive para a espécie humana, as diversas etapas de superação percorridas por cada um dos seres viventes ao longo deste processo de evolução e, consequentemente, alcançar as máximas prerrogativas que foram concedidas ao gênero humano, nos âmbitos psicológico, mental e espiritual.

Em outras palavras, o ser humano guarda em si a história de toda a Criação que lhe precisa vir à luz para poder se converter verdadeiramente em um súdito dela e tornar-se imortal. Portanto, *"nenhum outro motivo poderá ser mais grato ao espírito, porque ele sabe que cada conhecimento que passa a fazer parte do saber individual o aproxima um passo a mais da Grande Verdade que ele tanto anela alcançar"* (PECOTCHE, 2005, p.144).

O contínuo anseio inato em buscar conhecimentos sobre quem é, em essência, e qual é a sua origem, se transforma em uma inquietude que insta o ser humano e o move internamente na busca deste conhecimento.

Todas as civilizações e culturas, até então existentes, se esforçaram em elaborar uma cosmogênese, isto é, criaram estórias de como o Universo foi criado, qual a sua origem, quais as forças que o sustentam e o mantêm em movimento, de como surgiram as constelações, as galáxias, os planetas, os minerais, os vegetais e os animais de todas as espécies, assim como os próprios seres humanos.

Estórias que pudessem dar uma explicação do mundo em que viviam, tão importantes para o seu entendimento como indivíduos, como a sua própria linguagem. Sendo assim, o tema da origem do ser humano ocupou as áreas mitológica, filosófica, teológica e científica, tornando a cosmovisão um assunto de grande interesse para toda a humanidade e motivo de grandes conflitos entre as religiões institucionalizadas que visam, através do controle social e até mesmo político, exercer uma tirania para evitar o despertar do letargo em que vive e elevar a consciência da espécie humana para patamares superiores de realização.

A aprendizagem é um processo contínuo. Todos os dias estamos recebendo novas informações e vivenciando situações que precisam ser assimiladas. Para que a aprendizagem ocorra mediante efetivos câmbios na medida real de conhecimento de cada pessoa, ampliando sucessivamente o próprio potencial formativo, é necessário relacionar o que se está aprendendo com a vida que se está vivendo. Por isso, não é possível aprender tudo de uma só vez, já que a aprendizagem é uma construção de saberes que ocorre ao longo da existência, quer seja abarcando novas acepções, quer hierarquizando as verdades assimiladas anteriormente.

No meu entender, são seis as características básicas dos processos que compõem um sistema humano de aprendizagem, a saber:

- **dinâmica**: abandona a postura passiva da atitude de crer, por mais que os conceitos pareçam certos e inobjetáveis (acreditando *"de pés juntos"*), sem uma análise prévia e experimental de sua veracidade;

- **cumulativa**: novos elementos são acrescidos às experiências anteriores, levando a uma organização de novos padrões de comportamento e caráter;

- **gradual**: se faz através de sucessivas operações de absorção de conhecimentos de complexidade crescente;

- **contínua**: está presente e sempre estará, desde o início da vida até o fim da existência de todos os seres humanos;

- **intrapessoal**: o saber é intransferível, isto é, não pode ser herdado nem delegado de um indivíduo para outro, se pratica no próprio interno do ser (ninguém pode aprender por outrem); e

- **integral**: inclui todos os aspectos volitivos, sensíveis e mentais, constitutivos do caráter, necessários para restabelecer o equilíbrio rompido pelo surgimento de uma adversidade.

Ainda que, conhecedores do princípio da temporalidade, que influencia as transformações tecnológicas para ressignificar a visão de mundo e expectativas ao longo da vida; do princípio da interpretabilidade, que promove explicações compreensíveis de um modelo cosmogônico em um contexto sociocultural; e do princípio da mutabilidade, em que os conceitos não são estanques, pois suas acepções são constantemente ampliadas e/ou hierarquizadas; alguns cientistas insistem em manter inalteráveis os conceitos fundamentais, que regem o processo evolutivo dos seres humanos.

Eu não estou me referindo ao progresso que tem como objetivo atender às necessidades básicas dos cidadãos de um grupo social, aquelas que lhes permitam melhorar a qualidade de sua vida cotidiana, mas sim aos conhecimentos superiores, que promovem um verdadeiro processo evolutivo a partir do melhoramento das características e dos valores intrínsecos da espécie humana.

> Todo conceito que o homem não modifica com sua evolução se torna um preconceito, e os preconceitos acorrentam as almas à rocha da inércia mental e espiritual. (PECOTCHE, 2003, p. 24).

Como exemplo, a teoria cosmológica padrão mais aceita atualmente no meio científico, correspondente ao Big Bang, enunciada pelo físico belga

George Lemaître, em um artigo publicado em 1927, que discorre sobre como o Universo pode ter sido originado a partir de uma enorme explosão repentina e violenta de uma partícula extremamente densa e quente, em sua ideia central não tem embasamento lógico sustentável, pois não resiste a contestação de uma simples imagem analógica: considerá-lo como tal seria o mesmo que conceber que o resultado de uma explosão em uma gráfica seria uma enciclopédia.

À medida que os estudos sobre o Cosmos foram se tornando mais complexos, os cientistas foram sugerindo sucessivos remendos de teorias e acepções, que, a cada descoberta da Ciência, buscavam agregar uma explicação que pudesse ser compactuada com a empáfia de alguns cientistas de manterem-se entrincheirados naquela ideia original, um retalho a mais neste caleidoscópio de teorias para remediar uma situação insustentável, até a próxima grande descoberta.

Felizmente, a Ciência pode oferecer diversas versões lógicas para a origem do Universo. Através das faculdades da sua inteligência é que os seres humanos podem observar, entender, comparar, discernir, refletir, razoar, pensar e compreender, de forma estruturada, os elementos de juízo que sustentam a razão de ser da sua existência e do todo o criado, e que ele pode ser, ao mesmo tempo, pesquisador e motivo da sua pesquisa, que, por métodos científicos desenvolvidos nos laboratórios e experimentos físico-químico-sociais, aclarar seu entendimento e desvelar os segredos que encapsulam os conceitos em que fundamentam o verdadeiro e definitivo modelo de criação da vida humana, do Universo e de tudo que existe.

No que se refere aos aspectos tangíveis da História, o entrelaçamento dos fatos e acontecimentos narrados colabora para formar uma unidade básica de significação, que garantem um reconhecimento dos elementos que configuram uma compreensão prática dos propósitos, motivos, do protagonismo, das circunstâncias, da interação e de outros aspectos éticos que compõem a experiência humana, porque ela procura responder questões tais como: para quê? O Que ou Quem? Onde? Por quê? Como?

Um ser humano, por mais ignorante que seja, algum dia, abandonando a curiosidade comum e por necessidade de sua evolução natural, já se formulou uma indagação, um interrogante, sobre a razão de ser da própria vida.

Desde que os homens passaram a fazer uso da razão, sempre se apresentou a seu entendimento uma grande quantidade de indagações, sem que consiga formular uma resposta clara e definida. E, também, por força destas inquietudes, quantas perguntas já não surgiram pressionando a inteligência humana, e que se repetem de geração em geração; presentes no interno de muitíssimos seres; quer estejam nos trópicos, quer estejam nos polos; obedecendo a um perfeito plano de evolução, logicamente sincronizado entre todos os seres humanos.

Realizo pesquisas, por mais de quatro décadas, sobre a veracidade e a importância de aclarar o meu entendimento para questões que há séculos vêm premendo a inteligência humana sobre *"o conhecimento de si mesmo, dos semelhantes, dos mundos mental e metafísico, e, acima de tudo, o acercamento à Sabedoria Eterna, pelo enriquecimento da consciência e pela elevação do espírito até sua verdadeira e integral formação, determinada pela conexão do homem com seu Criador"* (PECOTCHE, 2005, p. 11), utilizando os conhecimentos trazidos pela LOGOSOFIA[1].

Tenho constatado que a vida do homem comum formado na cultura vigente, por desconhecer sua realidade interna fica relegada *"a uma resignada inabilitação de suas aptidões superiores, por carecer de conhecimentos que a desenvolvam"* (PECOTCHE, 2008, p. 77). As regiões de acesso ao mundo mental e aos canais do entendimento, ficam obstaculizadas por preconceitos, deficiências psicológicas e conceitos equivocados, e toda imagem captada pela observação no cotidiano encontra dificuldades para penetrar com inteireza nos canais da compreensão, e daí se obter uma noção clara dos elementos que a configuram. E as palavras da inteligência, que brotam das fontes da lógica e da realidade vivente, se perdem em um espesso labirinto de pensamentos obtusos, das argúcias da dialética e da dissimulação do sofismo orientalista, culminando, muitas vezes, na desesperança e no extravio.

Além dos referidos obstáculos no entendimento, o ser humano dotado de conceitos fundamentais formandos com os valores e princípios inculcados pela cultura vigente, tem, ainda mais, os problemas que surgem do próprio mecanismo psicológico emperrado com sérias dificuldades para escrutinar, comparar, discernir e identificar com clareza as características dos elementos observados.

O propósito desta publicação e de outras que a esta se seguirão, é utilizar a linha de tempo da História como suporte para contextualizar os

---

[1] Logosofia = é uma ciência criada pelo pensador, educador e humanista Carlos Bernardo González Pecotche, que busca oferecer ferramentas de ordem conceitual e prática para obter o auto aperfeiçoamento, por meio de um processo de evolução consciente que conduz ao conhecimento de si mesmo, dos semelhantes, de Deus, do Universo e de suas leis eternas, e ainda como uma nova forma de sentir e conceber a vida, por apresentar uma nova concepção do homem, de sua organização psíquica e mental e da vida humana em suas mais amplas possibilidades e projeções.

registros do surgimento, no ambiente mental do homem mesopotâmico, dos pensamentos que deram origem aos conceitos que regeram os princípios éticos, as normas de conduta e os juízos de valores que sustentaram o berço da cultura ocidental e ainda regem a cultura vigente, que, no meu entendimento, estão tergiversados, corrompidos e deturpados, comprometendo o processo evolutivo realizado, ainda que de forma inconsciente, pela maioria dos seres humanos.

É ainda, um dos objetivos revelar nesta publicação os resultados das minhas investigações sobre os conceitos logosóficos, com intuito de convidar o leitor atento que, abandonando a curiosidade comum, já tenha sentido ou pressentido que a vida deve ter um algo mais, incompreensível, algo mais além, a promover um verdadeiro processo de evolução, que o leve ao rompimento da estreiteza física, que restringe a vida humana, limitando-a entre o nascer e o morrer.

Contextualização Histórica dos Povos Antigos

Em todos os modelos cosmogônicos imaginados pelos antigos mesopotâmios, egípcios, indianos, gregos, chineses, árabes, bantos, maias e tupis-guaranis, o conhecimento associado não era definitivo, nem se constituíram em uma verdade absoluta, pois não tinham acesso a uma metodologia científica que pudesse sustentar as diversas tentativas de explicar a origem de tudo. Estes conceitos foram construídos a partir de concepções relacionadas com o grau de compreensão que tinham do Universo, do homem e do Criador, vigentes em cada tempo em que estas civilizações existiram e que foram consideradas satisfatórias para aquele contexto histórico.

Todas estas civilizações eram formadas por povos cuja cosmovisão se baseava em mitologias complexas, que forneciam as diretrizes que regiam os comportamentos e a convivência entre os seus cidadãos, preceitos morais e éticos que orientavam a conduta dos indivíduos nos âmbitos individual e coletivo, que deram consistência a uma estrutura política e social coerente e sólida, que ajudaram a modelar a história social tão peculiar destas civilizações.

A História não responde todos os nossos interrogantes, ou, se os responde, não responde a tudo, nem a todos muito bem e por completo, porém ajuda muito.

De alguma maneira, ajuda aqueles que se interessam pelo que está mais além do conhecido na vida corrente, pelo mais profundo que a superficial materialidade dos fatos, para entender quem foram, o que são hoje, e quais são as suas possibilidades de ser em um amanhã.

Os historiadores, investidos de uma autoridade, não fazem História somente para comunicar a todos sobre o que aconteceu no passado, senão para ajudar a entender um pouco melhor o mundo em que vivemos, e contribuir para responder algumas das perguntas existenciais que há séculos inquietam nossas consciências a respeito dos interrogantes sobre a razão de ser da vida em geral.

Os eventos da natureza devem ser explicados, mas a História, os eventos históricos, os valores e a cultura devem ser compreendidos. No passado os filósofos mantinham uma independência de métodos entre as ciências da natureza e a ciência do espírito, que se distinguiam por meio de um procedimento analítico discernitivo (próprio das ciências naturais) e um método de compreensão consciente (próprio das ciências do espírito). Porém, compreensão é apreensão de um sentido, e sentido é o que se apresenta à compreensão como "conteúdo energético e funcional" do que se observa. Só podemos determinar a incorporação de um conhecimento apenas pela compreensão do sentido que ele custodia.

A capacidade de aprendizagem da mente do homem comum, para a absorção do conhecimento, está baseada em referencias espaço-temporais, e condicionada, exclusivamente, a sua percepção táctil e sensorial para atribuir significado à realidade vivente, quer seja objetiva ou subjetiva.

Portanto, existe uma tendência do pesquisador e cientista buscar concretar o emocional, o espiritual, o divino, suas energias e consciências, prescindindo dos processos que caracterizam a sua sabedoria tridimensional, que envolve o cognoscitivo, o reflexivo e o sensível, para definir o Universo tal como ele é, sem fronteiras e imperfeições, como expressão física, estruturada e dinâmica de um processo cósmico manifestado pelo Criador, para atender a objetivos que Lhe são próprios e a Ele destinados.

Penso que a leitura consciente dos fatos e acontecimentos sociais é tão importante quantas outras chaves espalhadas pela Criação, para ampliar nossa compreensão a respeito do conhecido e permitir ter uma cosmovisão ampla do processo de manifestação de todo o criado, que, neste estudo, em particular, se inicia com a linguagem sincrética dos símbolos e dos sinais usados pelos sacerdotes nos templos sumérios de Eridu, Ur, Lagaš e Uruk, representando os conhecimentos da matéria e do Cosmos, para elucidar as questões que, desde então, inquietam as mentes humanas, imersas nas profundezas da ignorância e da barbárie, com o propósito de despertar o pensamento crítico dos homens sobre princípios éticos, normas de conduta e juízo de valores, que norteiam e dão conformação a uma civilização, a qual, por excelência da espécie, irá permitir a expansão da consciência para alcançar planos superiores, transcendentais e divinos, de compreensão.

Novas concepções cosmogônicas eram formuladas, sucedendo uma após outra, adaptadas às visões que os povos iam alcançando, de tempo em tempo, através da observação da Natureza, da interpretação do mundo que as rodeava, das explicações que buscavam dar para os fenômenos naturais, tais como: chuvas, secas, estações climáticas, épocas propicias ao plantio e a colheita etc., dando surgimento a novas acepções para os conhecimentos que as sustentavam, sobre o Universo e a sua origem, tornando-as mais aceitáveis para o nível de compreensão do ser humano de cada época e para a sua capacidade interpretativa e discernitiva.

Em muitas destas civilizações, estas explicações da gênese eram mitológicas e alegóricas, recheadas de superstições. Independente do caráter religioso associado, conforme Gleiser (2006, p. 18)[2], *"os mitos de criação e modelos cosmológicos têm algo de fundamental em comum: ambos representam os esforços dos seres humanos para compreender a existência do Universo".*

---

[2] **GLEISER, Marcelo =** professor brasileiro de física e astronomia do Dartmouth College (EUA). Vencedor do Prêmio Templeton 2019. Ganhou reconhecimento internacional por meio de seus livros, artigos, blogs, documentários e conferências em que apresenta a ciência como uma ferramenta para explorar e entender as origens filosóficas e religiosas do Universo e da vida, desde a sua influência dos tempos antigos até os modernos.

Os Ubaídas

A Mesopotâmia é considerada um dos berços da civilização, pois abrigou os primeiros povos da humanidade, em especial, os sumérios, acádios, amoritas (babilônicos), os assírios e, por fim, os caldeus, cujos registros vão de 7.000 até 612 anos aEC, quando foram conquistados pelos persas.

Para compreender melhor o pensamento vigente entre os povos da região é necessário um estudo do processo de formação da cultura mesopotâmica, com base nos contextos sócio, histórico, político, religioso e geográfico desta região, próxima ao Golfo Pérsico, *"Entre os rios"* (grego = Mesopotâmia) Tigre e Eufrates, correspondente a parte meridional do atual Iraque e Kwait.

Houve um tempo em que na região ao sul da Mesopotâmia se estabeleceu um povo que se chamava *"cabeças preta"*. Este povo, cujo achados arqueológicos os identificaram como sendo da era Ul-baid, ou seja, da era do *"barro cozido"*, mais tarde viria a ser conhecido como os sumérios. Os historiadores consideram os ubaidianos um povo caçador-coletor nômade pré-histórico oriundo da Ásia Ocidental, que floresceu na Mesopotâmia durante o período neolítico, entre 7.000 e 4.000 anos aEC, como a primeira força civilizadora da Idade Antiga, embora as referências de sua história sejam muito limitadas e restritas a vestígios materiais (não escritos) encontrados.

Embora esta região hoje seja desértica, estes povos apresentavam um certo desenvolvimento agropecuário, porque tinham conhecimento de engenhosas técnicas de drenagem, de irrigação e de plantio de trigo, cevada, linho, gergelim, hortaliças, tâmaras, figueiras e palmeiras. Os primeiros animais a serem domesticados pelos ubaídas foram as ovelhas, cabras, porcos e bois. Desenvolveram o comércio e estabeleceram manufaturas, incluindo a tecelagem, artesanato em couro, a metalurgia (???), a alvenaria e a cerâmica.

A cultura ubaída não detinha o conhecimento da escrita, portanto, as referências de sua existência se deram, também, através de provas linguísticas datadas daquela época, tais como inscrições sumérias utilizando palavras com valor cultural significativo, mais antigas que a sua própria cultura, tais como: lavrador, pastor, arado, metalurgia, tecelão, carpinteiro etc.

Numa época em que os grupamentos humanos eram muito pequenos, para garantir a preservação e a perpetuação da espécie, a procriação estava associada a um ato divino, e a fertilidade assumia um caráter de religiosidade com a representação através de uma deidade feminina. As funções vitais da

"Deusa Mãe" ou a *"Grande Deusa"*, no culto dos ubaídas, não estava limitado somente aos aspectos maternais, como geradora da vida, da natureza, da arte e da cultura, mas também representava o conhecimento, a criatividade humana, a sexualidade, a reprodução, a sensibilidade, novos ciclos e o Destino, toda uma cosmologia fundamentada no feminino.

Desde os tempos remotos o papel da mulher sempre foi construído como a representação da fertilidade, e foi a uma única função valorizada socialmente. Responsável direto pela unidade grupal familiar, tinha o objetivo de preservar a espécie, nutrir e proteger a descendência, e fornecer-lhes as condições para a formação das suas identidades: valores éticos, morais, estéticos, religiosos e culturais.

Nos povos antigos, já existiam indícios de representações divinas, como por exemplo, da deusa-mãe. A maioria das informações relativas à religião feminina, que mudaram a nossa visão da história antiga, foram obtidas através das descobertas de artefatos e estatuetas (Virgem de Willendorf, Virgem de Lespugue, Vênus de Schelklingen, Nanna e outras), em sítios arqueológicos datados da era paleolítica, que correspondem a uma interpretação idealizada da figura feminina que, conforme a paleontóloga russa Abramova[3], estava relacionada à participação das mulheres nas primeiras sociedades tribais, isto é, ela não era um deus, nem um ídolo, nem a mãe de um deus, era a protetora e orientadora de todo o clã.

Figura 1 – Estatuetas das célebres Vênus paleolíticas representando a Deusa-Mãe

Venus of Schelkingen
35,000-40,000 BC
mammoth ivory (above)

Venus of Willendorf
24,000 BC
Limestone (right)

Venus of Lespugue
22.800 BC
Mammoth Ivory

Venus of Laussel
25.000 BC
Argan Plates

Fonte: Museu do Homem, Paris (adaptação da imagem do Google – Bruno Haulfermet)

[3] **ABRAMOVA, Zoya Aleksandrovna** (1925:2013) = nascida na URSS, historiadora, arqueóloga, professora titular e doutora de ciências históricas da Universidade Estadual de São Petersburgo, ocupa um papel importante na pesquisa e documentação da história da arte paleolítica da Europa Oriental.

Dentro de uma estrutura social matrilinear, as mulheres eram exaltadas como curandeiras, conhecedoras de ervas, raízes e plantas curativas, e na maioria dos casos, assumindo o papel de médicos daquele grupo social. E a sua relação com a Natureza, através da sua sensibilidade inata, lhe permitia interpretar os ciclos produtivos agrícolas, fornecendo uma compreensão dos métodos de plantio e colheita, que garantia a sustentação daquele grupo de humanos, deixando para a natureza masculina o hábito instintivo da caça, como busca por alimentos para atender a uma necessidade urgente de sobrevivência.

A própria sobrevivência daquele grupo social agora se fazia através da ampliação do domínio do indivíduo sobre a Natureza, transformando--se em uma ação planejada com base na capacidade intelectual dos seres humanos daquela época.

O importante é que se tenha como referência para a identificação do pensamento vigente, que as funções básicas de afetividade que regiam as relações interpessoais dos povos paleolíticos estavam fundamentadas na sobrevivência individual e na conservação da espécie (impulsos sexuais e de procriação).

O instinto definia a ação subjetiva promotora da maioria dos comportamentos observados na convivência tribal, na qual a consciência humana, em um estágio primordial de consciência biológica, respondia às tendências passionais e aos impulsos involuntários, irreflexivos e indeliberados das reações instintivas, e atuava sob a pressão externa circunstancial dos sentidos pelos fatores externos, do ambiente que o cercava.

Os Sumérios

A história suméria está na junção destes dois mundos. O primeiro, o mundo natural da pré-história, do pensamento representativo, cujas referências históricas das diversas sociedades podem ser encontradas nas pinturas rupestres, nos sítios arqueológicos, em fósseis, entre outras; e o segundo, do pensamento simbólico e associado, que está registrado na primeira escrita que se tem conhecimento.

Considera-se hoje que, foi diante desta simbiose heterogênea de civilizações e culturas presentes na Mesopotâmia, entre eles a dos ubaídas, que os sumérios, chegando da Anatólia, se estabeleceram naquela região, e ali se desenvolveram, por volta de 5.000 aEC. Pensar sobre a concepção suméria de vida é entender o processo civilizatório da humanidade e suas constantes transformações.

A Língua e a Escrita

A Suméria (*"ki-en-ĝir"* = terra de reis civilizados ou terra nativa), é um nome derivado do nome babilônico para Sul da Babilônia. O termo "sumério" é aplicável aos falantes da língua suméria. O idioma sumério, em linguística, é considerado como uma língua isolada, isto é, não provém de uma família ou língua original comum, sendo uma linguagem aglutinante, e aparentemente, tem relação remota com os idiomas dravídicos[4] canarês e o malaialo, falados no sul da Índia.

A língua falada pelos sumérios é a língua escrita mais antiga que se tem registro. Seu vocabulário, gramática e sintaxe não tem nenhuma relação com qualquer outra língua conhecida. O sumério era aglutinante, isto é, fazia um grande uso da composição de morfemas (Ex.: a ideia de um "rei" era formada pelas palavras sumérias *"Lu"* = homem + *"Gal"* = grande). De natureza semântica lexical e um dialeto fonético-morfológico, registrava os sons das sílabas através de um conjunto de símbolos e logogramas, que podiam, inclusive, representar palavras inteiras.

Com os primeiros vestígios de uma epigrafia religiosa (sagrada e cerimonial) e profana (literária e científica), o surgimento da primeira linguagem escrita se deu através dos sumérios na Antiga Mesopotâmia por volta de

---

[4] **Línguas dravídicas** = família linguística ancestral composta de cerca de 21 idiomas, incluindo as quatro línguas litúrgicas (tâmil, telugu, canarês e o malaialo), faladas principalmente por grupos étnicos localizados na região neolítica de Drávida, que englobava o sul da Índia (Estados de Karnataka e Kemala) e o nordeste do Sri Lanka.

3.300 aEC, por força da necessidade de os monarcas das cidades-Estado administrarem as relações comerciais (recibos, contratos, testamentos, escrituras, quantidade de mercadorias etc.), a economia e a agricultura local.

Esta escrita é chamada de cuneiforme[5] (latim "*cuneus*" = cunha; "*forme*" = forma), devido à incisão de um estilete em forma de prisma, prensado contra uma placa de argila úmida, que se mostrou mais resistente à ação do tempo que outros materiais, desenhando um ideograma. Os textos eram lidos da esquerda para a direita e de cima para baixo. Possíveis ambiguidades na interpretação de algumas unidades linguísticas eram dirimidas por uma classe de sinais colocados antes ou depois das palavras ou frases. Não eram pronunciados, mas indicavam a classe gramatical a que pertencia a palavra.

Tabela 1 – Evolução da Escrita Pictográfica para a Escrita Cuneiforme

Fonte: imagens disponíveis no Pinterest
A coluna da esquerda possui pictogramas de 4000 aEC e a coluna da direita a evolução para a escrita cuneiforme datada de 3.000 aEC

---

[5] **Cuneiforme** = escrita pictográfica, ou seja, formada por símbolos que representavam palavras e que era registrada por um objeto pontiagudo em um bloco de argila, que era levado ao forno para definir o registro escrito.

Os símbolos da escrita cuneiforme suméria eram usados para representar ideias (ideogramas). Conforme o pensamento contemporâneo foi se desenvolvendo, a escrita pictográfica, ao longo dos anos, ganhou uma complexidade. Os logogramas sumérios não conseguiam representar palavras inteiras em apenas uma figura, sendo necessários atribuir valores silábicos aos sinais e complementos fonéticos, determinativos e demonstrativos para compor uma imagem mental.

Tabela 2 - Transliteração dos Glifos Silábicos Semanto-fonéticos Sumérios

Recém egressos de um modo de vida próprio ao de caçadores-coletores, os sumérios, inspirados nos princípios vocacionais da profissão de escriba, associados ao crescimento do caráter privado das transações comerciais, criaram escolas para a valorização e preservação do primeiro elemento básico da educação, a arte da escrita (sumério = "*namdubsar*"), além da necessidade da secularização da política dos governantes de ter, cada vez mais, escribas para o funcionamento da burocracia palaciana, na aplicação das leis e na coleta de impostos.

A escrita suméria era pictográfica e ideográfica, ou seja, composta de mais de 2.000 símbolos, cujo uso era complexo e de enorme dificuldade, ensinada em "*e-dubbas*" (sumério = Casa das Tabuinhas), e restrita a um grupo seleto de sacerdotes escribas para os seus deveres litúrgicos; a criação de hinos; e para uso na contabilidade e na administração dos negócios do palácio, principalmente, no comércio, na agricultura e na economia, pois facilitava o registro de bens, demarcação de propriedades, cálculos e transações comerciais.

As "*e-dubba's*" também foram instituições promotoras da cultura sumeriana e auxiliaram a estabelecer uma idiossincrasia distinta na sociedade mesopotâmica, com a formação de uma classe literata, administrativa, legisladora e burocrática, composta pela nobreza e pelo clero; criação de novas profissões; desenvolvimento de uma produção literária; e a difusão de conhecimentos.

Este livro não tem o propósito de alfabetizar o leitor na língua suméria, porém, gostaria de ressaltar alguns aspectos relacionados a como os mesopotâmicos expressavam seus pensamentos, tais como, as declinações, prefixos e sufixos modais com que os substantivos, adjetivos, pronomes, artigos e numerais se apresentavam; conforme a sua função sintática nas sentenças, que regia as relações de concordância, subordinação e de ordem; para que o leitor tenha uma ideia clara dos elementos psicológicos que entravam na expressão do pensamento do homem daquela época, bem como o respectivo processo de criação de um conceito e a formação de concepções que regiam a vida consuetudinária, pela forma com que o homem usava a sua função de pensar e falar, bem como a ordenação na escrita dos morfemas (desinência, raiz, radical, afixo, tema e vogal temática) para dar significação aos pensamentos e sentimentos que se quer manifestar e registrar.

Quadro 1 – Alinhamento Morfossintático aplicado a língua suméria

CASO	HUMANO Rei (Morfema = Lugal)		NÃO HUMANO Árvore (nĝeš)	FUNÇÃO
	SINGULAR	PLURAL	SINGULAR	
ABSOLUTIVO	Lugal	-	nĝeš	Sujeito / Verbo Transitivo
ERGATIVO	Lugal-e	-	nĝeš-e	Complemento Verbal
GENITIVO	Lugal-ak	Lugal-ene-ak	nĝeš-ak	O rei A árvore
NOMINATIVO ACUSATIVO	-	Lugal-ene-ra	nĝeš-ra	Para reis Para árvores
LOCATIVO	-	-	nĝeš-a	Na árvore
DATIVO ALATIVO	Lugal-ra	Lugal-ene-ra	nĝeš-ra	Para o rei Para a árvore
COMITATIVO	Lugal-da	Lugal-ene-da	nĝeš-da	Com o rei Com a árvore
ABLATIVO	-	-	nĝeš-ta	Na frente da árvore
TERMINATIVO	Lugal-še	Lugal-ene-še	nĝeš-še	Até o rei Até a árvore
ADVERSATIVO	Lugal-eš	-	nĝeš-eš	Apesar do rei Apesar da árvore
DIRECIONAL	-	-	nĝeše	Na direção do Rei/árvore
EQUACIONAL	Lugal-gen	-	nĝeš-gen	Como um rei Como uma árvore

Fonte: adaptação da MOPC Linguística (Língua Suméria – Gramática & História Linguística)

A cultura suméria teve, também, um papel destacado na criação de um sistema de caracteres que identificavam os algarismos, usados para resolver seus problemas do cotidiano para representar as quantidades dos objetos e animais que possuíam, através de um processo de contagem utilizando o polegar sobre as doze falanges dos dedos da mão direita, e a mão esquerda para mostrar quantas mãos direitas estavam sendo contadas, em um sistema duodecimal, isto é, de base 12, para um total de 60 unidades.

Não se tem certeza se a adoção desta metodologia se deveu a percepção de que o ano solar tem doze ciclos lunares, e que o dia podia ser dividido em um tempo fixo de 24 horas, 12 horas do dia e 12 horas da noite, cada hora com 60 minutos ou 3.600 segundos. Afirmavam também que o sistema solar era composto de doze planetas, ainda que, somente cinco eram visíveis a olho nu.

Com o progresso do comércio, a álgebra se desenvolveu com a criação de conceitos e operações matemáticas, além de um sistema de medidas uniforme para peso e volume.

Figura 2 – Esquema gráfico dos algarismos e sua representação na escrita cuneiforme

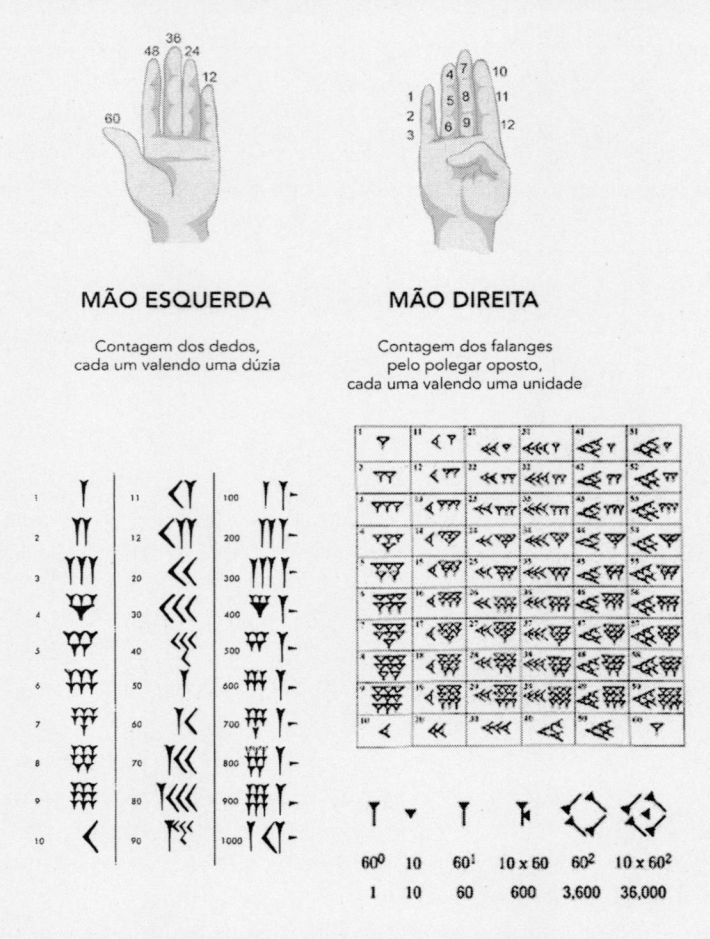

Fonte: adaptação do IFRAH, 2005 (Bruno Haulfermet)

Mais tarde, os caracteres sumérios foram, também, usados para registrar as línguas acadiana, ugarítica, amorita, elamita, babilônica, hitita, persa antigo e assíria.

Os registros em escrita cuneiforme estavam representados por hinos (Épico de Etana rei de Kiš), provérbios (Liturgia de Nintud – Instruções de Shuruppak a seu filho Ziusudra), exorcismos (Hino a Enlil), orações (Lamento por Ur), mitos cosmológicos (Epopeia de Atra-Hasis – Mito da Criação), tratados políticos (Código de Urukagina) etc., com uma linguagem literária e litúrgica, rompem os limites do domínio prático da administração e da economia das cidades e aprofundam na esfera da mitologia e cosmologia.

Comunicar não é suficiente para o emissor transmitir toda a informação, é necessário que a percepção do receptor esteja enriquecida com ideogramas capazes de identificarem o que o emissor está querendo informar e que a sensibilidade deste não esteja ensurdecida pelos estribilhos do instinto, de forma a poder captar toda a essência da ideia manifestada.

No meu entendimento, a linguística permite identificar como a mente humana articula a comunicação, através de processos de expressão do pensamento, caracterizando conceitos de significados identificáveis (Ex.: casa como uma moradia ou homem como um ser humano), bem como a forma gráfica e fonética destes significados, dando formação a grafemas (vogais e consoantes), fonemas e palavras, reconhecíveis por um grupo de indivíduos dentro de um contexto social.

> Um passo de consequências incalculáveis foi dado quando o homem, na tarefa de fixar e de transmitir o pensamento, percebeu que lhe era possível substituir a imagem visual pela sonora, colocar o som onde até então tinha obstinadamente colocado a figura. Dessa forma, o sinal se libertaria completamente do objeto e a linguagem readquiriria a sua verdadeira natureza, que é oral. Decompondo o som das palavras, o homem percebeu que ele se reduzia a unidades justapostas, mais ou menos independentes uma das outras (enquanto som) e nitidamente diferenciáveis. (MARTINS, 2002, p. 40).

Daí a grande dificuldade de se elaborar uma linguagem natural que se desenvolvesse espontaneamente pelos seres humanos para se comunicarem dentro de uma comunidade. Linguistas tais como Marc Okrand e James Doohan; George R. R. Martin e David J. Peterson; e J. R. R. Token e David Solo; criadores das línguas artificiais Klingon, Dothraki, Valeriano, Quenya (élfico antigo) e Sindarin, compostas de um alfabeto, uma sintaxe, uma gramática e até uma conjugação verbal próprias, para comporem um universo ficcional das versões cinematográficas *"Jornada nas Estrelas"*, *"Game Of Thrones"* e *"O Senhor dos Anéis"*, respectivamente, ainda que tenham usado de seus conhecimentos em línguas naturais, manifestaram uma grande dificuldade de criar uma gramática ou fonética de estrutura frasal capaz de processar sentenças que pudessem ser interpretadas, para extrair o seu significado, sem misturar idiomas, tais como os falados na Turquia, Quênia, Canadá e Estônia, ou de línguas nórdica, gaélica, ou mesmo com base no samoano, havaiano e maori.

Portanto, em função do contexto social das comunidades agrícolas do Sul da Mesopotâmia, por volta do quarto milênio aEC, cujo processo cognitivo estava, ainda, em um estágio muito simples de capacidade intelectual e emocional, de habilidades mentais como a compreensão, percepção, atenção, raciocínio, imaginação, associação, juízo etc.; com tradições e culturas exclusivamente orais, pudessem elaborar uma estrutura linguística, falada e escrita, tão complexa, em uma versão única e original que todos os indivíduos podiam interpretar e comunicar entre si e com as demais comunidades vizinhas; julgo que a criação da língua suméria está intimamente ligada a uma dupla temporalidade distinta, isto é, um anacronismo histórico.

Figura 3 – Inscrição na falésia de Behistun sobre as campanhas militares do rei Dario I

Fonte: Livius.org

Devido à dificuldade de se decifrar a escrita cuneiforme, somente no ano de 1835, através de inscrições trilíngues nos alfabetos persa antigo, elamita e em acádio, de um texto talhado nos paredões rochosos de uma falésia, na Pedra de Behistum, situada no sepulcro de Artaxerxes II, em Persépolis, na província de Quermanxá, no atual Irã, uma declaração do rei Dario I, o Grande, durante o Império Aquemênida (550 a 330 aEC), que o soldado e orientalista britânico Henry Creswicke Rawlinson conseguiu traduzir o acádio, que serviu para decifrar o sumério.

CARACTERÍSTICAS FÍSICAS E COMPORTAMENTAIS

Embora os sumérios estejam na origem da civilização mesopotâmica, não possuem qualquer similitude étnica com os povos daquela região, conforme pode ser observado nos vestígios arqueológicos.

Apresentavam traços fisionômicos da raça caucasiana: pele escura, estatura mediana, ombros largos, pernas curtas, nariz proeminente, lábios e maçãs do rosto acentuadas, e possuíam um fenótipo curioso com características braquicéfalas, isto é, com crânio cujo diâmetro anteroposterior é um pouco maior que o transversal (longo e curto), visíveis nos vestígios arqueológicos.

Raspavam o corpo todo, inclusive a cabeça, deixando apenas a barba cobrindo o queixo, mantendo o torso nu e os pés descalços. A matéria-prima predominante dos sumérios para a confecção de suas primeiras vestimentas foi a pele penteada de cabras e ovelhas.

No estudo da história do vestuário, o traje expressa através da cor, silhueta, do material e modelagem; os costumes, as necessidades e os desejos das classes sociais a que o indivíduo pertence.

As roupas eram bem simples, produzidas, inicialmente, com peles destes animais domésticos, visando a sobrevivência e proteção contra as intempéries, compatíveis com a sua estrutura social agrária.

Os homens usavam um tipo de avental-saia, amarrado em volta da cintura, até os joelhos; e as mulheres, uma saia enrolada na altura do torso, um pouco mais alta e mais comprida, com uma das bordas drapeadas sobre o ombro esquerdo, deixando os braços nus e os seios expostos. Usavam também uma capa ou manto do mesmo material, que cobria os ombros. As saias eram bem retas e pouco maleáveis. À medida que o couro secava, ia ficando cada vez mais duro, então, as saias eram confeccionadas com pedaços de couro, presos em camadas, para que a saia não ficasse tão dura e difícil de usar.

Figura 4 – Vestimenta típica usada pelos sumérios (gaunaca)

Gaunacas (kaunakes)
(4.000 - 2.700 aEC)

Oficial e soldado sumeriano
(2.700 - 2.350 aEC)

Fonte: adaptação da imagem disponível no Google Images (Bruno Haulfermet)

Mais tarde, fizeram vestimentas usando folhas vegetais, porém, ainda rústicos. Com o tempo, passaram a usar fibras finas das cascas de figueiras, algo parecido com os papiros egípcios. O linho era usado em menores quantidades, principalmente, pelos governantes e sacerdotes, conforme os registros que datam do terceiro milênio aEC.

O comprimento da gaunaca, quer seja feminina ou masculina, definia o status social na comunidade suméria. Por um longo período, o gaunaca[6] constituiu-se no padrão do vestuário sumério e, mais tarde, passou a designar o próprio traje.

> A indumentária de cada cultura é um espelho dos valores de cada sociedade em sua época. Por funcionalidade estética e utilitária, o vestuário sempre serviu para mostrar a personalidade de cada indivíduo e a estrutura do pensamento reinante em cada povo. (COSGRAVE, 2012, p. 43)

A transição para o linho tecido de forma artesanal em teares, ou usando fios de lã de carneiro simetricamente trançados na forma retangular, mais flexíveis e com melhor acabamento e qualidade, quer seja com

---

[6] **Gaunaca** = tipo de vestimenta suméria pré-dinástica (4.000 a 2.700 aEC) constituído de uma saia envolvente amarrada e usada da cintura até os joelhos, por homens e mulheres, feita de pele de carneiro. O comprimento refletia a condição social, quanto mais longa maior o status quo.

tingimento natural ou com uso de estampas e cores, com franjas ou não, como comumente se vem representados os assírios e os babilônicos, nos afrescos da época, levou mais de um milênio.

Estratificação Social

A organização sócio-política sumeriana estava estruturada em torno de algumas cidades-Estado, que aglutinavam uma série de aldeias, conforme a zona de influência de um grupo de líderes tribais e sacerdotes, e que tinham a função de agregar uma estratificação social formada por sete categorias básicas compostas pela realeza; pela burocracia eclesiástica; os soldados; e na base, os camponeses e artesões, que eram obrigados a pagar impostos sobre o excedente agrícola, embora não tivessem nenhum direito político; e pelos escravos.

Convém mencionar que, conforme alguns historiadores, o sistema de tributação e a escravidão adotados foi uma solução encontrada pelas classes dominantes para sustentar o programa de obras públicas destas cidades, e acomodar o crescimento populacional desordenado.

A pirâmide social dos povos mesopotâmicos contava com as dinastias reais no topo da hierarquia, assistida pela nobreza burocrática que era composta de funcionários públicos, sacerdotes e guerreiros que cuidavam dos interesses dos governantes, do tesouro público e da manutenção do Estado.

Os sumérios não tinham força militar para conquistar territórios muito distantes e mantê-los. As suas batalhas, por interesses comerciais, eram entre as suas cidades-Estado, governadas por reis independentes. Logo a seguir vinha a toda a estrutura de uma classe operária formada por fazendeiros, pescadores, criadores, artesões, comerciantes, enfim a grande maioria da população suméria era formada de camponeses e trabalhadores braçais, que prestavam serviços para a comunidade. E, por fim, os escravos, geralmente inimigos capturados nas constantes lutas travadas entre as cidades, que realizavam trabalhos mais exaustivos e perigosos, porém, tinham alguns privilégios, tais como a liberdade para se casar.

Embora a sociedade suméria apresente características feudais medievais, a sua estrutura social era fixa e homogênea, que não permitia ou dificultava a ascensão de classe, não havia mobilidade social, isto é, aqueles indivíduos que nascessem nos estamentos mais baixos estariam condenados a neles permanecerem até a sua morte.

Figura 5 - Estandarte de Ur, urna trapezoidal com cenas do cotidiano sumério

Fonte: Museu Britânico, Londres (Denis Bourez from France)

Os registros datados de 3.000 anos aEC indicam uma forte presença feminina nas atividades econômicas em vários setores da sociedade sumeriana, embora em menor escala que a dos homens. As mulheres desempenhavam um papel de sacerdotisas, escribas, encarregadas de estocagem de alimentos, camareiras, cozinheiras, dançarinas e cantoras. Foram encontrados registros nos quais palácios e grandes propriedades eram gerenciados por rainhas ou mulheres da elite, que concentravam suas atuações na agricultura, na produção da cerveja e cereais, e na tecelagem.

A partir de 2.000 aEC, os registros sobre a presença da mulher na sociedade sumeriana rarearam expressivamente, tornando-se inconveniente, limitando a sua participação às atividades de procriação e ao cuidado com a família.

Este processo, que se iniciou com a crescente militarização da sociedade, fez com que, gradativamente, o papel da mulher fosse reduzido e marginalizado, assumindo o status de bens, e constituindo-se na característica fundamental da estrutura da sociedade baseada no poder patriarcal, o estrito controle da sexualidade feminina. Percebe-se uma gradual perda de influência da Grande Deusa, provinda dos tempos neolíticos, em benefício das divindades masculinas.

Embora identificados por diferentes estágios civilizatórios, categorizados pela passagem de poder por hereditariedade, configurando dinastias de governantes, o auge da cultura suméria se deu por volta dos 3.000 aEC, com uma estrutura organizada em torno de doze cidades-Estado e dez cidades menores, com governos autônomos, centralizados em um soberano em cada cidade, que contavam com um sólido aparato administrativo, econômico e de subsistência, para atender uma população de, aproximadamente, 10.000 pessoas, que lhes permitia obter um total proveito da sua produção interna e do comércio de bens de consumo e serviços, através do comércio de escambo entre cidades.

Mapa 1 - Ocupação da Mesopotâmia pelos Sumérios a partir de 3.500 aEC

Fonte: historianet.com.br

As maiores cidades-Estado sumérias foram Kiš, Uruk, Ur, Sippar, Akšak, Larak, Nippur, Adab, Umma, Larsa, Bad-tibira e Lagaš, que formavam centros urbanos complexos, e chegaram a abrigar 50.000 habitantes, aproximadamente, compostos por um imponente Zigurate[7] no ponto central, construído sobre vastos terraços artificiais, representando o coração do sistema teocrático e político da cidade, e partir daí se expandiam através de ruas estreitas, com casas, monumentais edifícios e suntuosos palácios onde residia a realeza e a aristocracia, delimitadas por uma muralha em sua

---

[7] **Zigurates** = grandes construções arquitetônicas construídas em patamares superpostos, em forma de torre piramidal, erigidas para cultuar uma divindade. Cada grande cidade suméria possuía uma dessas construções dedicada a um deus protetor e regente.

volta, cercada por vilas e latifúndios, nas quais viviam os camponeses e os escravos, que cultivavam legumes e grãos, e criavam bois, porcos e cabras.

ARTE E ARQUITETURA

No campo da arquitetura e das artes, estes povos se destacaram em construir intrincadas obras de engenharia, tais como: diques, barragens, reservatórios, sofisticados sistemas de irrigação, a partir de rios próximos; majestosas torres-templos, que eram verdadeiros complexos piramidais (zigurates) de tijolos de barro maciços cozidos ao sol, com vários andares superpostos, abrigando o palácio, centros cultural, administrativo e político, um observatório astronômico, um santuário no topo para adoração da divindade protetora da cidade-Estado, e inclusive, depósitos de cereais. Um Zigurate não era, simplesmente, um recinto sagrado, dedicado exclusivamente ao culto ao deus-patrono da cidade. Além das cerimônias, rituais e oferendas, os sacerdotes desempenhavam outras funções administrativas, tais como: contabilidade e finanças, recebiam dízimos e impostos, que eram registrados e consolidados em memorandos nas tábuas de argila por escribas.

Em outros grandes monumentos arquitetônicos faziam uso de avançados materiais e técnicas de construção, como reforços, recessos (quinas), pilastras e pregos de argila, e outras formas de arte em relevo, escultura e pintura.

Figura 6 – Montanha cósmica (Zigurate) morada dos deuses com 7 céus planetários

Fonte: coladaweb.com

A pintura, como a escultura, tinha como objetivo decorar os espaços arquitetônicos. Foram encontrados palácios e templos ornados com grandes murais e mosaicos coloridos, pintados em branco, em vermelho, amarelo e em preto, retratando cenas do cotidiano, guerras, rituais de adoração aos deuses, além da sua própria história.

Os relevos sobre placas de barro e estelas de pedra, eram usados para registrar narrativas de campanhas militares, atividades comemorativas do cotidiano, e seus eventos religiosos.

Figura 7 – Estatuetas votivas do Templo de Abu, Tell Asmar (2700-2500 aEC)

Fonte: Museu de Bagdah, Iraque (lvsitania.wordpress.com)

Na estatuária era empregado o basalto, o alabastro, o arenito e, principalmente, o diorito, uma rocha extremamente dura, escura e escassa, daí as pequenas dimensões das estatuetas sumérias.

As esculturas eram bastante simples, representavam o corpo humano de forma rígida, sem expressão de movimento e sem detalhes anatômicos. Algumas, dotadas de uma expressão simbólica, com uma temática mitológica e religiosa, com uma representação minimalista e estilizada (frontalidade, simetria e postura canônica) de figuras isoladas de deuses e reis, que substituíam a quem buscavam representar, servindo de referência para rituais de veneração.

A cerâmica também teve grande destaque com a confecção de utensílios e vasos com gravuras pintadas com óleo de cedro; e selos cilíndricos. Os entalhes intrincados nos selos, feitos de pedras semipreciosas, tais como o mármore, obsidiana, ametista cornalina ou lápis-lazúli, ou de metais como o ouro e a prata, encontrados nas escavações, eram carimbos de impressão, finamente esculpidos, decorados com imagens ou palavras complexas, e retratando batalhas, caçadas, banquetes e cerimônias religiosas, e eram usados como amuletos, usados pela realeza como uma assinatura pessoal e vinculativa para garantir a autenticidade ou legitimar uma transação de mercadorias e de escravos, ou para envio de correspondência.

A joalheira e o artesanato tiveram um papel importante com delicados trabalhos de incrustação em marfim, bronze, cobre, ouro e prata, bem como o nácar e as pedras preciosas.

Os sumérios dominavam eficientes técnicas de cultivo agrícola na plantação de trigo, cevada, ervilha, cebola, alho, alface e centeio, entre outras raízes e frutas. Eles também usavam bois como animal de tração para o arado.

Atribuem a este povo pré-histórico a criação da roda. A agricultura dependia muito das cheias e vazantes dos rios Tigres e Eufrates, e do processo de irrigação, através do uso de canais perpendiculares aos rios, dotados de barragens, diques e reservatórios. Além do seu uso como mapa e relógio, os astros eram estudados com o propósito de prever a melhor época para o plantio e a colheita.

Ciência e Tecnologia

Levando em consideração os poucos aparatos tecnológicos disponíveis na época, atingiram um avanço civilizatório considerável, com o conhecimento de patologias, envolvendo doenças torácicas, intestinais e das vias urinárias, com domínio de procedimentos invasivos de medicina, com tais como um método de remoção de partes nubladas do cristalino ocular no caso de cataratas.

A arquitetura, engenharia e hidráulica utilizada pelos sumérios era baseada em conhecimentos de matemática, química, metalurgia, física e astronomia.

Conheciam técnicas navais de construção de embarcações e um amplo desenvolvimento científico que levou a uma série de aplicações práticas, tais como veículos sobre rodas: carroças e carruagens, e fornalhas metalúrgicas caseiras, onde, por meio do processo de fundição, trabalhavam o bronze e o cobre e modelavam o ouro e a prata, bem como noções rudimentares de botânica sobre o uso de ervas medicinais e suas propriedades na cura de enfermidades.

Para os sumérios, o conceito de Universo estava reduzido aos aspectos relacionados às condições e variações climáticas regionais, aos cataclismas (terremotos, inundações, tornados etc.), aos vulcões, os quais, de um certo modo poderiam ser previstos através de observações do céu e dos movimentos dos astros, que eram compreendidos como uma expressão direta da vontade dos deuses. Fora destes aspectos consuetudinários, todos os fatos e acontecimentos eram interpretados como sobrenaturais.

Porém, a tradição de observar o céu para identificar e atribuir significados aos fenômenos celestes, como fossem indicadores da vontade e mensagens do propósito dos deuses, é muito antiga e originou-se no período pré-histórico da Mesopotâmia, conhecido como Al Ubaid, datado em torno de 5.500 a 4.000 aEC, conforme referências encontradas nos sítios arqueológicos, como parte da Astrologia Mesopotâmica, iniciada com os Sumérios, e que se ocupava de elaborar mapas do firmamento e interpretá-los para definir o melhor momento para promover um empreendimento próprio ou tomar decisões nas esferas social, política ou individual, que foram usados por diferentes sociedades ao longo da civilização humana.

O interesse iminentemente prático do estudo dos astros permitiu aos sumérios a distinção das estrelas e dos planetas; o controle do tempo com a criação de um calendário lunar, com a divisão do tempo em doze meses de duração, para prever a época das chuvas e estiagem, e a indicação dos deuses para o melhor período do ano para o plantio e a colheita dos vários tipos de cultura, entre outros.

Excelentes astrônomos, previam, com exatidão, o movimento de rotação da Terra e de translação dos planetas em torno do Sol; a precessão dos equinócios; a trajetória dos astros na esfera celeste; os ciclos planetários, suas órbitas e durações; os eclipses etc.

Religião

No princípio, as observações astronômicas tinham um sentido místico, divinatório, dando origem a seitas religiosas e à Astrologia.

Através da observação dos astros visíveis a olho nu no céu noturno da Mesopotâmia, desenvolveram uma teoria sobre cosmogonia bastante complexa e sofisticada, baseada em que os astros eram deuses ou representavam as divindades (signos do zodíaco), que exerciam forte influência sobre a vida dos seres humanos na Terra.

Tratados como deuses, os sumérios conheciam e acompanhavam o movimento dos astros na abóboda celeste de, pelo menos, sete planetas, os quais estavam representados no panteão das divindades pelos seguintes nomes: Sol (Utu), Lua (Nanna), Marte (deus Gugulanna), Vênus (Inanna), Jupiter (Enlil), Saturno (Ninurta) e Mercúrio (Enki).

A cosmogonia suméria escrita com caracteres acádios, por volta de 2.600 aEC, registrada em 840 plaquetas encontradas nas escavações dos sítios de Tel Fara (antiga Shuruppak) e Abu Salabikh, em um estado considerado legível, ganha vida pelas mãos do clérigo episcopal e professor canadense George Aaron Barton (1859:1942), que em 1918, publica o livro *"Miscellaneous Babylonian Inscriptions Lament for Ur"*, com os textos religiosos sumérios.

Os historiadores caracterizam este período do estudo da origem e evolução da Criação, realizado pelos mesopotâmicos, começando pelos sumérios, como sendo uma Cosmologia Mágica, por buscarem explicar, mitologicamente, a origem do Universo.

Estes povos do período pré-dinástico representaram o início da criação do Universo e da galáxia a partir de uma narrativa poética intitulada *Enûma Eliš*, também chamada *"As Sete Tábuas da Criação"*, que descreve a história dos deuses Tiamat e Apsu, que deram configuração à Terra Primal. É uma das fontes mais importantes para a compreensão da cosmovisão suméria da criação de tudo que existe, a Terra, os planetas, a galáxia, e em especial, os seres humanos que, conforme os escritos, foram criados pelos próprios deuses para o trabalho servil e obediente, para venerá-los e construir templos em sua adoração, submissão e subserviência incondicional.

Os sumérios provavelmente foram a primeira civilização que buscou explicar a existência da terra, do céu e de tudo que existe na superfície terrestre, incluindo a própria espécie humana. A mitologia subjetiva, representativa daquele estágio de evolução humana, em que o homem, pela primeira vez, buscando exercer sua função racional, colocou-se em uma posição reflexiva, e tomou contato com os fenômenos psíquicos do seu mundo interno, relacionando-os com o mundo exterior. Penso que, sem dúvida, foi a mais antiga "reflexão humana" que conhecemos.

Figura 8 – Enûma Eliš, épico sumério da Criação, em escrita cuneiforme em tábuas de argila

Fonte: Museu Britânico, Londres (billslivingtranslation.wordpress.com)

No início da Criação não existia nem o céu, nem a terra, apenas o caos e a desordem, pois o próprio texto admite a falta de denominação da coisa significada, apenas uma matéria indiferenciada que abrangia tudo, identificada como as águas primordiais, das quais surgiram os dois princípios elementares, Apsu ou Absu (*"ab"* = longe; *"su"* = água), o princípio masculino, e Tiamat (Ta-yam-t: *"Ta"* ou *"Tam"* = serpente; *"Yam"* = marítima), o princípio feminino.

O primeiro nome atribuído ao poema épico *Enûma Eliš*, em sua primeira tradução em 1876, feita pelo assiriologista inglês George Smith (1840:1876), foi *"quando, acima"*, como é comum nas literaturas da Antiguidade Oriental, o título é formado pelo *"incipt"*, isto é, pelas primeiras palavras do texto, a saber:

> Quando, acima, o céu ainda não havia sido nomeado, e, abaixo, a terra não havia sido mencionada por um nome, apenas Apsu, o progenitor das águas doces, e a mãe Tiamat, geradora de todas as águas salgadas, misturaram suas águas: os juncos ainda não haviam sido cultivados, nem suas hastes haviam sido vistas. Quando os deuses ainda não tinham surgido, nem chamados por um nome, nem fixados seus destinos, os deuses foram procriados dentro deles. Lankhmu e Lakhamu surgiram e foram chamados por um nome. Antes de se tornarem grandes e fortes,

Anšar e Kišar foram gerados, superiores a esses. (Enûma Eliš.
PEINADO, 2012, p. 2).

A palavra "cosmogonia" vem do grego *"kósmos + génesis"* e significa *"a origem do mundo organizado"*. Portanto, a cosmogonia tem a ver com mitos, histórias ou teorias sobre a criação do Universo como algo organizado. O oposto do mundo organizado, ou seja, do Cosmos, é o Caos, a desordem, a catástrofe. É comum Caos e Cosmos aparecerem nas mesmas narrativas mitológicas dos povos antigos, como duas faces da mesma moeda. Por isso falaremos sobre "Criação e Dilúvio".

Uma grande parte das tradições dos povos antigos, que viveram em épocas diferentes, inclusive em lugares distantes um dos outros, entre eles os sumérios, egípcios, gregos, fenícios, chineses, maoris, celtas e outras civilizações, quando se referem à cosmogonia, fazem referência a que o Universo nasceu de um ovo, um ovo cósmico.

Em linhas gerais, a mitologia suméria já apresentava as bases da criação do mundo, começando por cognominar o Caos (*Mummu*); o princípio causal (*Tiamat*); a Criação manifesta (*Apsu*); a concepção de mundo metafísico (*águas doces*) e mundo físico (*águas salgadas*) compondo uma imagem mental de um oceano cósmico sobre o qual tudo foi plasmado; o conceito de Leis que regem todos os processos do Universo (*Mes*); os princípios de gênero, elementos masculino e feminino; além das origens do universo celeste e terrestre; o que está em cima é como o que está embaixo, o de mundo superior e inferior.

A Criação por divisão de uma matéria primordial, embora apresente certas similitudes com as demais cosmogonias que surgiram em todas as civilizações, que foram formuladas ao longo da história humana, podem se confundir com um deus ou ser supremo, pois é um resultado da ênfase de que a própria energia interna da matéria se manifestou em um ovo primevo, contendo dois gêmeos, macho e fêmea, cuja simbologia praticamente explica-se por si mesma, céu e terra, luz e escuridão etc. – a perfeita totalidade –, portanto, o ovo se tornou o símbolo da vida, representando o nascimento, a renovação e a ciclicidade da Criação, pois nele se gesta o germe, o fruto da vida.

Vale ressaltar que Albert Einstein, físico alemão do início do século, que desenvolveu a Teoria da Relatividade Geral, bem como da Mecânica Quântica, dois dos pilares da física moderna, concebeu que o Universo surgiu de uma singularidade, um universo curvo, finito, fechado como um ovo, um átomo primordial.

Figura 9 – Modelo Cosmogônico – Como se concebia o Universo na antiga Mesopotâmia

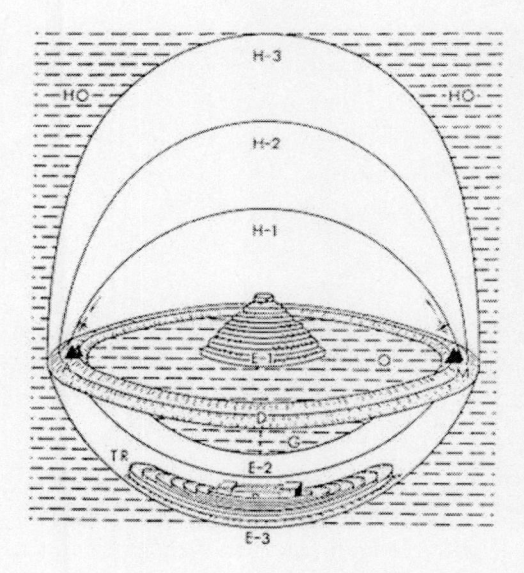

HO = Oceano Celeste (Caos).

H3 = Caminho das estrelas de Anu.

H2 = Caminho de Enlil (Câncer).

H1 = Caminho de Enki (Capricórnio).

O = Mar envolvendo a Terra.

E1 = Montanha Terra.

D = Montanha cercando o Mar.

G = Fundo dos oceanos.

E2 =Túnel por onde o Sol retorna

TR = Santuário dos Destinos.

E3 = Mundo subterrâneo de Apsu

M = Montanha do Sol Nascente.

A = Montanha do Sol Poente.

Fonte: researchgate.net

A primeira concepção conhecida sobre a criação do Universo representada por um *"ovo cósmico"* foi elaborada pelos sumérios, que o consideravam como sendo a Causa Primeira, a manifestação da Inteligência Divina, composta por uma série de três redomas cobrindo o Éden (sumério = terra plana) e, abaixo dos oceanos, o submundo, em que Apsu está adormecido na Capela das Sortes ou Santuários dos Destinos.

Convém mencionar que, antes do princípio criador, teria existido o Mistério, o que para os antigos mesopotâmicos seria a Inteligência Divina, a Causa Primeira, cujos princípios não conseguiam compreender em sua plenitude, muito menos representá-la convenientemente em uma imagem mental.

Nos mitos sumérios, pode-se considerar que a deusa *Tiamat*, da qual se tem poucas referências escritas sobre a sua origem, provavelmente eles a concebiam como eterna e inconcepta.

Uma deusa sem cônjuge, andrógina, personificada pelas águas salgadas e representada por um pictograma que significa *"oceano primevo"*, uma massa líquida e amorfa, de cujo ventre, num ato de auto procriação, o panteão divino sumério começa a ser formado e os deuses por seus nomes identificados.

Esta deidade Tiamat representa um vazio incontido e incomensurável que, no princípio dos tempos, desdobrando-se sobre si mesmo, gestou An (Anu ou Am), deus do céu, e sua consorte Ki, deusa da terra, que originalmente unidos em uma montanha cósmica, conseguiam manterem-se fixos e estáveis. An-ki é a expressão suméria do que, para nós, tem o significado e a representação da parte visível, manifesta, do Universo.

Com atributos de uma deusa-mãe, Ki aparece no *Enûma Eliš*, com vários nomes relacionados aos interesses dos sacerdotes, que detinham os poderes, tanto religiosos quanto políticos, tais como: Nimmah (grande rainha), Nintu (rainha que dá à luz), Ninhursag (rainha da Montanha Sagrada) e Zuri (deus do equilíbrio entre estas duas dimensões). Porém, torna-se nítida a intenção de resgatar o caráter divino da "*Grande Deusa*", originário dos tempos neolíticos.

Dos filhos primogênitos de Tiamat (Anu e Ki), nasceu Enlil, deus do vento, que separou o casal original, estabelecendo a divisão entre o céu e a terra. Uma nova união entre Enlil, numa relação incestuosa com a sua mãe Ki, faz surgir todo o panteão divino, entre eles: Nanna (Sinnu), deus da lua; Utu (Šamaš), o deus sol, da justiça e da aplicação das leis; e Inanna (Ištar), a rainha da fertilidade, do amor, do sexo, da morte e da renovação; e Enki, deus do abismo subaquático, que controlava também os decretos sagrados que governavam as ciências exatas e humanas.

O sistema de crenças que deu origem a mitologia suméria, buscava explicar tudo que existia e era importante para o grupo social que estava se organizando, sobre os elementos naturais que o cercava: céu, estrelas, montanhas, florestas, rios, mares, animais selvagens, e, de uma forma geral, todas as coisas que o indivíduo não tinha capacidade de alterar, buscando contemplar a diversidade entre o que era duradouro e o que era efêmero. Para adequar a maneira de viver, o modo de como deveriam se comportar na sociedade, os possíveis anseios que pudessem lhes afligir, os sumérios conceberam uma cosmogonia na qual os deuses criaram os homens para o seu serviço. Portanto, o homem comum deveria atender e respeitar as leis que regiam tudo, das quais as divindades eram protetoras e guardiãs, sem esperar quaisquer compensações, porém, advertidos da possibilidade de punição por desobediência e insubordinação, que viria através de enfermidades, moléstias, ou qualquer outro evento desagradável e, até catastrófico.

Figura 10 – Panteão divino dos sumérios divididos em 3 grupos: primordiais, celestiais e terrestres, cultuados na Antiga Mesopotâmia por volta do V milênio aEC

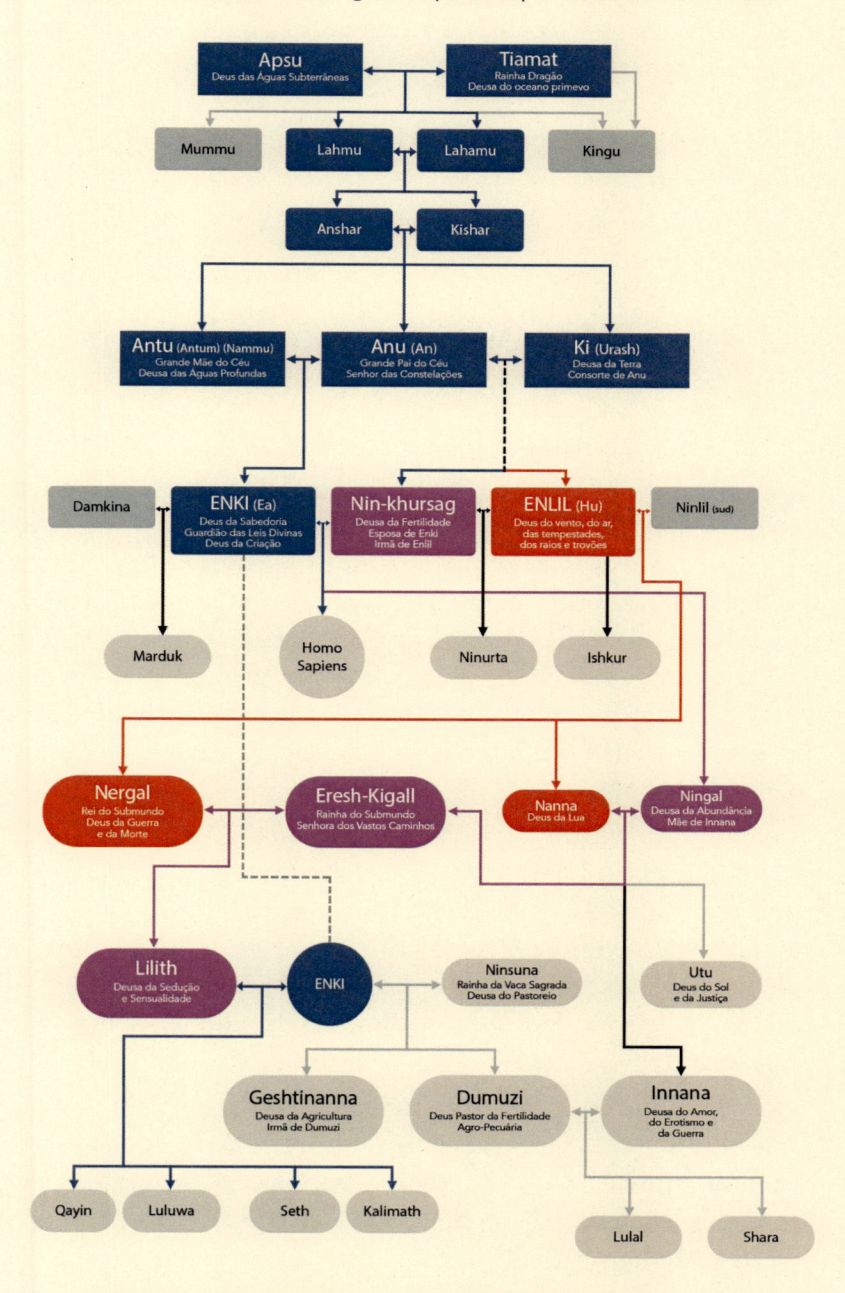

Fonte: adaptação da imagem disponível no Google Images (Bruno Haulfermet)

Estas são apenas algumas deidades do imenso panteão mesopotâmico, já que cada cidade-Estado, cada soberano, possuía um patrono e cultuava uma diversidade de outros deuses e semideuses, a quem serviam em suas aspirações mundanas.

Outras divindades, com atributos importantes no imaginário mesopotâmico, que compuseram o panteão sumério, Nergal (deus do submundo); Ereskingal (*"Senhora da Grande Habitação Inferior"*, *"Rainha da Terra do Não Retorno"*, *"Juíza das Almas Mortais"*); Ašnan (deusa da lavoura e dos cereais); Lahar (deus do gado e da pecuária); Ningal (deusa da cana-de-açúcar); Ninnurta, deus da agricultura, da caça e da guerra; e Adade (Iškur), deus das tempestades, dos relâmpagos, dos trovões e da chuva. Kingu, esposo de Tiamat, por ela criado para comandar seus exércitos de *"monstros"*, vencido por Anšar, teve seu sangue e seus ossos usados para criar a humanidade.

Completando o panteão dos doze deuses celestiais, aparecem os semideuses Adapa (Oannes), Dumuzi, Enmercar, Ningizida, Siduri, Marduk e Gilgámeš, que possuem funções específicas, algumas benfazejas outras maléficas, nas áreas da medicina, genética e engenharia, porém, não são representados com clareza, embora apresentem uma mitologia intrincada de estratégias conflituosas, de soluções dramáticas, amargas e violentas, disputas políticas, com a ocorrência de assassinatos, exílios, punições e guerras, não fazendo distinção entre os elementos naturais e os elementos culturais.

A composição escrita e artística encontrada sobre as figuras mitológicas de deuses e semideuses criadas pelos sumérios está relacionada a fábulas diversas que buscavam explicar a origem destas divindades, do homem e dos fenômenos da Natureza, buscando manter o equilíbrio das forças elementares, focadas em aspectos que possibilitariam uma fundamentação divina da sociedade mesopotâmica, de modo a tornar a história suméria plausível.

Cada um destes deuses possui uma ação representativa na criação do universo e na manifestação da consciência divina, fixando as estações, estabelecendo a posição e a trajetória das constelações, e dando formação ao Cosmos, concebendo os homens, a fauna, a flora e estruturando a civilização e organizando a sociedade.

Figura 11 – Deuses Maiores sumérios retratados em tábuas de argila

Fonte: adaptação do Theago Liddell Images Stock (Bruno Haulfermet)

No tempo em que Anu, Enlil e Éa,
os grandes deuses, criaram o céu e a terra,
eles quiseram tornar visíveis os signos,
fixaram as estações e estabeleceram a posição dos astros,
deram nomes às estrelas e lhes atribuíram as trajetórias.
Desenharam, à sua própria imagem, as estrelas em constelações,
mediram a duração do dia e da noite criaram o mês e o ano
traçaram a rota da Lua e do Sol.
Assim, eles tomaram suas decisões sobre o céu e a terra.
[...] Eles confiaram aos grandes deuses
a produção do dia e a renovação do mês,
para as observações astrológicas dos homens.
Viu-se então o Sol se levantar e
os astros brilharem para sempre em pleno céu.
(Enûma Eliš. MARTINS, 2012, p. 9-10).

A simbologia pintada e esculpida nos templos da deidade patrona de uma cidade, que construíram este imaginário sumério, demonstravam que o funcionamento destas cidades, e sua importância, crescia ou esmorecia dependendo do poder político que o seu patrono possuía. De qualquer forma, em sua essência, a religião suméria baseava-se na crença de que toda a humanidade foi criada pelos deuses, com o sangue dos deuses e, portanto, estava à mercê e a serviço deles, que expressavam suas emoções, desejos e sentimentos através de colheitas férteis e fartas ou de terremotos e inundações catastróficas.

A meu entender, o *Enûma Eliš* foi um grande esforço de um indivíduo (sumério = *"Abigal[8]"*) ou grupo de indivíduos, que custodiavam uma base de conhecimentos herdados ao longo de várias gerações, que serviu para a organização moral, social e até política da sociedade sumeriana, fortemente introjetada por uma imagética mitológica, e que servia de complemento para elaborarem os escassos e insuficientes elementos de juízo, necessários para descreverem um vislumbre que tiveram dos primeiros tempos da criação do Universo, e para explicarem, de forma satisfatória ao entendimento vigente na época, as causas que sustentavam tais visões ou acontecimentos.

- Como descrever a grande, repentina e acelerada expansão da Matéria ocorrida nos primórdios dos tempos, a partir da singularidade, que mais aparenta uma explosão, em um grande espetáculo de luz e som?

- Como descrever o colapso gravitacional e a imensa liberação de energia para ionizar as partículas de Matéria para dar formação às primeiras estruturas astronômicas, de estrelas, pulsares e quasares, em uma escala monumental?

- Como descrever a estrondosa e luminosa explosão estelar de uma anã branca devido à degeneração da matéria ionizada remanescente da formação de uma estrela (pico de luminosidade de uma supernova pode ser comparável ao de uma galáxia inteira e demora várias semanas ou meses até desaparecer)?

- Como descrever o formidável fenômeno de colisão que ocorre no Universo, quando galáxias diferentes, que giram umas em torno das outras, em laços cada vez mais apertados, misturam suas estruturas individuais gasosas, dando formação a estrelas em um espetáculo violento e brilhante que dura milhões e, até mesmo, bilhões de anos?

---

[8] **Abigal** = sábio ou conselheiro semidivino que servia os reis sumérios na difusão das artes, das ciências, dos segredos da escrita e dos conceitos etnocêntricos civilizatórios. Também conhecidos pelo termo "umânùs" e considerados na Mesopotâmia em número de sete: Adapa (Oannes), Uanduga, Enmeduga, Enmegalana, Enmebuluga, Anenlilda e Utuapsu.

Estos dioses hermanos se concertaron entre sí, y molestaban a Tiamat cuando se revolvían, pues perturbaban el interior de Tiamat. Con su jolgorio molestaron en lo alto de los cielos; Apsu no podía disminuir su clamor y Tiamat permanecía impasible ante ellos. Sus acciones le eran aborrecibles, su conducta no era buena, pero ella los perdonaba.

Entonces Apsu, el procreador de los grandes dioses llamó a Mummu, su mensajero, y le dijo: "¡Oh Mummu, mi mensajero, que alegras mi corazón, ven y presentémonos a Tiamat!".

Se fueron y, sentados en presencia de Tiamat, discurrieron y discutieron sobre los dioses, sus primogénitos.

Apsu, abriendo su boca, levantó la voz y dijo a Tiamat: "Su conducta me es desagradable: ¡De día no tengo reposo y de noche no puedo dormir! Voy a reducir a la nada, voy a abolir su actividad, para que se restablezca el silencio y podamos dormir".

Cuando Tiamat oyó estas palabras, se puso furiosa y vociferó contra su esposo; y montando en cólera le recriminó agriamente, porque le había insinuado el mal en su espíritu.

"¿Por qué vamos a destruir todo lo que hemos hecho?

¿Su conducta es muy desagradable?

¡Tengamos paciencia, seamos benevolentes!"

Entonces respondió Mummu para aconsejar a Apsu, y el parecer de su Mummu fue el de un consejero sin benevolencia: "¡Procura destruir, padre mío, el proceder revoltoso, para que puedas reposar de día y dormir de noche!".

(Enûma Eliš. PEINADO, 1994, p. 3).

[9]*Realmente! Tiamat, o princípio cósmico feminino, dotada de fatores volitivos como o empenho, esforço, constância, paciência e benevolência, – fazia muito barulho – e não deixava o "desaventurado e infeliz" do Apsu, o princípio cósmico masculino, repousar durante o dia, nem dormir durante a noite.*

Dentro do conjunto de circunstâncias que regiam a forma de pensar suméria, que seguia um modelo de patriarcado, da supremacia masculina no grupo social, este seria um motivo plausível para que o Todo-poderoso Apsu, progenitor dos grandes deuses, destruísse os jovens deuses, manifestos por Tiamat para colaborar na Criação do Universo.

Dentro da concepção cosmogônica dos povos mesopotâmicos, o processo de formação da Terra, segundo sua cosmovisão geocêntrica, expressa no *"Mito de Atra-Hasis"*, foi uma realização de grandes divindades,

---

[9] Comentário pejorativo e jocoso do autor para ressaltar o contexto sociopolítico patriarcalista do período paleobabilônico, que se presume ter sido escrito, em diversas versões e também fragmentadas pela ação do tempo, o Enûma Eliš, um texto obrigatório para o aprendizado de escribas e sacerdotes, que era recitado nas festas do Ano Novo babilônico, festejado no solstício de verão no hemisfério norte.

os *"Anunnakis[10]"*, entidades espirituais que, ao vibrarem em uníssono nas frequências ontológicas equilibrantes com a natureza física da Matéria, se manifestaram na Criação para conceber e governar a Terra sob um código de justiça e moralidade.

Cuando [Marduk] oyó las palabras de los dioses,
su corazón lo empujó a crear maravillas;
y [abrien]do su boca dirige su palabra a Ea
para comunicarle el plan que había concebido en su corazón:
- ¡Voy a condensar sangre y formar huesos; haré surgir un prototipo humano que se llamará "hombre"!
- ¡Voy a crear este prototipo, este hombre, para que le sean
impuestos los servicios de los dioses y que ellos estén descansados!
- De nuevo, yo transformaré bellamente su existencia, a fin de
que, aunque divididos en dos grupos, sean honrados por igual.
Le respondió Ea, dirigiéndole estas palabras
con las que le comunicaba su plan para la tranquilidad de
los dioses:
- Que me sea entregado uno de sus hermanos; éste perecerá
para que sean formados los hombres.
- Que los Grandes dioses se reúnan, a fin de que el culpable sea
entregado, los demás permanecerán sanos y salvos.
Marduk, habiendo reunido a los Grandes dioses,
benévolamente dio sus órdenes y les comunicó su mandato.
A lo que decía su boca los dioses prestaron atención;
el rey dirigió estas palabras a los Anunnaku:
- ¡Hasta aquí vosotros siempre habéis dicho la verdad, debéis
(ahora) pronunciar nada más que palabras verdaderas!
- ¿Quién fue el que tramó el combate y movió a rebelión a Tiamat
y organizó la batalla?
- Que me sea entregado el que tramó el combate, le impondré
su castigo para que vosotros podáis vivir en paz.
Los Igigu[11], los Grandes dioses, le replicaron a él,
a Lugal-dimmer-ankia, el soberano de los dioses, su señor:
- Fue Kingu el que tramó el combate y movió a rebelión a Tiamat
y [or]ganizó la batalla.
Le ataron y le mantuvieron cogido delante de Ea.
Se le infligió su castigo: se le cortó la sangre. Y con su sangre
(Ea) formó la humanidad.
(Enûma Eliš, PEINADO, 1994, p. 29-30).

---

[10] **Anunnaki** (^{d}a-nunna, ^{d}a-nuna-ke$_4$-ne ou ^{d}a-nun-na) = também transcrito como: Anunnaku, Ananaki e outras corruptelas, termo coletivo para um grupo de divindades sumérias em geral, os *"Grandes Deuses"*, emanações de Anu e Ki, cujo significado pode ser entendido como *"aqueles que vieram do céu"* ou *"descendência da realeza"*.

[11] **Igigu** (Igigi ou Iguigui) = deus menores do plano terrestre da mitologia suméria responsáveis pela formação geomorfológica das montanhas, rios e vales da Mesopotâmia.

A cosmologia explicada pelos sumérios para descrever a criação e formação do mundo, apresenta os *"Anunnakis"*, representados pelas sete divindades maiores: An, Enlil, Enki, Ninurshag, Inanna, Nanna e Utu, que conceberam a *"quantidade"*, o *"espaço"*, o *"movimento"*, o *"tempo"*, as *"características dos seres vivos"*, a *"natureza dos corpos"*, as *"propriedades da vida e a sua origem"*, que compunham o conjunto de princípios e doutrinas que insuflaram o imagético dos povos mesopotâmicos.

Como parte desta mitologia, surgiram, por emanação dos *Anunnakis*, os *"Iguigui"*, deuses menores com funções específicas e habilidades extraordinárias, responsáveis pela execução do modelo cosmogônico, por eles concebido.

Entre as diversas cópias, a versão do *"Epic of Atra-Hasis"* encontrada de forma fragmentada nas ruínas da Biblioteca de Assurbanípal, em Nínive (Atual Mossul, Iraque), foi escrita por volta do século XVIII aEC, e não se tem registros confiáveis sobre sua autoria.

A partir de um olhar mais apurado dos textos contidos nesta e em outras versões deste épico mesopotâmico, pode-se perceber o caráter antropomórfico dado às divindades sumérias *Iguigui*, tais como esmorecimento, desânimo, indolência, preguiça e resmunga, a ponto de se revoltarem contra os seus superiores *Anunnakis*, pelo exaustivo trabalho que lhes delegaram.

Os sumérios praticavam uma religião politeísta, caracterizada pelos escribas como deuses e deusas antropozoomórficos (metade homens, metade animais), porém, eram imortais e possuíam poderes sobrenaturais. Eram seres invisíveis que se manifestavam através de sonhos e dos oráculos, e representavam forças criadoras no mundo material, onde governavam tudo e todos, desde as coisas mais básicas, como as relações físico-químicas e a mecânica celeste, até as mais complexas e abstratas, como a ordem social, e as leis (*Mes*) que regem o Universo em suas jurisdições, absolutas, imutáveis e inexoráveis, que tudo e todos eram obrigados a obedecer.

Os deuses sumérios menores tinham uma relação direta com as forças da Natureza, como o sol, a chuva, o trovão, o fogo e o vento, bem como eram representantes das reações instintivas primordiais, consideradas como sentimentos pela cultura vigente, características das emoções humanas, tais como a tristeza, a alegria, o ódio e, principalmente, o amor.

As poucas referências desta cosmogonia citadas neste livro têm como objetivo aclarar o entendimento para o processo histórico definido pela cultura suméria, na qual a sucessão dos eventos e acontecimentos bons e ruins, que caracterizaram a sua história, eram uma consequência direta das glórias e dos pecados de um soberano divinizado. E os registros destes eventos tinham como proposito relacionar estes tempos historiográficos, de fartura ou de sofrimento do passado, com a continuidade linear da realeza e das dinastias, com o intuito de demonstrar o fluxo continuado dos erros dos homens e das respectivas punições dos deuses, se sucedendo em sequência, alternando-se, sem meio nem fim, em caráter "*ad æternum*".

Não temos a intenção de apresentar toda alegoria cosmogônica dos povos mesopotâmicos, especialmente, os sumérios, os acádios, os babilônios e os assírios, que é muito complexa e abstrata, formada com mitos, narrativas heroicas e textos canônicos, compilados durante o sexto e o quinto milênios aEC.

Para tal asseveração, existe uma bibliografia extensa com relatos confiáveis sobre as traduções literais do conteúdo das 25.000 tábuas de argila, datadas de 6.000 anos atrás, encontradas, em meados do século XIX, nas ruínas do palácio de Assurbanípal, na antiga capital assíria de Nínive.

Penso que os registros dos fatos descritos nas 20.000 tábuas de argila encontradas em Tell Telloh (Girsu), possuem muitas evidências históricas importantes, que contém elementos historiográficos suficientes para permitir uma análise interpretativa dos fatos e circunstâncias ocorridas a partir do IV milênio da aEC, relativos à verdadeira origem, função, comportamento e área de atuação das deidades que compõem a mitologia da Antiga Mesopotâmia.

"*A Epopeia de Gilgámeš mostra que existe uma concepção de ética política ligada ao poder real*" (CARAMELO, 2007), porém, essa concepção mesopotâmica, perante os súditos era respaldada por sonhos adivinhatórios e presságios oníricos considerados como uma comunicação sobrenatural e expressão dos deuses, e baseada na estrutura de dependência estabelecida pelos soberanos dinásticos, assessorados pela classe sacerdotal.

A elaboração do mito cosmogônico sumério de criação dos seres humanos pelos deuses, estava fundamentado, exclusivamente, no caráter de servilidade, que cabia aos súditos, para desonerar as deidades de todo e qualquer esforço despendido no processo geomorfológico, inclusive na construção dos canais de irrigação, no plantio e no cultivo de alimentos que lhes eram comuns, trabalhando para prover-lhes o sustento, dedicando parte da sua produção para os cultos religiosos, nos quais eram servidos, para os sacerdotes nos templos, em abundantes banquetes volitivos como oferendas às divindades.

Este deferimento magnânimo de poder dar vida à espécie, impôs legitimidade nas limitações para os anseios, pleitos e queixas dos seres humanos, que não poderiam exceder os seus deveres, nem romper a subserviência e, muito menos, insurgir-se contra a monarquia sagrada, por se tratar de representantes diretos das divindades, a quem delegaram a missão de ordenamento e harmonia do mundo terreno.

Este poema épico possui, também, um caráter moral associado, que reflete a existência de um modelo divino, estruturado em múltiplas configurações, um sistema de leis paleobabilônicas[12] baseadas nos costumes, para controlar e organizar a sociedade estratificada em classes, que regulamentavam a burocracia e a divisão do trabalho, os direitos e os deveres dos trabalhadores e desempregados, usando uma composição de Tribunal de Júri, nos moldes dos julgamentos atuais, para solucionar conflitos de interesse, bem como para estabelecer normas de conduta para todos os homens adotarem um comportamento exemplar, em atendimento aos supremos ditados da vontade destes deuses, animando e sustentando toda a Criação.

Um outro aspecto abordado nestes poemas sumérios foi a origem divina do poder delegado à realeza humana, a sua natureza, legitimidade e limitações, que, voltaremos a tratar mais adiante, dado ao desenvolvimento da doutrina político-religioso do processo formativo das civilizações, instituído com base na crença do poder onímodo e absolutista dos monarcas estar ungido pela vontade divina ou de alguma entidade superior terrena ou não, devidamente fundamentado em preceitos teológicos e jurídico-políticos de hereditariedade ou continuidade linear da realeza e das dinastias.

Para entender o modelo do pensamento reinante na civilização mesopotâmica, apresentamos, de uma forma concisa, um estudo do contexto histórico dos povos sumérios, relacionados a sua estrutura social e política, etnia, indumentária, arte, ciência, ordem social e religião, com intuito de buscar identificar os ideais, os anelos e as aspirações destas culturas, que formaram a base pelas quais os seres humanos se manifestavam no cotidiano destes povos, bem como deram suporte ao pensamento abstrato com que os sumérios elaboraram uma teurgia[13], seus rituais e cerimônias para invocarem as divindades celestiais para transmitir-lhes ensinamentos e orientações sobre os mais variados temas do conhecimento universal.

---

[12] **Leis paleobabilônicas** = Código de Ur-Nammu, Código de Lipit-Ištar, Lei de Talião, Código de Hamurabi, Leis de Esnunna, entre outros.

[13] **Teurgia** = (do grego "theoi" = deuses + "ergon" = obra) significando não somente a "Obra Divina", mas também a "Obra de Deus", é uma forma de magia cerimonial, na qual se busca a perfeita comunhão com Deus, obtida através de preces, rituais, exercícios e estudos, como uma forma de observar o divino com uma visão e compreensão humanas.

> O modelo religioso que se difundiu na região mesopotâmica e depois marcou presença na costa palestina do mediterrâneo e ao norte, na Anatólia hitita, era o modelo sumério. No entanto, cada cultura o reelaborou de forma própria e original. Nessa perspectiva, as civilizações posteriores na região mesopotâmica foram caracterizadas por uma identidade e unidade cultural 'básica', uma espécie de substrato que permitia que seus sistemas religiosos fossem tratados de maneira homogênea. [...]. As diferenças são, provavelmente, fruto do tempo e das adaptações exigidas pelas mudanças de suas necessidades. (SCARPI, 2004, p. 27).

Os povos sumerianos introduziram, na humanidade, conceitos, princípios éticos, normas de conduta, e juízos de valores caracterizados por uma identidade básica, que, transcendendo a própria matriz cultural, deixaram um legado que deu formação à civilização mesopotâmica: dos acadianos aos caldeus, passando pelos amoritas, assírios e babilônios; inclusive todos os povos de ancestralidade semita, entre eles os fenícios, hebreus, árabes e hicsos.

A essência dos conceitos sumérios foi disseminada através do comércio terrestre, fluvial e marítimo; e, até mesmo, das invasões territoriais; e produziram no pluralismo cultural das civilizações posteriores que se formaram na região da Mesopotâmia, diversas interpretações, adaptações e combinações culturais e religiosas, criando uma espécie de amalgama, que, permeando todos os paradigmas compartilhados por estes povos, induziu ao ordenamento do pensamento e das ideias na formação de conceitos fundamentais, sociais e religiosos.

Compreender qual a estrutura e a organização do pensamento sumério é conhecer uma parte importante do processo civilizatório da humanidade e suas sucessivas transformações. Porém, não é tão fácil, como possa parecer ao leitor, observando simplesmente o cenário da diversidade cultural, social e religioso dos povos mesopotâmicos.

Para que as explicações de certos fatos incompreendidos e inconclusos, sobre as questões fundamentais da vida e da nossa origem, que satisfaçam plenamente a nossa inteligência, é necessário que estejam respaldadas por convicções advindas do conhecimento e não de suposições ou hipóteses exóticas, apoiadas na imaginação fantasiosa.

> Quem conheça a fundo a história das raças humanas e tenha conseguido penetrar um tanto nas profundezas da Criação, por meio de suas múltiplas manifestações e de seus maravilhosos processos, os quais encerram inefáveis mistérios que falam de grandes e sublimes expressões do pensamento universal, haverá

> podido compreender, em parte, o conteúdo desse pensamento
> que anima a existência de tudo quanto vive, se move e vibra no
> espírito da Criação. (PECOTCHE, 2002, p. 81).

Os historiadores e arqueólogos defendem uma teoria de que, em cada estágio evolucionário de uma sociedade organizada, todas as instituições sociais, políticas, econômicas e doutrinárias estão intimamente inter-relacionadas, de forma que o desenvolvimento ocorrido em um dos segmentos provoca alterações nos demais, no mesmo ritmo e na mesma intensidade.

Tal pensamento leva a uma perspectiva de que todas as civilizações antigas passaram pelos mesmos estágios de desenvolvimento e declínio, muitas vezes, contestado por historiadores pela rapidez com que uma série de mudanças, extremamente rápidas, ocorreram em algumas das sociedades mesopotâmicas.

As assembleias democráticas, que subsistiram desde o tempo das aldeias, perceberam que, perante as ameaças de ataques e invasões de seus territórios era necessário contar com um líder forte e destemido para guiar os cidadãos à vitória sobre os seus inimigos. E, assim, nasceu a instituição da realeza, designando, inicialmente, um homem honrado, destemido e corajoso da comunidade, um *"Lugal"*, um chefe político-religioso, ainda que, com autoridade limitada e em caráter temporário, que pudesse liderá-los nas lutas, e que, após cessado os conflitos, voltasse à vida civil, abrindo mão de sua autoridade e poderes.

Com a intensificação dos conflitos e desavenças entre as cidades, a presença do líder começou a se tornar cada vez mais necessária e permanente, o que resultou em uma função hereditária, dinástica e, por que não dizer, despótica.

Durante a transformação dos primeiros assentamentos ubaídas em cidades-Estado sumérias, independentes, com centros políticos configurados por suas estruturas próprias de liderança definidas pelas suas elites, embora o papel dos anciãos tribais fosse destacado, com forte poder na tomada de decisões, ainda assim, ficava à margem da ação dos deuses-soberanos ou reis semideuses, e seu aparato palaciano relacionada a grupos econômicos, étnicos e grau de parentesco.

Convém mencionar que, o processo que provocou uma desigualdade social nas cidades sumérias, conforme os historiadores, começou com a ascensão de uma elite latifundiária, que controlava uma grande quantidade de terras, e intensificou-se a partir da administração das cidades pelos reis sumérios.

De qualquer forma, a base de conhecimento custodiada por aquela coletividade social, mesmo que combinando novas identidades oriundas de peregrinações, comércio, conquistas etc., tanto lideres quanto cidadãos, não poderiam ter seu processo formativo tão diferenciado e tão distante, entre si, ao ponto de que a curiosidade dos indivíduos, livre de qualquer tipo de tutela ou orientação, que movia o avanço da ciência e da tecnologia, fosse capaz de abrir as fronteiras do conhecimento, para o surgimento de novas estratégias, métodos e instrumentos, que permitiriam o desenvolvimento meteórico daquela sociedade, visto que todos os indivíduos que compunham estas cidades saíram do mesmo contexto sócio-político agropastoril pré-históricos.

A literatura cosmológica suméria não apresenta conceitos claramente definidos e uniformes da origem do Universo e sua história primordial, devido às rivalidades e disputas políticas constantes entre os indivíduos que compunham a classe sacerdotal para fazer valer esta ou aquela acepção mitológica, que surgia em função da pluralidade social dos povos sumerianos, como elemento central do poder econômico e político de uma cidade-Estado.

Daí, que existem registros de mais de 3.000 divindades, com funções vitais diferentes, em muitas das vezes, com atribuições que passavam de uma para a outra, com o decorrer do tempo e da necessidade de um sacerdote, ora para ressaltar o caráter maternal da *"Grande Deusa"*, ora para atender ao processo de implantação do patriarcado, com a adoração de uma divindade masculina do panteão mitológico, como patrona daquela cidade.

Na busca de respostas sobre o que somos, de onde viemos e para onde vamos, que define a complexidade de nossa existência, como seres humanos, a narrativa simbólica dos mitos sobre a criação do Cosmos reflete uma visão espaço-temporal de um contexto histórico sobre a evolução da sociedade humana, que pode ser encontrada nos textos doutrinários da maioria das religiões e seitas conhecidas, e que *"validam a ordem social contemporânea ao rastreá-la à uma ordem social sagrada do passado"*, conforme Mari Womack (2005, p. 81, tradução nossa)[14]. Na falta de conhecimentos sobre estas questões e as leis que regem a natureza, e amparadas no temor do desconhecido e nas frustrações de perdas irremediáveis, as crenças procuraram preencher este vazio imanente, com conceitos e interpretações baseados no sobrenatural, que deram formação a uma filosofia teocrática.

---

[14] **Mari Womack** (1942:2011) = escritora e antropóloga, especializada em símbolos, religião, gênero, cultura popular americana e teoria antropológica e métodos. Professora e pesquisadora do Centro de Estudos das Mulheres da UCLA, roteirista da série de TV da PBS *Faces of Culture* e coeditora de *The Other Fifty Percent*.

Embora os símbolos sejam reconhecidos como religiosos, pois representam os valores morais, éticos e ideais de uma sociedade, a simbologia encontrada nos templos das primeiras civilizações que habitavam a região entre os rios Tigre e Eufrates por volta de 6.000 aEC, deveriam refletir a imagem mental que estes grupos sociais e suas elites religiosas possuíam sobre a origem do mundo e dos seres humanos.

Um dos símbolos que, comumente, pode ser encontrado presente na cosmogonia mítica da maioria dos povos antigos, como parte dos mistérios femininos dos povos antigos e no culto à *"Deusa-Mãe"*, a elipse, o ovo, o ventre grávido são símbolos da plenitude mística da gestação e da criação. Inúmeras estatuetas encontradas nas escavações dos povos neolíticos, que representavam a *"Grande Deusa"*, estão associadas com aspectos da fertilidade e da procriação, e por usa vez, à criação do Universo é à do ovo primordial. Para os sumérios, o Universo estabelecido pelos deuses era finito e eterno, separado em seis níveis, três firmamentos e três terras, todos circunscritos dentro de uma cúpula, com um núcleo vital que flutuava no nada, no caos primordial.

Para que o entendimento do homem comum, livre de dogmas e preconceitos, seja capaz de abarcar os verdadeiros conhecimentos sobre a nossa origem e existência, e custodiá-los em sua consciência, com vistas a promover um processo evolutivo condicionado aos ditames das altas esferas do pensamento, que configura a espécie humana, e sem os grilhões das concepções míticas religiosas, filosóficas ou políticas, será necessário que os historiadores, sociólogos, arqueólogos e toda comunidade científica, baseando-se na lógica e na razão enriquecida por conceitos superiores, comecem por se predispor a investigar e responder vários interrogantes sobre os sumérios, que tem incitado a inteligência humana há séculos, tais como:

- Como uma sociedade com núcleos familiares formados por camponeses, artesãos, agricultores e pastores, que, ainda usando vestimentas rudimentares, como todo o seu conhecimento baseado no empirismo, sem nenhum embasamento de pesquisa teórica ou argumento científico, ou percepção, localização, discriminação e reconhecimento espacial e cenográfico do mundo, foram capazes de desenvolver a arquitetura, engenharia, a metalurgia, a astronomia, e a medicina avançada, além de que não tiveram nenhuma civilização predecessora com tal conhecimento, que lhes pudesse ter legado?

- Como um povo que ainda concretava seus pensamentos e desejos através de representações pictográficas, com dificuldades no uso da linguagem e na transmissão de ideias, sem quaisquer preocupações históricas para compreender a evolução da sociedade e dos valores humanos, e cuja maior preocupação era contar os bens que davam ou recebiam, registrar os acontecimentos de uma época, ou relatar os feitos de um monarca desejoso de assegurar sua fama e afirmar sua imortalidade, pôde desenvolver um sistema de escrita simbólica e fonética?

- Como um povo orientado para o trabalho agropastoril, no qual transmitiam o conhecimento utilizando a tradição oral, pode dar um salto temporal e desenvolver em sua mente a capacidade de expressar o pensamento através da linguagem escrita alfabética, ideográfica, criada a partir de pictogramas, bem como o interesse pelo armazenamento do conhecimento, com vistas a custodiá-lo e transferir os saberes alcançados para as gerações futuras através de escolas (é-*dubba's*)?

- Como um povo que adotava um modelo mental representativo pictórico, adquirido através de experiências vividas, para observar e explicar o mundo e o que acontece ao seu redor, configurado em pinturas rupestres, e que recém estava passando para utilizar um modelo simbólico, pôde ter criado um sistema numérico sexagesimal, a álgebra e a geometria, próprias de um pensamento lógico-matemático, capaz de discernir padrões e articular longas cadeias de raciocínio sequencial, que, ainda hoje, muitos têm dificuldades para formular?

- Como um povo com mentalidade primitiva, ainda dotado de um pensamento associativo, pôde criar, através de um pensamento dirigido, engenhosos dispositivos e ferramentas, tais como enxadas, arados, veleiros, roldanas, o vidro, cerâmica e a roda, e por consequência e familiaridade, o desenvolvimento de tecnologias que culminariam na urbanização, como as carroças, carruagens, armas, as fornalhas e os moinhos?

- A epistemologia define que a maioria dos conhecimentos são aprendidos como resultado do estudo, da experiência e observação da Natureza, utilizando-se um método de raciocínio indutivo formativo, porém, alguns conhecimentos são ensinados. Penso que os conhecimentos metalúrgicos fazem parte desta última classe. Embora os historiadores imaginem que a primeira produção de metal foi obtida acidentalmente, por volta de 5.000 aEC, ao se colocar certos minérios de cobre ou de estanho em uma fogueira (calor de 200°C), convém mencionar que o refino do cobre era obtido a partir de minérios óxidos como azurita e malaquita, cujo ponto de fusão é de 1.038°C. Portanto, seria Oannes, o primeiro dos *"Abigals"*, um sobrevivente, por complacência de deuses algozes, de uma civilização *"antediluviana"* dotado de hábitos alimentares e indumentos fabricados a partir de sobras de materiais e restos de peixes, adaptado ao convívio com as águas; *"que, supostamente, teria emergido do Golfo Pérsico"* para ensinar aos homens a escrita, a agricultura, a ciência, a astrologia e as artes ao povo sumério?

Figura 12 – Oannes um dos sábios antediluvianos que trouxe a civilização para os sumérios

Fonte: imagens disponíveis no Google e Pinterest

- E sobre a sua cosmogonia, como um povo, cujo pensamento religioso estava fundamentado no culto à natureza, aos antepassados, e à deusa da fertilidade, conseguiu produzir uma mitologia altamente complexa e sofisticada, onde as reflexões sobre a natureza e as observações sobre a realidade estavam dotadas de uma ilusão de profundidade explicativa, própria dos pensamentos abstratos, que denota uma estrutura mental e um processo evolutivo desenvolvido?

Os sumérios deixaram registrado, com detalhes, em tábuas de argila, um relato chamado *"Lamento por Ur"* sobre a destruição, por fogo e enxofre, que ocorreu por volta de 2.024 aEC, na região das cidades localizadas no vale do Sidim, na Península do Sinai, nas proximidades do mar Morto, provocada pelos deuses Nannar Sin, Ninurta, Marduk, Inanna, Enlil, Enki, Nabu e Nergal, que, em guerra entre si, deflagraram a explosão da *"arma do terror"*.

Esta guerra alterou toda a geopolítica mundial da época, repentinamente, tendo sido relatada, inclusive, pelos indianos nos milenares livros de *"Bhagavad Gita"*, no *"Mahabharata"*, *"Ramayana"* e na Bíblia hebraica, que descrevem uma explosão catastrófica, que abalou o continente.

Atualmente, esta região está coberta por pedras enegrecidas e fundidas, grãos de areia vitrificados, tijolos cristalizados, contendo altos índices de radioatividade e grande quantidade de isótopo de Urânio 235, que é um indicativo de terem sido expostas a altas temperaturas, na faixa de 2.000°C, proveniente de uma detonação nuclear (???). A cerâmica superficial encontrada no local apresenta sinais de vitrificação, que ocorre quando um artefato é submetido a altas temperaturas. *"O vento maligno"* arrastou a radiação, envenenando a água levada pelos rios e contaminando o solo, que absorveu a radiação, provocando uma seca que perdurou por mais de 300 anos, tornando a região inabitável por até 700 anos, conforme avaliado por cientistas. Segundo o historiador Kisan Mohan Ganguli, na seção 07 do Mahabharata, "Drona Parva", descreve:

> "Um único projétil, carregado com toda a força do Universo...
> Uma coluna incandescente de fumaça e uma chama tão clara
> quanto 10.000 sóis, apareceu em todo seu esplendor...
> era uma arma desconhecida, um trovão de ferro,
> um mensageiro gigantesco da morte,
> o qual reduziu às cinzas uma raça inteira.
> Os corpos estavam tão queimados que ficaram irreconhecíveis.
> Suas mãos e unhas caíram,
> os vasos estavam quebrados sem qualquer causa aparente,
> os pássaros se tornaram brancos.
> Após algumas horas, os alimentos ficaram infectados.
> Para escapar deste fogo, os soldados se jogaram no rio."
> (Manmatha Nath Dutt, 1897, p. 375).

Os sumérios são considerados pelos arqueólogos como um grande mistério no desenvolvimento antropogênico da humanidade, pois apesar do seu alto grau de sofisticação cultural, eles, como civilização, surgiram quase que *"de repente"*, e também, desapareceram da mesma forma.

MESOPOTÂMIA – SOB O DOMÍNIO DOS ELAMITAS

A região da Mesopotâmia faz parte de um território que os historiadores convencionaram chamar de *"Crescente Fértil"*, que ocupa uma área de 500km^2 de extensão, localizada entre a Jordânia, Líbano, Síria, Egito, Israel, Palestina, Irã, Iraque e parte da Turquia. Esquematicamente dividida entre Alta Mesopotâmia, formada pelas montanhas da Anatólia e pela estepe árida e desértica do Sinjar, imprópria para o desenvolvimento agropecuário; e a Baixa Mesopotâmia, uma planície aluvial situada entre os rios Tigre e Eufrates que, na época das cheias, ficava inundada e pantanosa, porém, na vazante, uma mistura de barro e húmus, remanescente, fertilizava a terra, propiciando o cultivo da agricultura, principal meio de subsistência dos primeiros povos da antiguidade, que contribui para o sedentarismo dos primeiros grupos de caçadores-coletores nômades que para ali se dirigiram e se estabeleceram, formando os primeiros assentamentos e aldeias (revolução agrícola e urbana).

É importante compreender o contexto histórico proposto pelos historiadores sobre os povos da antiga Mesopotâmia para estabelecer uma ligação entre as suas culturas, seus costumes e religiosidade, pois suas historiografias não são distintas, como quer parecer os sacerdotes e escribas sumérios, para legitimar a relação de poder ou o direito de dominação, de uns sobre outros.

> Desenvolveram uma civilização grandiosa em feitos e descobertas que serviram de base para outros povos da Antiguidade. Desde a chegada dos Sumérios até a formação do primeiro Império Babilônico (em 2003 a.C.), uma série de outros povos ocuparam a região e contribuíram para a composição do que hoje conhecemos da história mesopotâmica. (CHARTIER, 1992, p. 211).

No meu entendimento, estas sociedades devem ser estudadas em conjunto para poder captar a realidade da sua existência, buscando os inúmeros pontos de contato pelas quais elas formaram uma única civilização, cujo modelo do pensamento historiográfico sacerdotal determinou a interpretação benevolente, condescendente, e em alguns casos, até absurda e fantasiosa, que muitos dos pesquisadores tentaram dar para *"acomodar"* o entendimento que possuem destes registros mitológicos, simbólicos, representativos e complexos, de acordo com o moral teológico que foi imposto para cada um deles a partir da sua religião.

Mapa 2 – Crescente Fértil, abrange os vales dos rios Nilo, Jordão, Eufrates e Tigre

Fonte: imagens disponíveis no Google e Pinterest

O contexto cultural das civilizações que se proliferaram no sul da Mesopotâmia na proto-história, apresentava um cenário de extrema diversidade de costumes e um dinâmico pluralismo sincrético, sobre a criação do mundo e do homem, cada uma exercendo forte influência sobre os conceitos da civilização que a sucedeu.

A autopreservação, através da busca de alimentos, proteção e uma melhor qualidade de vida, levou os primeiros grupos de seres humanos situados no Oriente Médio, essencialmente nômades, caçadores e coletores, a migrarem e se fixarem nas abundantes terras férteis da Baixa Mesopotâmia. No início, em pequenos assentamentos, depois em aldeias e cidades, estruturadas e organizadas, que foram crescendo e despertando a cobiça de povos vizinhos.

Quanto mais o desenvolvimento destas cidades aumentava, mais os seus soberanos, demonstrando tendências agressivas e competitivas, buscavam em terras mais distantes produtos para ampliar a produtividade local, ora através do comércio, ora para ostentar seu poderio através de conquistas.

Os registros históricos da Mesopotâmia demonstram lutas constantes entre as cidades pela disputa das melhores terras cultiváveis e sucessivos ataques de saqueadores e povos nômades, vindos das estepes do Leste.

Entretanto, os templos e a vida religiosa e litúrgica de cada uma das cidades conquistadas continuavam sendo administrados por uma casta sacerdotal, com soberania e poder absoluto e perpétuo sobre a vida pública de seus concidadãos, que, de um certo modo, tinha uma ascendência moral sobre a elite, formada pelos escribas, arquivistas, professores, estudiosos, matemáticos, cobradores de impostos, latifundiários, e sobre os demais membros da sociedade local, que eram subalternos e o sustentáculo desta classe privilegiada.

Quando o poder foi secularizado através das dinastias estabelecidas pelas descendências reais dos tronos conquistados, mediante conflitos e guerras, o prestígio dos templos manteve-se inalterado.

Os sacerdotes, como servos dos deuses e seus representantes diretos, orientavam e manifestavam todas as vontades deles e cobravam com autoridade clerical o cumprimento de suas obrigações, quer sejam para construir templos que serviam para o culto a deidade patrona daquela cidade, quer para *"custodiar"* o excedente da produção como oferenda ao panteão de divindades, que, na prática, era o que possibilitava o sustento, não só dos reis e sua família, como também, de um grande número de funcionários da administração pública, e principalmente, dos representantes dos deuses na Terra, garantindo-lhes uma vida abastada, proveniente do abuso e persuasão no recolhimento de dízimos, oferendas e campanhas infundadas.

As batalhas eram comuns e constantes na região, e aos poucos, os líderes dos povos conquistadores e suas dinastias reais perceberam as vantagens de se associarem a essa elite religiosa local, dando formação aos Estados teocráticos, nos quais a influência e o domínio social dos templos não sofreram modificações, independente dos governantes que se revezavam nas conquistas destas cidades.

Com isso, abre-se caminho para o surgimento da monarquia sacra, na qual o *"Lugal"* era ungido pela classe sacerdotal, como um representante direto da divindade, investido com autoridade e poderes advindos dos próprios deuses para julgar, deliberar e zelar pela manutenção dos palácios e dos santuários, na qualidade de gestor da Administração, da Justiça e da Ordem nas regiões sob o seu domínio.

O primeiro povo de que se tem registro, que se estabeleceu na Mesopotâmia, foram os sumérios. As primeiras cidades formadas eram autônomas e independentes, e estavam em constantes lutas, entre si, pela hegemonia política da região.

Estes conflitos acabaram por trazer predominância das cidades de Ur e Kiš sobre as demais cidades sumérias. Esta supremacia deveu-se a que estas cidades eram guardadas por fortalezas, quase inexpugnáveis, que as mantinham protegidas contra os ataques das demais cidades ou de outros povos vindos de regiões circunvizinhas. Estas guerras foram, gradualmente, abatendo as resistências militares das cidades sumérias, enfraquecendo-as, tornando-as vulneráveis a invasores estrangeiros.

O primeiro rei a unir as diferentes cidades-Estado, foi o rei Etana[15], um soberano semita procedente de Suša, capital do Elão, uma região a leste da Mesopotâmia, que, por volta de 2.861 aEC, conquistou a cidade suméria de Kiš e unificou o poder político na região, centralizando-o na cidade de Kiš.

O termo elamita (*"habitante dos planaltos"*) era usado pelos sumérios para designar todos os povos originários do Vale do Nilo e que fizeram parte da migração africana rumo à Ásia, por volta de 8.000 aEC, e que se estabeleceram na região que vai das montanhas do sudoeste da cordilheira de Zagros até a planície aluvial (Shatt al Arab) formada na confluência dos rios Karun-e-Karkheh com o Tigres.

Não se tem registros que possam caracterizar a sua etnicidade, nem o seu idioma, que não está relacionado aos quatro grupos linguísticos da região: hamito-semita, sumério, indo-europeu e o iraniano primitivo. É uma língua isolada como a dos sumérios.

A cultura elamita é considerada pelos historiadores, como a mais desenvolvida da história antiga dos povos mesopotâmicos, junto mesmo com a da Suméria. Baseada na estrutura dos povos neolíticos, os elamitas possuíam um sistema matrilinear de sucessão, isto é, cada novo soberano teria que, necessariamente, ser filho de um membro do sexo feminino da família do governante anterior.

O poder na sociedade elamita estava baseada em uma estrutura governamental centrada, que funcionava como uma capital federal, na qual um

---

[15] **Etana** = personagem mitológico, que governou o Elão, conforme registros por 635 anos, como o primeiro monarca pós-diluviano, especialmente escolhido por Ištar e aprovado por Enlil para governar Kiš e *"consolidar todos os países estrangeiros"*. Embora tenha sido considerado um rei justo e poderoso, uma grande tristeza o afligia, pois não tinha herdeiros. Pela Lista dos Reis Sumérios, ele foi sucedido pelo filho Balih, portanto, conforme descrito nas tábuas sobre a Epopeia de Etana, parece que seu pedido foi atendido pelos deuses.

soberano compartilhava o poder com um grão-vizir ou primeiro-ministro (*"suk-kal.mah"*), na sua grande maioria, estabelecido por laços de sangue ou hereditariedade, isto é, seu irmão ou filho mais próximo que, de forma sucedânea, regiam príncipes e vassalos, instituindo dinastias.

Figura 13 – Deusa elamita Kiririša conhecida como Inanna suméria ou a semita Ištar

Fonte: Museu do Louvre, Paris (Imagem disponível no Google e Pinterest)

Os elamitas praticavam o politeísmo, característica das religiões pagãs da Ásia Ocidental, com devoção à Grande-Mãe Kiririša que, junto com Khumbam e In-šušinak, formava a tríade suprema do panteão das divindades elamitas. A predominância de uma deusa na religião é uma decorrência da prática do matriarcado, que caracterizou, em maior ou menor grau, a civilização elamita.

Como era comum nas sociedades neolíticas, o culto às divindades era a céu aberto, embora houvesse alguns templos onde eram praticados rituais de adoração.

Vale ressaltar que os registros históricos gravados nas tábuas de argila pelos sacerdotes-escribas sumérios foram seletivos, pois como Etana tinha sido um líder tribal estrangeiro, mais precisamente um pastor elamita, cuja descendência não era da realeza suméria, os poucos registros referem-se ao "Épico de Etana", uma estória mítica deste soberano que, conforme os relatos, tinha sido ungido por Enlil para reinar em um trono na terra.

Portanto, o reinado de Etana e sua dinastia no trono da Suméria tinha a anuência do maior dos deuses e a classe sacerdotal subjugada e submissa ao poderio militar do conquistador, para garantir suas benesses e influência na estrutura social da cidade, aufere legitimidade à *conquista heroica* daquele governante elamita, pela condescendência magnânima da deusa, Inanna (suméria) e Ištar (acadiana), patrona da cidade de Kiš, como pode ser observado nas linhas iniciais da primeira das três Tábuas, que compõem a Epopeia de Etana.

> Os grandes Anunaki que decretam os destinos
> Sentaram-se e conferiram seus conselhos à terra.
> Eles criaram os Quatro Quadrantes e estabeleceram a sua forma.
> Os Igigi [...] decretaram os festivais para todos eles.
> Eles ainda não haviam estabelecido um rei que governasse sobre todas as pessoas.
> Naqueles dias, o adereço real da cabeça
> e a coroa ainda não tinham sido colocados juntos.
> E o cetro de lápis-lazúli ainda não tinha sido empunhado.
> Ao mesmo tempo, o palanque do trono ainda não tinha sido feito.
> Os Sebitti, os Sete Deuses Guerreiros, companheiros de Nergal, barravam os portões contra os exércitos [...].
> Ištar procurava nas alturas e nas profundezas por um rei,
> Inanna procurava por um pastor, [...]
> Enlil estava procurando um palanque para o trono, para dar a Etana
> "O jovem por quem Ištar procura com tanta diligência sem cessar"
> Um rei, aqui firmado para a terra, para que se estabeleça em Kiš.
> Ele trouxe o poder real.
> (DALLEY, 1989, p. 286).

MESOPOTÂMIA – SOB O DOMÍNIO DOS SUMÉRIOS

Durante os 139 anos seguintes, a dinastia de Etana reinou na cidade de Kiš até que, por volta de 2.722 aEC, foi conquistada por Meš-ki.ang-gašer, um governador sumério da cidade de Uruk que, conforme os registros, não só dominou a maioria das cidades da Suméria, como toda a região a leste, que ia do Mediterrâneo até os montes Zagros, no Elão, atual Irã. Nas inscrições nas paredes da entrada do templo construído em honra da deusa Inanna, na cidade de Uruk, Meš-ki.ang-gašer, está representado como rei, alto sacerdote e filho direto de Utu, o deus do Sol, da justiça, da aplicação da lei, e da dispensação do destino dos mortos, dos astros e da magia do Universo.

Figura 14 – Deus Utu sumério representado na Tábua de Šámaš acádio

Fonte: Museu Britânico, Londres, Referência ME 91000 (Imagem disponível no Google e Pinterest)

O culto ao deus-sol Utu é anterior ao período ubaída, como o grande senhor dos deuses, embora não fosse amplamente difundido na região mesopotâmica.

No reinado de Lugalbanda, de acordo com a versão babilônica do Épico de Gilgámeš, a divindade assume uma relevância na mitologia suméria, ao ser associado à estória da campanha e conquista da Floresta de Cedros, quando a deidade orienta e ajuda o herói a derrotar o terrível monstro Humbaba, que a protege.

Poucos registros se têm sobre o reinado de Meš-ki.ang-gašer, embora saiba-se que ele assumiu o poder político e religioso na cidade de Uruk, intitulando-se sacerdote consorte de Inanna em um casamento sagrado ("*hieros gamos*"), e afastando os sacerdotes governantes das demais cidades e substituindo-os por funcionários por ele indicados. Sua morte é uma lenda e envolta em grandes mistérios.

Os registros sobre seu filho Enmerkar, também reverenciado como filho de Utu e rei-sacerdote de Inanna, descrevem seus esforços para liderar uma campanha militar contra a lendária cidade de Aratta, da qual não se tem referências exatas de sua localização. Presume-se que estivesse situada em uma região montanhosa remota, de difícil transposição, acessível a Uruk por um longo curso de água, e que era fabulosamente rica em ouro, prata e outros materiais preciosos.

O épico chamado *"Enmerkar e o Senhor de Aratta"*, um dos registros mais longos da literatura suméria descobertos, descrevem as tentativas, até a vitória, deste governante, que subiu ao trono de Kiš por volta de 2.692 aEC, para obter recursos para fortificar a cidade e, assim, resguardá-la contra os sucessivos ataques dos nômades semitas, e preservar os seus domínios, bem como construir o Templo É-Abzu, em honra ao deus Enki em Eridu.

Enmerkar, assim "escolhido por Inanna
em seu coração sagrado da montanha brilhante",
então pede a Inanna para deixá-lo subjugar Aratta e
fazer o povo de Aratta entregar um tributo
de metais preciosos e pedras preciosas
para a construção do elevado Templo de Abzu de Enki em Eridu,
bem como para embelezar seu próprio santuário E-ana em Uruk.
Inanna, portanto, aconselha Enmerkar
a enviar um arauto
pelas montanhas de Susin e Anshan
ao Senhor de Aratta,
para exigir sua submissão e seu tributo.
Enmerkar concorda e envia o enviado,
junto com suas ameaças específicas de destruir Aratta e
dispersar seu povo, se eles não lhe enviarem o tributo –

"para que não seja como a devastação
que varreu destrutivamente,
e em cujo rastro Inanna surgiu,
gritou e berrou alto.
Eu também causo uma devastação devastadora lá.
(Enmerkar e o Senhor de Aratta, Kramer, 1968, p. 33-64).

Conforme a historiografia dos relatos descritos, parece uma forma dos sacerdotes-escribas certificarem a preferência da deusa Inanna, patrona de ambas as cidades rivais, e daí, primeiramente, definir o subjugo de uma sobre a outra, cabendo o recolhimento de tributos e oferendas, e ao não serem atendidos pelo monarca subserviente, uma justificativa para empreender as campanhas militares contra a cidade de Aratta, para saquear as suas riquezas.

Embora alguns historiadores considerem apenas este registro como único épico que descreve a dominação de Aratta por Enmerkar, outras três epopeias separadas contam, também, aspectos desta mesma mitologia: *"Enmerkar e En-suḫgir-anna"*, *"Lugalbanda na caverna da montanha"* e *"Lugalbanda e o pássaro Anzud"*, que descrevem a jornada heroica para atacar Aratta de um dos comandantes dos exércitos de Enmerkar, Lugalbanda que, mais tarde, viria a se tornar o seu sucessor no trono de Uruk e, portanto, merecedor de um hino ou mitologia que o enaltecesse como um dos *"mortais"* que, conforme descrito pelos sacerdotes-escribas, foi ungido pela deusa Inanna, e portanto, mesmo sem ser descendente da realeza, lhe foi permitido, *"pela deusa"*, que assumisse uma posição de soberano no reino da Suméria.

Autenticada a sua posição no trono pelos sacerdotes que defendiam a cultura da Deusa-Mãe, como o escolhido pelos deuses, faltava ao Pastor, como Lugalbanda era comumente conhecido, garantir à sua descendência o Poder Real, de forma a consolidar a dinastia de Etana em Uruk.

Durante o II milênio aEC, na Suméria, as elites militares se tornaram uma força independente e dominadora. Os grandes guerreiros tribais tornaram-se chefes das aldeias, e se autointitularam soberanos das cidades conquistadas e buscaram dominar e estabelecer dinastias, usando o seu clã para perpetuar o seu poder real. E como condição para garantir a sua hereditariedade, era o direito de posse e de nome sobre os filhos gerados nas relações sexuais com as suas esposas, geralmente, mulheres da elite, o que acarretou um maior controle sobre a condição virginal feminina, fator importante para qualquer arranjo matrimonial.

Nos templos, as filhas dos reis e da elite social eram treinadas para atuarem como altas sacerdotisas, uma forma de controle sexual das mulheres da classe governante, uma forma de mantê-las pudicas, visto que a virgindade delas se tornou um ativo financeiro para as famílias abastadas, e a prostituição comercial passou a ser vista como uma provável ocupação para as filhas da classe operaria e uma necessidade social para atender aos desejos sexuais dos homens, e mais uma forma dos sacerdotes atraírem dinheiro para os templos.

O contingente de sacerdotisas no interior dos templos retrata a pluralidade das funções e da importância de cada uma delas na sociedade suméria. Conforme o historiador Federico Peinado (1988, p. XXXIII)[16], *"havia as "nin-dingir" (senhora ou divindade) ou Alta Sacerdotisa, as "sal-dingir" (mulher do deus) e, ainda, as "nu-gig" (hierodula = cortesã sagrada), cujas características fisiológicas e simbólicas se fundiam com a das sacerdotisas, propiciando a influência destas em diversas relações sociais e de poder das culturas mesopotâmicas"*.

O Hieros gamos

Como era costume entre os povos mesopotâmicos, desde os tempos neolíticos, com a chegada da primavera, na primeira Lua Nova, era praticado nas aldeias um culto agrário, o ***"hieros gamos"*** (Casamento Sagrado), um termo atribuído a um ritual sexual, que representava um casamento de confiança e consciência, com contexto puramente simbólico ou mitológico, entre um deus e uma deusa, expressos de três formas distintas envolvendo:

- um deus e uma deusa, simbolizados por suas estátuas;
- uma deusa e o rei-sacerdote assumindo o papel do deus;
- um deus e a Alta Sacerdotisa de Inanna, que assume o papel da deusa do sexo por excelência.

O *"hieros gamos"* era uma experiência coletiva, onde se praticava um ato sagrado e representativo da interação mágica e abstrata dos deuses com os homens, operando com eles e através deles.

Era dever dos reis manterem a sobrevivência deste culto ancestral, cuja principal função era, através do culto à Inanna, encenar e rememorar rituais de fecundidade para assegurar a abundância das colheitas, fertilidade da terra e das pessoas, garantindo a prosperidade da comunidade, a paz, a união e o amor entre os homens, e a continuidade e o equilíbrio do Cosmos.

---

[16] **PEINADO, Federico Lara** = espanhol, historiador, professor e doutor em História Antiga e codiretor de Egiptologia da Universidade Complutense de Madrid, com especialização nas civilizações mesopotâmica e egípcia. Escritor de vários livros sobre o assunto, arquivista e professor do Conselho Provincial de Lleida da Universidade Autônoma de Barcelona.

Havia uma superstição de que as crianças concebidas nove meses após esta noite sagrada, teriam um destino excepcional, não só nos aspectos de ordem comum, como no âmbito transcendental, para a glória dos deuses e de toda a Criação.

De acordo com os registros cuneiformes em tábuas de argila chamados *"Epopeia de Gilgáme*š*"*, se tem conhecimento de que Lugalbanda casou-se com a deusa Nín-sun, do Templo de É-anna, situado no distrito de Kulaba, na região sul de pastoreio, nos arredores da cidade de Uruk, dedicado à deusa Inanna, apesar das mudanças sofridas em sua importância suprema por interesses dos sacerdotes que detinham tanto o poder econômico e político da cidade quanto o poder religioso para divinizar Nín-sun.

Nín-sun era também conhecida como *"A Senhora das Vacas Selvagens"*, mãe do lendário Gilgámeš. Como figura materna em uma sociedade que, gradualmente, ganhava os contornos de um patriarcado, ela, além de culta e sensata rainha, era a personificação das qualidades que um *"pastor"* desejava de suas vacas, uma mulher de boa descendência que reconhece a importância da hereditariedade.

Figura 15 – Deusa suméria Nín-sun

"Gilgámeš abriu a boca para falar, disse a Enkídu:
Vem, amigo, vamos ao templo de Nín-sun,
à face de Nín-sun, grande rainha,
Nínsun inteligente, sábia, tudo sabe
Passos calculados disporá para nossos pés.
E deram-se as mãos, a mão de um na do outro,
Gilgámeš e Enkídu foram ao templo de Nínsun,
à face de Nín-sun, grande rainha.
Gilgámes ergueu-se, entrou em face
da deusa sua mãe,
Gilgámes a ela diz, a Nín-sun:
Nín-sun sou ousado a ponto de percorrer
O longo caminho até Húmbaba;
Uma batalha que não conheço enfrentarei,
Em jornada que não conheço embarcarei.
Dá-me tua benção e que ir eu possa!
Que tua face eu reveja e salvo esteja,
E adentre a porta de Uruk, alegre o coração!

Possa retornar e o akítu duas vezes ao ano celebrar,

Possa o akítu duas vezes ao ano celebrar!

O akítu tenha lugar e o festival se faça,

Os tambores sejam percutidos diante de ti!

A vaca selvagem Nín-sun as palavras de Gilgámeš,

filho seu, e de Enkídu, em aflição ouviu.

À casa do banho lustral sete vezes foi,

Purificou-se com água de tamarisco e ervas,

[...] uma bela veste, adorno em seu corpo, seus seios,

[...] posta e com sua tiara coroada,

[...] as meretrizes o chão empoeirado.

Galgou as escadas, subiu ao terraço,

No terraço, em face de Šámaš incenso pôs,

Pôs a oferenda em face de Samas,

Seus braços, alçou: Por que puseste em meu filho Gilgámeš este coração sem sossego?".

(Trecho da Prece à deusa Nín-sun)

Sin-léqi-unnínni, 2017, p. 135.

Fonte: Museu do Louvre, Paris (by Rama). Referência AO 2761

Embora se tenha poucas referências, supõe-se que Nín-sun era da elite de Uruk e, possivelmente, também nascida do Leito Sacro e iniciada nos serviços do templo de Inanna desde os onze anos, onde deu início a jornada de iniciação nos serviços aos deuses, na qual iria aprender a arte dos escribas, a música, a dança, a astrologia, a interpretação dos sonhos, e os cânticos para devoção à deusa Inanna em especial, bem como os hinos, as cerimônias, a liturgia e a rígida rotina religiosa das sacerdotisas.

Uma das primeiras atribuições da iniciada era estudar contabilidade e a ciência dos números, compilando as doações e as ofertas votivas que os adoradores faziam diariamente ao Templo de É-anna.

Tanto os sacerdotes quanto as sacerdotisas deviam, também, ter conhecimentos sobre álgebra, astrologia, história da deusa, ter uma gramática correta e uma boa argumentação, conhecer os estilos de linguagem e métodos estéticos da poesia sagrada e, principalmente, a interpretação dos sonhos, as artes divinatórias, e demonstrasse amadurecimento espiritual e sabedoria profética que lhe permitisse aconselhamentos sensatos, prudentes e racionais, que as situações pudessem exigir de um oráculo, muito procurado pelos fiéis da deusa.

Uma prudente decisão (não se sabe se tomada pelos soberanos ou pelos sacerdotes) foi que as sacerdotisas não podiam possuir tavernas, por deterem o conhecimento das poções secretas que podiam alterar os níveis de consciência dos homens, embora pudessem receber heranças, comprar e vender bens e terem propriedades. Embora não se tenham registros confiáveis, provavelmente, tanto Meš-ki.ang-gašer como Enmerkar, e indiscutivelmente, Lugalbanda, adotaram o ritual de *"hieros gamos"* para legitimar suas soberanias divinas temporais, e, consequentemente, de toda a sua respectiva descendência.

Gilgámeš, aproveitando o caráter solene desta ritualística, intitulou-se um semideus, com base na divinização da mãe Nín-sun, Alta Sacerdotisa, que neste casamento sagrado não seria a representante da deusa Inanna, mas o receptáculo da divindade, o instrumento pelo qual era possível a relação entre o sagrado e o profano, o contato entre o espiritual e o físico, entre o rei ungido pela deusa, como governante justo daquela região, e a própria deusa.

Existem registros de que tais rituais de celebração da união mística dos componentes divinos masculino e feminino, através de um ato sexual, sem conotação erótica, onde haveria uma conexão mágica entre *"os seis"*: as duas partes físicas, as duas psíquicas e as duas espirituais, uma de cada do homem e a outra da mulher, realizado diante de toda corte, para legitimar socialmente, em uma cerimônia religiosa, um sacramento no culto à deusa Inanna, no qual o orgasmo ou o clímax masculino, era o único meio pelo qual, por uma fração de segundo, onde todos os pensamentos ficariam ausentes da mente, o soberano, o elemento masculino, poderia atingir o conhecimento superior e o contato com o Dilmum ou Telmun (o mundo dos deuses).

Uma sociedade, ainda que arcaica, para se desenvolver e responder às necessidades dos seus problemas consuetudinários precisava aparelhar a sua estrutura administrativa com recursos intelectuais e burocráticos apropriados.

Apesar de religiosos, como eram todos, os escribas tinham a confiança dos reis e da classe dominante pela sua posição estratégica na gestão das cidades e na relação comercial com povos estrangeiros, ao ponto de ascenderem ao corpo diplomático das cidades-Estado, pela capacidade de redigir tratados, de contabilizar produtos e valores negociados ou delimitar territórios conquistados.

Quando a estrutura de governo migrou dos templos para os palácios, sob o controle e o poder absolutistas do monarca, ainda que semidivinizado, houve um certo rompimento nas relações administrativas do Estado com as funções que os religiosos exerciam nesta estrutura, acompanhado da secularização da política, sendo necessário um número crescente de novos escribas para o funcionamento da máquina estatal, para a aplicação das leis, para a coleta de impostos, para contabilizar os estoques, definir os excedentes, enfim, operar a burocracia das cidades.

Daí a necessidade de que estes escribas estivessem alinhados e subordinados às ideias e aos interesses do respectivo soberano, em uma Suméria cada vez mais conflituosa, cheia de disputas regionais, insurgências, intrigas palacianas, competitividade, enfrentamentos e guerras.

A mais importante contribuição suméria para a civilização mesopotâmica foi a invenção de um padrão de escrita alfanumérico, usado por quinze idiomas diferentes, entre eles, o persa e o sírio. Criada para atender as necessidades, tanto dos sacerdotes como dos comerciantes na organização dos templos e na contabilidade das suas transações, respectivamente.

A produção cultural que, até então, tinha o patrocínio estatal pelo interesse dos reis de recuperarem o seu passado heroico de prestígio e bravura, registrando a sua divinização dogmática e criando hinos e cânticos em sua homenagem e adoração, a partir da criação das "é-dubba's", o aprendizado ortográfico passou a ser o elemento básico da educação suméria, distinguido das escolas dos templos pelo seu caráter privado e secular. Esta laicidade marcou a cronologia da literatura suméria pela transmigração de um gênero que utilizava um contexto simbólico e mitológico para explicar os fenômenos naturais, a criação do Universo e dos humanos, para outro gênero no qual os escribas se preocupavam em documentar, catalogar e sistematizar o tempo presente como registros históricos.

Antes deste evento, a composição dos escritos sumérios era restrita às obras literárias que utilizavam um gênero bastante característico da Mesopotâmia antiga, formado de hinos, crônicas, narrativas mitopoéticas e epopeias, sobre uma série de acontecimentos ocorridos no passado, descrevendo proezas e aventuras de soberanos, heróis e divindades, por meio de construções metafóricas, revelando crenças religiosas, pensamentos e rituais mágicos para entrar em contato com o sobrenatural, encantamentos, superstições e aspirações divinas dos povos mesopotâmicos.

Embora possam ser encontradas referências históricas diretas, tais como os anos de reinado de todos os soberanos antes e pós-diluvianos das cidades sumérias, através de uma *"Lista dos Reis Sumérios"*, com uma datação discutível do ponto de vista arqueológico, antropológico e histórico, pouca coisa podemos designar como um registro historiográfico.

O próprio processo de medir o tempo, como experiência sensorial que envolve não só a percepção de forma objetiva a passagem dos dias, semanas, meses e anos, mas também, uma forma subjetiva de registro de um conjunto de eventos simultâneos, sequenciais, combinando emoções, expectativas, sons, visões e sensações para definirmos uma realização (ação voltada para o plano do real) ocorrida entre dois instantes, para os humanos, denota uma capacidade de perceber o sentido de continuidade e uni-direcionalidade dos fenômenos naturais.

Esta percepção acumulativa do tempo não havia nas primeiras organizações tribais humanas, nas quais a noção de passagem do tempo estava relacionada à sua influência no comportamento e migração dos animais visando uma caça e pesca bem sucedidas; para uma época adequada ao plantio e a colheita de alimentos; às estações da natureza de cheia e vazante dos rios, das secas e das chuvas; com intuito de promover reações às adversidades ou às prosperidades que se apresentavam nestas épocas, cuja marcação de tempo ocorria em períodos longos (meses e anos) e os intervalos curtos das horas, das noites e dos dias, eram observados para definir os períodos de atividade e descanso.

Os registros sumérios demonstravam uma preocupação de dar ordenamento e inteligibilidade ao caos aparente contido nos fatos e eventos do passado, definindo uma sequência de tempos, uma retrospectiva simples de períodos históricos encadeados, sem contextualizar com os motivos que os levaram a ocorrer.

Os sumérios não se preocupavam em concretar um fato histórico, pois para eles, o passado somente era importante para ajudar a reconhecer e construir o presente, e a tradição oral cumpria plenamente este papel para relatar uma batalha, um evento importante, ou a construção de um templo.

Pela vocação natural dos ancestrais contadores de estórias, os sumérios também utilizavam da literatura fantástica para transmitir suas estórias. A necessidade de povoar este universo com imagens impactantes de criaturas ficcionais de monstros, dragões e demônios, que pudessem manter os ouvintes atentos para os seus relatos, inclusive, improvisando ou recheando seus contos com lendas e fábulas que, muitas das vezes, desfiguravam os fatos.

Somente no período babilônico foi estabelecido o conceito de registro, como custódia do ocorrido em um evento histórico, vivido por autodeterminação e poder total e absoluto de um soberano, e motivado pela vontade inexorável dos deuses.

A ideia de história como uma forma de valorizar a configuração da origem, formação, titularidade, hereditariedade, abrangência e hegemonia de um monarca, de forma a garantir a legitimidade do seu legado para as gerações futuras, consolidando, assim, uma dinastia, não só estava baseada na tradição oral, mas também pelos testemunhos registrados pelos escribas ou depoimentos mandados registrar. Daí, presume-se que a *Lista dos Reis Sumérios"* tenha sido escrita por volta do século XVI aEC.

Por volta do século XX aEC, os escribas sumérios começaram a perceber, também, a importância de se criar uma hereditariedade e passaram a se organizar em *"famílias"*, não necessariamente com o mesmo grau de parentesco, mas por frequentarem os mesmos centros de aprendizado, a mesma "é-dubba" (Casa de Tabuinhas, onde os escritos literários eram arquivados); serem discípulos de um mesmo mestre; e adotarem a mesma metodologia pedagógica.

Esta autoridade dada pelo conhecimento teórico, muitas vezes, ultrapassava o empirismo do homem comum, levando a cada mestre e professor (*"ummia"* e *"ugula"*) a definir um temário próprio e específico do aprendizado contido no currículo destas primeiras escolas seculares, bem como disseminar, através da formação de novos escribas, as regras gramaticais, as tipologias textuais e os gêneros literários, no sentido de padronizar a escrita na Suméria, garantir à burguesia justiça nas transações comerciais, e uma melhor eficácia às legislações.

As é-dubba's funcionavam como uma sucursal do templo, normalmente localizadas na região central da cidade, próxima ao comércio e de fácil acesso ao local onde a aristocracia residia.

No entanto, tal empreitada não foi bem-vista pelos sacerdotes, que teriam que dividir com os sábios leigos a sua influência *"divina"*, como representantes diretos do sagrado, sobre os reis autocráticos. Portanto, como forma de controlar a capacitação e a formação de escribas que não possuíam descendência na classe sacerdotal, assumiram a direção das bibliotecas nas localidades de Buzunum, Assur, Kalou, Nínive, Nipur e Uruk e, somente através delas, os escribas eram graduados e habilitados a servir na administração público-religiosa das cidades mesopotâmicas.

Esta foi a primeira forma de controlar as instituições de ensino, a partir da certificação daqueles que tem ou dão fé da sua crença em algum princípio (latim: *pro-fess-or – oris*), que os conhecimentos que abarcaram foram considerados por alguém (os mestres-sacerdotes), como sendo verdadeiros, isto é, o magistério como autoridade moral, intelectual e doutrinária, subordinado a uma teologia.

A Epopeia de Gilgámeš

Considerada um poema épico, um revelador processo de autoconhecimento e transformação psicológicas de um soberano para aprender as artes da civilização, marcado por uma profunda reflexão antropológica, louvando os grandes feitos, atribuídos ao filho de uma deusa, um *"semideus"*, por ser dois terços divino e um terço humano, que reinou em grande parte da Suméria, a partir de 2.652 aEC.

As proezas de Gilgámeš encontram-se retratadas através de versos e hinos, apresentando-o como um soberano déspota e violento, que oprimia o povo da cidade, recrutava à força os jovens para o serviço militar e para o trabalho exaustivo na construção dos templos e das muralhas; e que, devido a sua luxuria, não poupava nenhuma mulher, além de violentar as moças virgens do seu reino, como forma de demonstrar sua natureza superior à dos demais seres mortais.

Figura 16 – Arrogância e luxuria de Gilgámeš **que, através dos poemas,** passou a herói divinizado

Fonte: relevo produzido por Delrymple para o Museu Mythstories, Inglaterra

Esta estória foi reescrita várias vezes em épocas diferentes, buscando explorar os medos, os traumas e os padrões de comportamento do homem mesopotâmico para levá-lo a experimentar uma transição anímica e temperamental desde os domínios do instinto até os albores civilizatórios, pois existem diversas tábuas de argila, contando a mesma estória, com abordagens diferentes deste herói, que aparece na Lista dos Reis Sumérios como quinto rei da segunda dinastia de Uruk.

Cada uma das versões enaltece sua figura heroica, ora como sendo de grande beleza, força e bravura, herdados de sua mãe a deusa "Nín-sun"; ora enfrentado os conflitos internos perante a finitude da sua vida, como supremo governante popular, dotado de valores próprios de um contexto belicoso da época, e que venceu os confrontos contra as cidades de Kiš e Ur.

A cada versão reescrita, os sacerdotes escribas ressaltavam mais e maiores aspectos dos deuses do sexo masculino, em uma frontal oposição às práticas religiosas do período neolítico, do poder feminino da Grande-Mãe.

Gilgámeš é considerado como o primeiro símbolo de uma soberania suméria do sexo masculino, do conquistador viril, do intrépido e destemido guerreiro, cujo poder real não dependeu da certificação da Grande-Deusa e seus representantes diretos na Terra. Isto provocou a insurgência dos sacerdotes que cultuavam os antigos mitos ideológicos da Suméria.

Françoise Gange (2002, p. 150-151, tradução nossa)[17] declara que *"os textos reescritos pelos escribas que defendiam o culto à Deusa descrevem Gilgámeš como um usurpador sacrílego, enquanto aqueles que são defensores do patriarcado fazem uma apologia incondicional ao herói"*. Ela ressalta, ainda que, para *"todos os heróis fundadores da ordem patriarcal têm sido a de inverter o papel histórico dos valores divinos: eles vêm para abolir o reinado da Mãe Divina e o Pai mortal, para estabelecer o reino do Pai Divino e da morte da mãe, no seio da humanidade"*.

A primeira versão conhecida dos textos literários sobre a estória de Gilgámeš, presume-se que foi escrita por volta de 2.300 aEC, em caracteres sumérios, e referem-se a cinco poemas, registrados em suas respectivas tábuas de argila, contando as façanhas deste herói mitológico, e também, compilando todo um conjunto de mitos e símbolos ideográficos representativos da Mesopotâmia, desde os seus primórdios, conhecida como *"Shutur eli sharri"* (*Aquele que se eleva sobre todos os reis*), e os seus poemas:

---

[17] **Françoise Lieuter** = professora de filosofia nos Liceus de Ouagadougou (Haute-Volta) e Abidjan (Costa do Marfim), antes de regressar a França e terminar a carreira no Lycée Clemenceau, em Nantes. Uma grave doença a levou a abandonar o ensino em 1982 para se dedicar à sua verdadeira paixão, a escrita, sob o nome de Françoise Gange. Graduada em sociologia e uma pesquisadora profunda pela origem dos mitos, particularmente daqueles associados à Deusa-Mãe (*Les Dieux Menteurs, 2002*).

"Gilgámeš de Uruk y Agga de Kiš",

"Gilgámeš e a Terra dos Vivos",

"Gilgámeš e o Touro de An",

"Gilgámeš, a árvore Huluppu e o Mundo Inferior", e

"A morte de Gilgámeš".

O filósofo Bouzon[18] considera a versão descoberta nos sítios arqueológicos da cidade de Nínive, antiga capital do Império Assírio, atribuída ao escriba Sîn-légi-Unnínni, a mais completa, pois inclui não somente os 300 versos compilados em 11 tabuletas de argila, mas também o proêmio intitulado *"Sha naqba īmuru"* (*Aquele que viu o Abismo*).

Por razões óbvias, afirma *"[...] que o escriba foi fiel às antigas tradições relativas ao rei de Uruk, não é um mero compilador e muito menos um simples copista, mas um verdadeiro autor que, mesmo usando tradições conhecidas, dá à sua obra um acento próprio [...]"* (BOUZON, 1998, p. 151), embora, em seus relatos, o escriba demonstra ter pleno conhecimento de que Gilgámeš exercia o seu poder de forma implacável e tirânica, à custa do sofrimento do povo de Uruk, que prostrados em submissão incondicional ao soberano, vivia clamando aos deuses para intervirem e aplacarem a sua arrogância, selvageria e volúpia, revelando, inclusive, o poder dos deuses sobre a vontade humana.

A versão compilada da Epopeia, atribuída àquele escriba acadiano, é considerada a fonte literária mais antiga, pela qual se pode ter uma noção sobre o conceito de vida, do pensamento e dos valores que regiam o cotidiano do homem mesopotâmico.

A narrativa sobre este personagem que reinou em Uruk, que remonta o período médio babilônico, é uma estratégia dissimulada de grupos de indivíduos que atuaram sobre a construção do discurso, buscando legitimar uma postura de dependência e subserviência através de práticas sociais que estabeleciam uma relação promíscua de poder com os nobres e com a classe sacerdotal, bem como definiam as diretrizes para a dominação dos seus súditos, dando uma justificabilidade a existência de uma monarquia sagrada e a perpetuação deste grupo no poder onímodo.

---

[18] **BOUZON, Emanuel** (1933:2006) = brasileiro, sacerdote católico, assiriólogo, e graduado em Filosofia e Teologia pela Pontifícia Universidade Católica do Rio de Janeiro. Especializado em Assiriologia pela Westfälische Wilhelms Universität Münster, Alemanha, e mestre em História Antiga Oriental pela Pontifício Instituto Bíblico da Itália. Entre os inúmeros trabalhos destaca-se a tradução do Código de Hamurabi para a língua portuguesa.

Figura 17 – Gilgámeš que dominou a imortalidade (serpente) e as paixões humanas (leão)

Fonte: The Wall Street Journal – Agostini Images Stock

O Gilgámeš, rei perfeito, juiz dos deuses do mundo inferior,
Príncipe deliberativo, *"neckstock"* ("gravata": estrangulamento,
"mata-leão") dos povos.
Quem examina todos os cantos da terra.
Administrador do mundo inferior,
Você é o juiz e Você examina como só um deus pode!
Quando você está numa sessão no mundo inferior.
Você dá o veredito final.
Seu veredito não pode ser alterado,
nem sua sentença pode ser substituída
O Sol confia à Você o seu poder de julgamento e veredito,
Reis, governantes, príncipes ajoelham-se diante de ti.
Você examina os presságios que pertencem a eles.
Você interpreta seus veredelitos.
[...]
Superior sobre todos os reis, de estatura renomada.
Heroico descendente de Uruk, um pesado touro selvagem.
Ele seguiu à frente no caminho.
Ele marchou na retaguarda, defensor de seus companheiros [...]

> Elevado Gilgámeš e perfeito seu esplendor.
> Abrindo passagens nas montanhas.
> Cavando poços na beira dos planaltos.
> Atravessando o oceano, o vasto mar, até o nascer do sol.
> Explorando os distantes confins da terra.
> Procurando cm toda parte a vida eterna. [...]
> Quem poderia ser como ele, de majestosa virtude?
> E quem, como Gilgámeš, pode proclamar: *"Eu sou rei!"*.
> (Shûtur eli sharri – Aquele que se eleva sobre todos os outros reis).
> Epopeia de Gilgámeš (Foster, 2001, p. 4).

Como parte deste processo de propriedade intelectual dos textos sumérios, houve uma necessidade de individualização dos seus respectivos escribas, conforme seus centros acadêmicos e respectivos mestres, destacando-se os célebres Sîn-lēqi-unnínni, Ekur-zakir, Ḫ'unzu, Aḫ'utu, Nanna-Utu, Arad-Ea, até então, mantidos no anonimato, sem o reconhecimento da posteridade, nem dos seus descendentes. À medida que os escritos literários foram sendo associados a estes ilustres escribas, que passaram a assinar suas obras, é criado na estrutura social das cidades sumérias uma nova casta de intelectuais, que deixam as tarefas de bibliotecologia para seus aprendizes e começam a criar verdadeiras obras literárias com novos estilos, tais como: diálogos, hinos e preces de caráter religioso-devocional etc.

> "Que seja proclamado por incontáveis anos
> o louvor do Grande Lorde Nergal e do herói Išum:
> que Erra em sua fúria estava se preparando
> esmagar países e destruir seus habitantes;
> mas que Išum, seu conselheiro, acalmou-o e perdoou o resto.
> Que o compositor de suas tábuas,
> Kabti-ilani-Marduk, filho de Dabibu
> Eu, uma noite, em sonhos a ele revelou,
> e que, quando ele narrou na parte da manhã, nada foi omitido
> e ele não adicionou uma linha."
> (L'Epopea di Erra, CAGNI, 1969, p. 137).

As traduções do épico deste personagem mítico que reinou sobre Uruk até 2.602 aEC, são registros complexos, obtidos através de métodos comparativos com línguas contemporâneas. Então, muito pouca é a confiabilidade dos detalhes narrados, que acaba impedindo de chegar a uma análise do seu conteúdo propriamente dito, bem como das circunstâncias em que foi escrito e compilado, e dos simbolismos contidos nos poemas, tendo em vista o contexto histórico em que viveu aquela sociedade. Portanto, optamos por caracterizar o personagem e identificar seus motivos e padrões de comportamento.

Esta versão da epopeia de Gilgámeš dificulta identificar as intenções de Sîn-lēqi-innínni, bem como desvendar o seu verdadeiro conteúdo historiográfico.

Penso que o seu maior valor foi o novo gênero literário criado, formado de uma linguagem simbólica composta de uma narrativa cheia de imagens míticas e paradigmáticas, para exaltar, para a posteridade, a psicologia de um jovem príncipe divinizado.

Conforme os registros, Gilgámeš apresentava características arrogantes e devassas, imerso em profunda solidão emocional de uma vida palaciana cronicamente isolada, cercado de desconfianças, intrigas e traições. Agindo tal como um prisioneiro de uma anomia social, que o obrigava a assumir um permanente autocontrole das emoções e das reações, que, como uma muralha, bloqueava os afetos e os impulsos espontâneos em relação aos seus súditos. Por falta de um espaço que o humanizasse, centrava suas ações em sua porção inumana, inculta, instintiva, exercendo todo o seu poder de forma absoluta e autoritária, punindo, torturando e massacrando seus inimigos, sob a égide de evitar e reprimir a turbulência social e a instabilidade política.

Baseando-se em uma consistente hermenêutica dos textos épicos mais importantes da antiga Mesopotâmia, que inspirou inúmeros trabalhos da Antiguidade Clássica, percebe-se a magistral fenomenologia[19], constituída por diferentes níveis de significação, que Sîn-Lēqi-innínnique utilizou para descrever o crescimento e o amadurecimento emocional de Gilgámeš.

Ao criar uma segunda personagem, Enkídu, com as mesmas qualificações do protagonista, porém concentrando nela todas as características primitivas e inumanas dele, inclusive seu extremado vigor sexual, como finalidade de canalizar suas energias instintivas para Enkidu, mantendo em Gilgámeš as excelências das virtudes e da magnificência do seu caráter.

Seu heroísmo foi construído com base em uma perspectiva muito mais individual do que social para representar a jornada de transformação interior do protagonista, de natureza masculina, conduzida por uma mulher, a sacerdotisa Šhamḫat, a quem coube humanizar Enkidu, a porção inculta de Gilgámeš, tanto pelas relações amorosas, através do ritual do *"hieros gamos"* durante os sete dias da Lua Nova da primavera, quanto pelos ensinamentos correspondentes a uma vida civilizada. Este fato seria inadmissível dentro do momento histórico da Suméria (3.000-2.500 aEC), no ápice da estrutura

---

[19] **Fenomenologia** = é uma descrição filosófica dos fenômenos, fatos sociais e experiências humanas, em sua aparente e ilusória natureza, consistindo em retratar a essência das coisas e como são percebidas no mundo, uma "verdade provisória", isto é, algo que será considerado como verdadeiro até que um fato novo mostre o contrário, criando uma nova realidade.

de poder masculina e patriarcal; sem desmerecer o soberano por suas reais condições precárias de sociabilidade e fragilidade afetiva.

Para conciliar a tradicional apologia incondicional ao mito impondo--se sobre um discurso voltado para o contexto de uma audiência instruída, masculina e militar; com as consciências esclarecidas, esta nova casta de escribas laicos assumiu o compromisso de criar caminhos que levassem à interpretação da realidade e compor narrativas que tivessem uma contextualização historiográfica confiável.

Sîn-lēqi-innínni construiu um espaço onde o destemido herói pudesse refletir sobre como conter e retardar seus impulsos instintivos e tomar consciência do coexistir duas condições subjetivas no ser humano: uma animalesca, conforme referências a Enkídu, *o homem natural*, e uma que precede o homem cultural, Gilgámeš, que deve ser construída com o conhecimento sobre o certo e o errado, o bem e o mal, sobre o que é a vida, qual o seu sentido e significado para a existência, que deve ser desenvolvido e integrado à sua psicologia, para alcançar um certo equilíbrio emocional, que o impeça de rescindir na prática das transgressões, e criar uma figura mítica, lendária e intrépida de um monarca admirável e exemplar, líder do seu povo, capaz de interpretar e resolver problemas da realidade em que vive como soberano e semideus – a hierofania do amor de Šhamḫat.

Šhamḫat era uma jovem de corpo esguio, longos cabelos negros, olhos escuros, de temperamento forte e alegre, iniciada desde os onze anos no Templo de Inanna, deusa do Amor e da Guerra, Senhora da Batalha e da Justiça, Rainha dos Céus, encarregada de dar prosseguimento à dinastia do rei, uma donzela da Casa Real de Uruk, possivelmente, também nascida do Leito Sagrado como o jovem Gilgámeš, trilhando o longo sendeiro das sacerdotisas rainhas e princesas escribas. Seu papel foi crucial para ensinar-lhe os fundamentos de uma vida civilizada: as noções preliminares de etiqueta, normas de conduta e de tratamento, comer, beber, vestir-se, postar e se expressar condignamente com a posição social que ocupava, em suma, princípios básicos para uma convivência harmônica com seus súditos.

As habilidades na arte de fazer amor desenvolvidas por Šhamḫat na Eanna estabeleceram a diferença entre o sexo para procriação e do sexo libidinoso, e a sensualidade artística, próprias da civilização.

No culto à Deusa, a libido associada aos elementos hormonais, neurológicos e psicológicos envolvidos no ato sexual, faziam parte de uma prática religiosa e devocional relacionada ao imaginário litúrgico, uma dádiva e, ao mesmo tempo, um tributo à própria deidade, na qual o amante e amada se encontravam para se tornar *"uno"*, e assim, desfrutar da força vital e regeneradora que seria gerada desta união.

Nos templos de Inanna não havia separação entre sexualidade e espiritualidade. O culto à deusa, além de reunir os diversos setores da sociedade, quer seja pela devoção, quer pelas relações de poder político, religioso e demográfico, ora como forma de legitimar o absolutismo monárquico, ora para manter a representativa divina sacerdotal, impunha regras comportamentais e favorecia o acatamento incondicional e a resignação das classes populares aos ditames da soberania sagrada e às *"decisões dos deuses"*, um caminho de mãos múltiplas, pois servia aos propósitos do monarca, do clero e da plebe, e que tão bem Sîn-Lēqi-innínni soube aproveitar neste episódio da epopeia.

Na busca de compreender a maneira subjetiva com que os povos mesopotâmicos concebiam o mundo, bem como respondiam às questões filosóficas fundamentais sobre a existência humana, analisando os registros históricos encontrados nos sítios arqueológicos, podemos perceber que, um gênero literário bastante utilizado na Mesopotâmia antiga redigidos pelos monarcas ou pelos escribas sob as suas ordens, foram os épicos, que descreveram suas grandes aventuras e façanhas, com caráter monumental, com a finalidade de assegurar sua fama e imortalizar-se, superdimensionando seus feitos buscando uma legitimação de sua bravura, determinação, intrepidez, sabedoria, pureza, grandiosidade, e, no caso de Gilgámeš, para caracterizar um monarca ideal dotado de uma supremacia divina.

A Epopeia de Gilgámeš mostra a necessidade inata que o homem tem de conhecer a si mesmo, saber sobre os princípios fundamentais da vida humana, sobre o que é o bem e o mal, o certo e o errado, e isso levou Gilgámeš a desafiar a si mesmo para dominar as comoções internas e a sua selvageria, com intuito de buscar exercer predominância da civilidade racional sobre a tirânica influência do instinto, sem perder o vigor que emerge da força primitiva que sustenta a vida, reagindo ao que lhe foi determinado pela natureza.

> A vida humana se desenvolve alternando-se sob a influência de duas forças: a do bem e a do mal, e tanta é a influência de ambas na natureza humana que até se confundem. [...]
> Do que o ser humano necessita para conhecer e descobrir onde essas forças atuam? [...]

> Contudo, está demonstrado até a evidência que a alma é capaz de se sobrepor ao mal e vencer a luta contra ele, quando a inspiram pensamentos de identificação plena com as forças do bem, que são as que fundamentam, precisamente, o que não se destrói, o que não causa nenhuma dor a ninguém, embora cause muitos incômodos e sacrifícios, pelo fato de que as virtudes que engendram obrigam a se comportar atendendo aos ditados da consciência moral. (PECOTCHE, 2011, p. 139, 140).

Durante o reinado de Gilgámeš, Uruk possuía uma estrutura social desenvolvida, com interrelações econômicas, políticas, culturais e religiosas, superiores às das demais cidades-Estado da Suméria e da região do Elão, que permitiam à sua elite uma vantagem competitiva nas relações comerciais com as demais cidades.

Exercer uma influência sobre seus vizinhos e um controle geopolítico, tanto nos aspectos comerciais como no domínio sobre os territórios mesopotâmicos, foi a maior motivação para estabelecerem ligações comerciais de longa distância, como uma forma de imperialismo econômico para fundar colônias em pontos estratégicos às margens do Eufrates, que lhes permitiam obter vantagens sobre uma vasta e importante rede comercial, incluindo a Rota da Seda.

Figura 18 – Representação artística de Uruk a primeira metrópole da humanidade

Fonte: projeto do Aussenstelle Bagdad Artefacts Berlin

A Mesopotâmia Antiga possuía duas regiões geográficas distintas, ao Norte uma região bastante montanhosa, desértica, desolada, com escassas pastagens; e ao Sul, uma vasta planície, entre rios, muito fértil, onde predominava o cultivo de tamareiras, uma espécie de palmeira ornamental que não produz um tronco com possibilidades estruturais que possam ser utilizados em construções de grande porte.

Sîn-lēqi-innínni usou deste gênero para registrar, através de metáforas e alegorias, um dos acontecimentos gloriosos do reinado de Gilgámeš, que foi a sua decisão de fabricar os portões de Uruk usando madeira de cedro e construir uma muralha de defesa de 9,5km de extensão, aproximadamente, cercando não só a sua parte central, mas incluindo também os subúrbios, e provavelmente, algumas terras de plantio e pastagens da cidade, com novecentas torres semicirculares, usando tijolos cozidos ou invés de adobe[20], comumente utilizados nas grandes construções e nos majestosos monumentos nas civilizações da Mesopotâmia Antiga.

Figura 19 – Cedros remanescentes da antiga floresta que cobria o Líbano

Fonte: Jerzy Strzelecki Images Stock

---

[20] **Adobes** = são tijolos de terra crua, água e palha e algumas vezes usando outras fibras naturais, moldados em formas por processo artesanal. É uma forma rudimentar de alvenaria, usada na construção civil na antiga Mesopotâmia e considerado um dos antecedentes históricos dos tijolos de barro cozido.

Portanto, para construir os imensos portões e a gigantesca muralha fortificada ao derredor da cidade de Uruk, seria necessário que Gilgámeš empreendesse uma grande viagem fluvial de, aproximadamente, 1.500km, navegando através do rio Eufrates e seus canais, até à zona montanhosa de Becharré, onde existiam imensas florestas milenares de cedros, árvore conífera, majestosa, que pode alcançar até 40 metros de altura, com 14 metros de diâmetro no tronco, muito empregadas na construção de embarcações e templos, que cobriam as cercanias do Monte Líbano e o Vale do Kadisha na antiguidade, região entre o Líbano Setentrional e o norte da Síria, em altitudes entre 1.000 e 2.000 metros, localizadas na região do Crescente Fértil.

A localização destas descobertas arqueológicas nos dá uma referência da possível rota fluvial (Masba Alnnahri Al-Tabqa) e dos possíveis locais das margens do rio Eufrates em que a expedição de Gilgámeš aportou, e a direção da caminhada da sua expedição para a busca das madeiras de cedro-do-Líbano, que nortearam as futuras incursões da "expansão Uruk".

A terceira tábua de argila deste Épico registra o temor dos conselheiros do monarca, que *"estremeceram de medo"* quando ele anunciou seu intuito de embarcar em tamanha aventura, em uma região onde nenhuma pessoa civilizada tinha ousado entrar, e sobre a qual apenas teriam alguma referência através de antigas tradições orais, alegorias passadas de geração em geração.

Os registros fazem menção a um temeroso monstro, guardião da Floresta de Cedros, chamado Humbaba ou Hawawa que, conforme a mitologia mesopotâmica, era irmão de Enki, o deus da água doce primordial, sabedoria e criação, e foi enviado por Enlil, o deus sumério do ar, das tempestades e outras manifestações naturais ligadas à atmosfera (o raio e o trovão). Um enorme monstro, cujo *"rugido é o temporal do dilúvio"* e que possuía *"um hálito como fogo e a respiração como a própria morte"* (OLIVEIRA, 2001, p. 78).

> Na Floresta dos Cedros habita o feroz Humbaba...
> Vamos matá-lo, tu e eu,
> a fim de banir o mal da terra.
> Assim, faremos um nome que sobreviva às gerações. [...]
> Sua boca é chama,
> seu hálito é morte!
> Por que concebeste uma tal façanha?" [...]
> Meu amigo, só os deuses vivem eternos sob o sol.
> Quanto aos homens, seus dias são contados.
> Tu mesmo, agora, temes a morte...
> Que é feito, Enkidu, de teu heroico vigor? [...]
> Ó Gilgámeš, tu és jovem, teu coração te arrebata...
> Humbaba, seu rugido é o temporal do dilúvio!
> Sua boca é chama! Seu hálito é morte!

Enlil o designou para guardar os cedros,
como terror dos mortais!
(Floresta de Cedros. OLIVEIRA, 2001, p. 78).

Relatado de forma a não comprometer a imagem do soberano ideal, iluminado por Šámaš – a supremacia do Sol – como um representativo da luz, da pureza, do bem e da intrepidez, em contraposição à ignorância, à injustiça e à morte, Gilgámeš, através de Enkídu, a parte instintiva de sua psicologia, manifesta seu temor perante os perigos que irá enfrentar nesta difícil jornada.

Embora não esteja claramente declarada, a morte para os mesopotâmios está relacionada a uma punição ou recompensa de qualquer espécie, imposta pelos deuses. No entanto, ao mesmo tempo que Sîn-lēqi-innínni busca uma forma discreta de descrever a fraqueza da condição humana do herói, inclusive, o medo do esquecimento após a sua morte, que infundia todos os soberanos mesopotâmicos, em contrapartida, ressalta não apenas a sua coragem e sua determinação, mas também, o impulsiona a imortalizar a memória dos seus feitos, registrando os acontecimentos gloriosos do seu reinado e definindo para a posteridade as condições ideais da monarquia sagrada.

Ao final, os Anciões reunidos em Assembleia, concordaram com o projeto de Gilgámeš de recrutar cinquenta jovens para acompanhá-lo nesta intrépida aventura, embora buscassem adverti-lo sobre as dificuldades da viagem à terra de Humbaba ... no final, abençoaram-no.

Às portas de Uruk, Gilgámeš e a sua tropa são aclamados pelo povo dando início à viagem, em busca da fama e da glória, até à Floresta de Cedro que, conforme alguns historiadores, estaria localizada entre o Líbano e a Síria, na região em que o Rio Eufrates mais se aproxima do Planalto de Aleppo, através do Estuário de Tabqa e depois pelo Canal Shat'nat, que possui um fluxo de água irregular, somente navegável quando ocorrem as inundações anuais na primavera, em maio, devido ao degelo das montanhas e a temporada das chuvas.

Retornando aos dias de hoje, em 1968, o governo da Síria deu início ao projeto de construção da barragem de Tabqa, na província de Racca, que incluía uma usina hidroelétrica, alagando a região e dando formação ao Lago Assad, com capacidade máxima de $11,7km^3$ e uma superfície máxima de $610km^2$. Uma vasta rede de canais utiliza a água do Reservatório Al-Thawrah para irrigar 640.000 hectares de terra em ambos os lados do rio Eufrates.

Mapa 3 – Expansão urukiana na Mesopotâmia por volta do IV milênio (3600 – 3200 aEC)

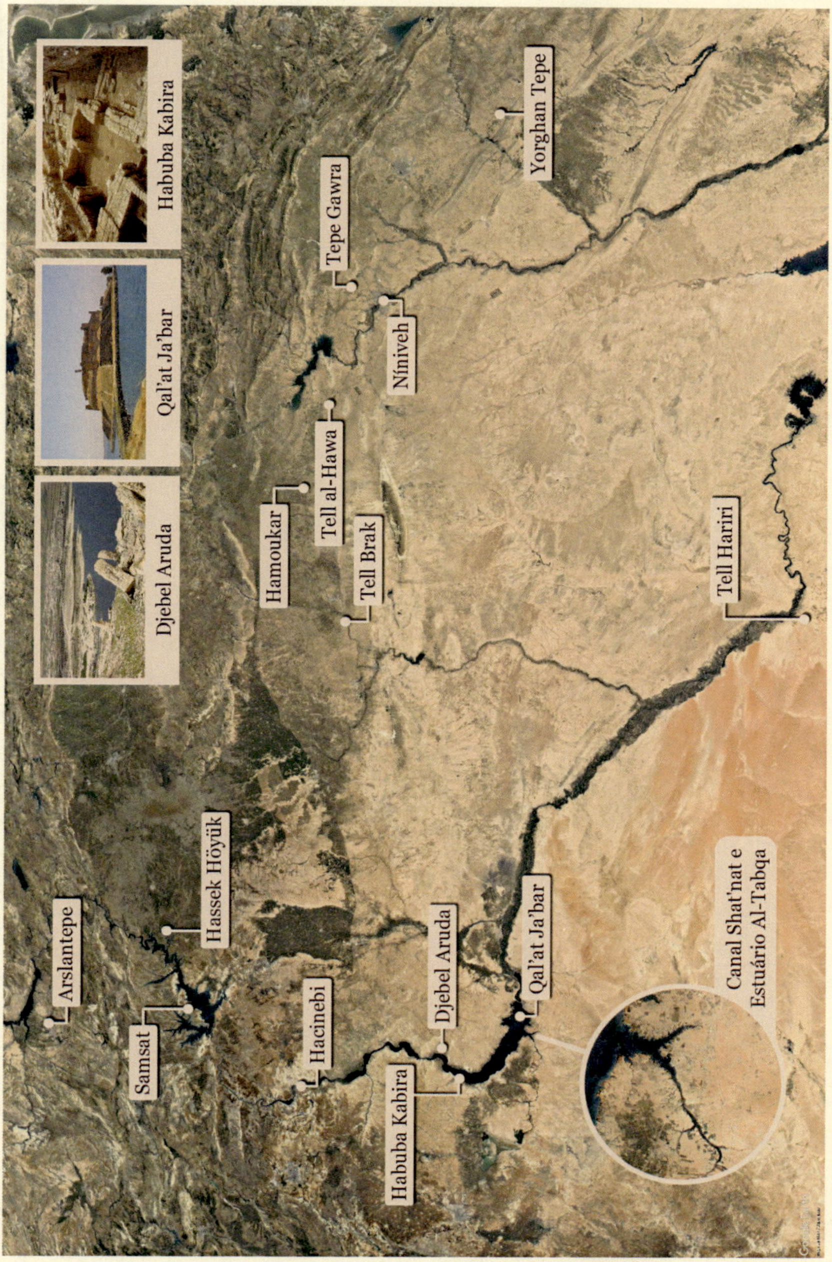

Habuba Kabira

Qal'at Ja'bar

Djebel Aruda

Arslantepe

Samsat

Hassek Höyük

Hacinebi

Habuba Kabira

Djebel Aruda

Qal'at Ja'bar

Canal Shat'nat e Estuário Al-Tabqa

Hamoukar

Tell al-Hawa

Tell Brak

Tepe Gawra

Níniveh

Yorghan Tepe

Tell Hariri

Fonte: adaptação das imagens disponíveis no Google Maps (Gustavo Weber)

A comunidade arqueológica internacional, em antecipação à inundação da região, realizou entre 1963 e 1974, uma série de escavações arqueológicas que faziam parte do Projeto de Recuperação das áreas ameaçadas pela formação do lago represado, inicialmente, para investigar sítios descobertos, que remontavam a cultura natufiana[21], nas localidades de Tell Abu Hureyra, Mureybet e Karim Sharir, na margem esquerda do rio Eufrates. Como reminiscência do sítio localizado na província de Racca, o castelo Qal'at Já'bar, situado no topo de uma colina, foi preservado com a construção de um talude de proteção e obras de restauração das muralhas e das torres.

A partir das obras de construção da barragem foram encontrados na margem direita do rio, sítios arqueológicos com vestígios de ocupação humana: cerâmica, selos cilíndricos, estelas, estatuetas, tábuas de argila contendo registros contábeis etc., bem como um grupo monumental de várias estruturas, identificadas como centros cúlticos e residências de vários tipos, entre eles os assentamentos de Tell Brak e Habuba Kabira, no vale de Khabur, importantes centros urbanos datados do quarto milênio aEC; Dibsi Faraj, Djebel Aruda, Tell al-Hawa, Hassek Höyük, Arslantepe, Hacineb, Samsat e Hamoukar, todos contendo referências típicas da cultura urukiana. Possivelmente, estas localidades fizeram parte de uma expansão colonial de uma elite do Sul da Mesopotâmia, criando postos de comércio em posições avançadas nos territórios a conquistar, visando obter inúmeras matérias-primas que não estavam disponíveis nas circunvizinhanças de Uruk, entre elas o cedro-do-Líbano, lápis-lazúli e o espinélio do Badaquistão, a seda da China, as especiarias da Índia etc., de extrema importância na construção dos templos, habitações, embarcações e instalações militares.

As investigações no sítio arqueológico de Habuba Kabira, um porto fortificado nas margens direita do rio Eufrates, demonstraram que a construção deste assentamento foi estruturada, fato que exigiu um planejamento e uma logística significativa na sua edificação.

O que se verifica a partir daí é que a Epopeia de Gilgámeš narra a sua luta e a *"violência de Enkídu"* contra o monstro Humbaba, supervalorizando a sua façanha e buscando legitimar uma batalha de proporções épicas, condizente com a sua imagem de herói, que Sîn-Lēqi-innínni cumpre com esmero, através de um enredo com discurso alegórico, a missão de descrever.

---

[21] **Natufiana** = cultura arqueológica com datação estimada entre 13.050 e 12.000 aEC, desenvolvida por grupos de caçadores-coletores semissedentários que viveram no leste do Mediterrâneo entre os períodos Paleotítico e Neolítico, após o fim da última Era do Gelo, que moravam em cavernas nas regiões do Líbano, na Síria e no centro-sul da Turquia, onde foram encontrados vestígios de utensílios e artefatos sinistros.

Uma personagem representada por um valente e bravo soberano, que vive as mais surpreendentes aventuras, e enfrentava uma série de obstáculos, do ponto de vista físico e psicológico, e se envolvia em diversas situações excitantes para escapar do perigo, de forma a ficar claro nas ações e no desenvolvimento da trama, qual a mensagem que o escriba quer passar através desta estória, os poderes e as habilidades de um semideus e a sua convivência com os deuses e os homens.

> Ele tomou o machado em sua mão,
> desembainhou a espada
> e acertou Humbaba com uma estocada no pescoço.
> Seu companheiro Enkidu golpeou-o uma segunda vez.
> Na terceira investida Humbaba tombou.
> Seguiu-se então uma grande confusão, pois
> este a quem eles haviam matado era a sentinela da floresta.
> Por duas léguas os cedros estremeceram
> quando Enkidu abateu o vigia da floresta [...]
> As montanhas e todas as colinas
> se achavam agora agitadas e comovidas,
> pois o guarda da floresta fora morto.
> Eles atacaram os cedros.
> Os sete esplendores de Humbaba se extinguiram.
> Eles então prosseguiram floresta adentro
> carregando a espada de oito talentos [...]
> e enquanto Gilgámeš abatia as árvores da floresta,
> Enkidu ia limpando suas raízes até as margens do Eufrates.
> (Floresta de Cedros. OLIVEIRA, 2001, p. 81).

A Epopeia de Gilgámeš é uma história mitificada de um rei sumério que desde sua origem, difundida como uma tradição oral, passou por diversas formas literárias: diferentes narrativas, duvidosos processos de transliteração, outras linguagens etc., que devem ser consideradas na pesquisa historiográfica, pois cada uma contempla um propósito específico.

Ora tinha como propósito o registro das façanhas de um monarca divinizado; ora como fábula, buscava apresentar uma explicação sobre os fenômenos da natureza, a origem do homem e das divindades, quer seja para estabelecer as relações de poder entre deuses, soberanos, sacerdotes, a elite e o trabalhador comum, em um contexto temporal; quer para, embutido na produção literária de Sîn-Lēqi-Innínni, estabelecer paradigmas e ideologias como parte de um processo de patriarcalização da sociedade mesopotâmica.

Porém, em todos os matizes da literatura em que o épico foi escrito, sempre estiveram pautados pela memória, pela fantasia e pela simbologia, que violam as regras da realidade e que insuflaram a imaginação dos mesopotâmicos, instituindo uma espécie de *"lei universal"* criada pelo *"deus Enlil"* (sacerdotes), uma crença que ordenava toda a sua existência e que lhes garantiam que tudo continuaria funcionando segundo esta ordem divina, sobre a qual a cultura mesopotâmica foi estruturada.

A grande parte dos historiadores e arqueólogos analisam o universo religioso da civilização mesopotâmica como uma história sagrada que narra uma verdade absoluta, com a função de legitimar padrões e ordens cósmicas e sociais.

Consideravam o panteão de deuses como entidades reais, que regiam todos os setores da vida humana, e que intermediados pelos respectivos sacerdotes que os representavam e oficiavam seus cultos no âmbito terreno. E os deuses, dotados de virtudes, defeitos e deficiências psicológicas próprias dos seres humanos, interagiam com eles, exacerbando em suas atuações, como forma de demonstrar sua superioridade e poder.

Pode ser observado através dos hinos elaborados pelos sacerdotes em júbilo aos deuses, que em seus versos litúrgicos recitados e cantados nos templos são inoculadas imagens fantásticas, mitológicas e subliminares, como objetivo de atrair, convencer, fascinar e subjugar seus devotos, com a exaltação dos encantos dos deuses ou através de suas artimanhas, para manter o volume das oferendas e dependência, isto é, agrilhoados a seus interesses em uma despótica escravidão mental, moral e espiritual.

Conforme Pecotche (2008, p. 66)[22]: *"[...] sabe que é impostura o que não concorda com a realidade e o que se esquiva à verificação individual, à qual todo ser tem direito. As verdades, quando o são, não se ocultam nem se impõem; revelam-se à luz da razão, com o objetivo de que o homem tome consciência delas e as use para emancipar-se da ignorância. O que se pretende impor como verdade só tem um fim: escravizar o ente humano, para convertê-lo em instrumento passivo daqueles que exploram sua credulidade"*.

Sîn-lēqi-innínni, ao escrever o trecho referente ao amadurecimento emocional de Gilgámeš, buscou diminuir o papel crucial da mulher neste processo de aculturamento da personificação da porção instintiva (Enkídu) dele, através da sensibilidade, pela qual a sacerdotisa Šhamḫat, uma meretriz

---

[22] **PECOTCHE, Carlos Bernardo Gonzalez** (1901:1963) = argentino, escritor, educador, pedagogo, conferencista e pensador humanista, conhecido principalmente como o fundador da Logosofia, uma ciência de profundo significado humanístico, que tem o propósito de conquistar o aperfeiçoamento integral e a felicidade tão almejados por toda a humanidade.

(como é citada nos textos traduzidos), ou hierodula (como alguns historiadores de forma pejorativa costumam se referir às sacerdotisas dos templos), ou ironicamente como uma prostituta sagrada, mas, na verdade, uma iniciada no culto de Inanna, que foi capaz de transformar, através da arte de *"amar"*, os rudes comportamentos animalescos do consorte, ensinando-lhe os fundamentos de uma convivência civilizada.

Inanna, uma deidade feminina que deve ser compreendida não sob a égide de conceitos modernos, mas levando-se em consideração o contexto histórico-cultural que suportava o pensamento matrilinear dominante no Antigo Oriente Próximo. A deusa congregava os louvores de reis e as súplicas de servos, as preces de êxito na conquista de territórios e as oferendas para garantir a fecundidade da colheita, passando por clérigos subservientes a mulheres desesperadas para que seu filho em gestação nascesse com as características do marido. Em suma, a deusa era o elo entre as diversas camadas da pirâmide social das cidades-Estado mesopotâmicas.

Entender a posição que a deusa suméria do amor, da beleza, da fertilidade, da guerra, justiça e do poder político, exercia na vida cotidiana dos povos da Antiga Mesopotâmia, principalmente nos aspectos da sexualidade e das suas diferentes formas de expressão, que transcende a genitalidade, e que se estabelecem entre homens e mulheres, uma vez que as práticas sexuais estão presentes em todos os grupamentos humanos, inclusive nas suas crenças religiosas, passa necessariamente pelo experiente investigador interpretar seu significado histórico-cultural e a sua função cosmogônica como fator determinante das relações sociais entre os seres humanos na realidade do mundo físico.

As interações com o mundo espiritual eram realizadas através de um processo inverso de desconstrução dos valores fundamentais da vida baseados nas crenças judaico-cristãs, sobre aspectos relacionados ao transcendente, ao sagrado, ao divino e a sua forma de explicação deste mundo.

A sexualidade que envolvia o culto à Inanna nada tinha de erotismo, se constituía em uma sacralidade, uma característica própria da religião destas sociedades neolíticas. As práticas de rituais mágicos sexuais amalgamavam os elementos divinais com que os mesopotâmicos imaginavam o homem, o Universo e seus deuses.

O relacionamento sexual continuado, baseado na empatia instintiva e visual, definia o compromisso social e familiar dos indivíduos que compunham os povos da Antiguidade. Não havia o caráter subjetivo nestas interações pessoais, porque não se tinha consciência da instância psíquica que é capaz de compreender as emoções e reações associadas ao tipo de relação que se pode manter com os objetos e as pessoas com as quais o sujeito interage intimamente, que é a que define o conjunto de direitos e deveres implícitos em seu papel social, e os sentimentos de amizade, de afeto e de amor que os une.

Sofriam os influxos das reações instintivas e das paixões, porém não se tinha o conhecimento da configuração psicológica da entidade humana. A individualidade no contexto histórico estava restrita ao que de excepcional o sujeito realizava no presente – não se concebia uma dimensão existencial.

A relação sexual era considerada uma hierofania e o comportamento dos deuses, ou melhor, dos seus representantes, no ofício destes rituais sagrados, que influenciava a sociedade determinando modelos de conduta a serem seguidos, e em contrapartida era influenciada por ela sob os diversos aspectos que integravam o moral sob o qual estava construído o mundo mesopotâmico.

Inanna, a mulher entre os deuses, patrona da sensualidade e do amor conjugal, cuja proteção abrangia, principalmente as mulheres, de esposas a prostitutas; era um dos modelos de expressão desta sociedade plural, onde seus desejos, tendências e perspectivas de realização regulavam o equilíbrio do sistema político, religioso e social, de acordo com a mentalidade em cada uma das cidades, abrangendo todos os aspectos da vida consuetudinária dos homens e das mulheres sexualmente ativos.

> Inanna tem um poder enorme, e em certo sentido, tem o controle sobre o céu, a terra, e o senhorio, além de seu papel na guerra, mas seu grande poder e autoridade estão mal definidos. Por ter uma grande variedade de poderes e funções, no entanto, ela não se encaixa em nenhum dos nichos que a sociedade tem, previstos para as mulheres. (FRYMER-KENSKY, 1992, p. 127).

As mulheres da Mesopotâmia deixavam entrever seus desejos, suas fantasias, sonhos, concupiscências e ardor voluptuoso nas estratégicas e dissimuladas atuações, na vida mundana, da Alta Sacerdotisa do Templo da deusa. Assim, torna-se importante analisar o contexto social das devotas de Inanna, devido à diversidade de funções que elas assumiam e dos espaços nos quais elas transitavam na sociedade mesopotâmica.

Esta cultura centrada na figura feminina e na veneração à Deusa-Mãe foi ferozmente atacada desde que o estilo de vida nômade dos povos coletores e caçadores foi substituído pela sedentarização baseada na agricultura, na pecuária e na conquista militar. Uma sociedade patrilinear em que as práticas e padrões religiosos estavam centralizados em uma classe dominadora eclesiástica, masculina, que ocupava o topo da estrutura de poder das sociedades militarizadas.

A classe sacerdotal não só decretava os códigos morais de conduta, mas também, definia as leis e as respectivas punições. Inanna, a deusa que representava os sonhos, as fantasias, as crenças e os valores das jovens e das adolescentes, com relação ao namoro, ao casamento, e ao ato sexual, e interpretava as suas inquietudes, bem como projetava a vida que deveria ser por elas vivida, deveria ser rebaixada e subordinada à ordem patriarcal.

O que não podemos jamais esquecer é que esta disputa não é uma luta entre deuses e deusas, mas sim entre sacerdotes e sacerdotisas pelo domínio dos diversos setores da sociedade mesopotâmica, inclusive pelo domínio da outorga da tutela do poder divino e da legitimidade concedida ou não aos soberanos que se revezavam nos tronos conquistados, como princípio base da concepção da monarquia sagrada.

À medida que os idealizadores da sociedade patriarcal e linear afirmavam seu poder, as Altas Sacerdotisas, que personificavam nos templos a figura da deusa Inana, assumiam posições cada vez mais confrontatórias ao modelo que buscava subjugar as mulheres e imputar-lhes um estereótipo, que muitos, ainda hoje, acreditam estar reservado para elas: não tinham autonomia; o pai e o irmão maior, na ausência do pai, definiam a escolha do pretendente da jovem; e depois do casamento, estava subordinada ao marido; associada e restrita à vida do lar com um papel voltado para o cuidado com os filhos e a organização doméstica; e destinada à procriação, embora devesse estar sempre sexual e prazerosamente disponível.

Embora não existam registros que suportem tal afirmativa, ao nosso entender, Sîn-lēqi-unninni, nesta produção literária, que muito se assemelha às novelas televisivas atuais, ao descrever a rejeição acintosa do formoso e másculo Gilgámeš ao assédio sexual de uma deusa apaixonada pela sua beleza física, coragem e habilidades românticas, embutiu um discurso da ordem patriarcal de subverter o papel histórico dos valores sagrados femininos, distorcendo seus arquétipos, atributos, características, simbologia; abolindo o reinado da divina mãe e do pai mortal para a soberania do pai divinizado.

No trecho do poema em que o obediente e hábil escriba relata a súplica amorosa de Inanna, ele subverte a estrutura de poder, colocando uma das mais importantes deusas da mitologia mesopotâmica em posição de subserviência e submissão, enquadrando-a nos moldes femininos que se pretendia para as mulheres, conforme pode ser observado a seguir:

> À beleza de Gilgámeš ergueu os olhos a rainha Ištar:
> Vem, Gilgámeš, meu marido sejas tu!
> Teu fruto dá a mim, dá-me!
> Sejas tu o esposo, tua consorte seja eu!
> Farei atrelar-te carro de lápis-lazúli e ouro,
> As suas rodas de ouro, de âmbar os seus chifres:
> Terás na armadura leões, atrelados grandes mulas!
> Em nossa casa perfumada de cedro entra!
> Em nossa casa quando entres,
> O umbral e o requinte beijem teus pés!
> Ajoelhem-se sob ti reis, potentados e nobres,
> O melhor da montanha e do vale te seja dado em tributo!
> Tuas cabras gerem triplos, tuas ovelhas a gêmeos deem cria,
> Teu potro com carga à mula ultrapasse,
> Teu cavalo no carro majestoso galope,
> Teu boi sob o jugo não tenha rival!
> (El que o abismo viu: Sîn-lēqi-unninni EG 6.6-21).

Nesta parte do poema, sob os aspectos mitológicos, o que se encontra velado na cobrança da deusa Inanna para que Gilgámeš cumprisse com seu dever sagrado de casar-se com a Grande Deusa do Amor e da Guerra, filha de potestades, gerada em uma teogamia, cujos progenitores se originaram a partir do ritual do *hiero gamos*, para assegurar a fertilidade da terra e das pessoas, em todos os níveis e esferas, em um contexto histórico, o que na verdade Sîn-lēqi-unninni está descrevendo é o compromisso que o rei de Uruk deveria cumprir com a Alta Sacerdotisa da E-anna, que representava a Grande-Deusa no ritual sagrado, uma mulher de grande conhecimento e sabedoria, não tão jovem, de temperamento forte, uma princesa da Casa Real de Uruk que, tal e qual o monarca, também nascida do Casamento Sagrado, através da cerimônia pública, legitimava seu poder e sua conduta sobre a comunidade feminina de fiéis.

Se investigarmos as circunstancias que levaram Sîn-lēqi-unninni a assumir esta postura preconceituosa iremos nos deparar com um momento histórico em que vivia a sociedade mesopotâmica que pregava a solidariedade masculina, ensinava os jovens a desprezarem as emoções femininas e a cultivarem os atributos físicos associados ao comportamento másculo, vigoroso e viril; e qualidades psicológicas, tais como a agilidade, coragem, dureza, obediência, distinção, a bravura, o heroísmo e a uma deferência especial a superioridade masculina, e a relação afetiva entre um homem e uma mulher tinha como objetivo central aspectos econômicos, políticos e a manutenção do status social.

Em contrapartida, as filhas dos reis, governantes e da aristocracia palaciana, ao chegar à idade sexual, eram enviadas para servir nos templos, principalmente como sacerdotisas de Inanna, representando-a ou representando a si mesmas, não só para proteger os bens familiares da possível dispersão que o matrimônio da filha, em condições normais, traria para o grupo familiar, mas também, por desejo delas em garantir o seu status social, respaldar as suas ações na vida cotidiana da cidade e permitir-lhes decidirem sobre as suas escolhas e seus destinos.

Mesmo nas classes sociais mais baixas, a busca pela iniciação no culto de Inanna com vistas à prostituição sagrada que era mantida nos templos, era uma opção para as mulheres, que sabiam que a sexualidade era uma categoria do sagrado e ocupava um lugar de importância nos diversos grupos da vida urbana e civilizada da sociedade mesopotâmica; do contrário, sua vida estava restrita e limitada a exercer profissões assessoras como cantoras, harpistas, dançarinas, camareiras, cozinheiras, encarregadas do preparo do mingau de cereais e da cerveja etc., embora existam registros de mulheres da classe latifundiária que exerciam a função de escriba.

Inanna, epítome da beleza, era a deusa do prazer sem limites e do sexo sem restrição, a Rainha dos Céus, conforme cantada em seus hinos, orações e canções de louvor, compilados através das tradições orais, fazia questão de dizer que comandava os deuses, e que estes a ela prestavam homenagens, tal qual os seres humanos.

Por anteceder a invenção da escrita não dispomos de referências literárias que informem quem os escreveu ou quando foram criados, porém, o que se presume é que tenham sido escritos pelas próprias sacerdotisas ou por ordem delas, para serem entoados nos templos, ressaltando e enaltecendo seu poder e glória.

> O céu é meu, a terra é minha! Eu sou a guerreira.
> Em Uruk o Eanna é meu,
> Em Zabalam o Gigunna é meu,
> Em Nipur o Duranki é meu,
> Em Ur o Edilmuna é meu,
> Em Adad o Esharra é meu,
> Em Kiš o Kursag-Kalamma é meu,

Em Kisiga o Amashkuga é meu,
Em Umma o Ibgal é meu,
Em Agadé o Ulmash é meu;
Existe algum deus, apenas um que possa competir comigo?
(PEINADO, 1998, p. 47).

As sacerdotisas, cuja função estava relegada à *"prostituição nos templos"*, eram mulheres consagradas à divindade Inanna, e como a própria deusa, não poderiam ter filhos. A esterilidade da divindade é uma das razões pelas quais, a leitura masculina da sexualidade da mulher com o propósito de desconstruir a sua importância social, vê nesta condição a sua maior liberdade, poder religioso e independência econômica, já que não tendo filhos, não se ocupava dos afazeres domésticos e teria mais tempo ocioso para as relações lascivas, apaixonadas e imprudentes, ansiosas por aventuras, que teriam como base a sua satisfação sexual, somente.

A Alta Sacerdotisa de Inanna no Templo de Uruk, no reinado de Gilgámeš, era uma mulher totalmente diferente. Era voluptuosa, tinha uma farta experiência em assuntos sexuais, havia, extensamente, se preparado para tal, tivera diversos amantes, sabia como fazer e como se tornar insaciável ao ponto de repetir o ato sexual diversas vezes até o seu parceiro exaurir suas forças, enquanto ela não apresentava sinais de cansaço, uma habilidade que foi cantada em versos e prosas nos cânticos litúrgicos de culto à deusa. Sua postura social era altiva, transgressora, rebelde e indisciplinada, personificando um comportamento da divindade que fugia dos padrões que a sociedade da época idealizava para as mulheres, rompendo os critérios pré-estabelecidos para a formação familiar mesopotâmica. Os registros históricos demonstram que Inanna não se enquadrava, rompia; não se submetia, conquistava.

Sîn-lēqi-unninni descreve a indignação na recusa de Gilgámeš, de um monarca ascenso pela classe sacerdotal, ⅓ mortal e ⅔ divino, herói de épicas jornadas, de ilibada posição moral no seio da sociedade urukiana, que se viu assediado por uma *"deusa"*, portadora de *"má-reputação"*, um elemento *"desagregador"* das relações familiares, que comprometia a linearidade dinástica, a qual garantia a hereditariedade na sucessão do trono.

Gilgámeš abriu a boca para falar,
Disse à rainha Ištar:
Se eu contigo casar,
.... o corpo e a roupa?
.... o alimento e o sustento?

Far-me-ás comer comida própria de deuses?
Cerveja dar-me-ás própria de reis? [...]
Quem.... contigo casará?
Tu.... que petrificas o gelo,
Porta pela metade que o vento não detém,
Palácio que esmaga.... dos guerreiros,
Elefante.... sua cobertura,
Betume que emporca quem o carrega,
Odre que vaza em quem o carrega,
Bloco de cal que.... o muro de pedra,
Aríete que destrói o muro da terra inimiga,
Calçado que morde os pés de seu dono.
Qual esposo teu resistiu para sempre?
Qual valente teu aos céus subiu?
Vem, deixa-me contar teus amantes:
Aquele da festa.... seu braço;
A Dúmuzi, o esposo de ti moça,
Ano a ano chorar sem termo deste;
Ao colorido rolieiro amaste,
Nele bateste e lhe quebraste a asa:
Agora fica na floresta a piar: asa minha!;
Amaste o leão, cheio de força:
Cavaste-lhe sete mais sete covas;
Amaste o cavalo, leal na batalha:
Chicote com esporas e açoite lhe deste,
Sete léguas correr lhe deste,
Sujar a água e bebê-la lhe deste,
E a sua mãe Silíli chorar lhe deste;
Amaste o pastor, o vaqueiro, o capataz,
Que sempre brasas para ti amontoava,
Todo dia te matava cabritinhas:
Nele bateste e em lobo o mudaste,
Expulsam-no seus próprios ajudantes
E seus cães a coxa lhe mordem;
Amaste Išullánu, jardineiro de teu pai,
Que sempre cesto de tâmaras te trazia,
Todo dia tua mesa abrilhantava:
Nele os olhos puseste e a ele foste:
Išullánu meu, tua força testemos,
Tua mão levanta e abre nossa vulva!
Išullánu te disse:
Eu? Que queres de mim?
Minha mãe não assou? Eu não comi?
Sou alguém que come pão de afronta e maldição,

Alguém de quem no inverno a relva é o abrigo? –
Ouviste o que ele te disse,
Nele bateste e em sapo o mudaste,
Puseste-o no meio do jardim,
Não pode subir a ..., não pode mover-se a .... .
E queres amar-me e como a eles mudar-me!
(El que o abismo viu: Sîn-lēqi-unninni EG 6.22-79).

Assim, essa marginalidade imposta à Inanna por Sîn-lēqi-unninni é mal-intencionada, seria mais correto afirmar que a representante da deusa no Templo de Uruk assumiu características marginais do ponto de vista do observador e dos idealizadores de uma sociedade patrilinear, o que coloca a *"divindade"* como a primeira feminista na História da humanidade.

Muitos séculos se passaram e, ainda hoje, muitos homens e, mesmo muitas mulheres encontram dificuldades para quebrar os paradigmas, dogmas e mitos sobre a sexualidade e a necessidade da subjugação femininas, construídos no sagrado e no profano, desde a Antiga Mesopotâmia. Ambos, não tem, ainda, uma ideia clara de como deve ser entendido o conceito de igualdade, como um fator condicional e temporário, no sentido do que cada um possa realizar com base nas suas condições psicológicas, morais e espirituais, bem como, de acordo com os seus esforços, capacidade e sacrifícios, embora para todos estejam abertas as mesmas oportunidades, as mesmas prerrogativas e direitos.

Qual é o mais importante: o ouro ou o ourives?

E, principalmente, quebrar os dogmas socialmente construídos ao longo da toda a nossa história, com relação ao conceito de gênero que, no senso comum, entende-se como a postura, a profissão, o comportamento no seio da família e na convivência social, as atribuições e encargos, quer sejam no campo da religião, da política, da educação, do lazer e, inclusive da sexualidade, de um indivíduo, definido culturalmente que deve ser encarado com base no seu sexo biológico, gerando informações equivocadas, classificações confusas, preconceituosas e opressivas.

Em contrapartida, evitava relacioná-lo aos princípios de fecundação e gestação, que, transcendendo os aspectos de ordem instintiva, circunscritos ao masculino e ao feminino, ao macho e à fêmea, estão associados aos processos da criação, do desenvolvimento e da realização de ideias, pensamentos e sentimentos, através do uso das funções de pensar e de sentir, que nos individualizam e, inclusive, nos identificam como pertencentes da espécie humana.

Qual é o mais importante: quem fecunda ou quem gesta?

Retornando um pouco no enredo dessa Epopeia em que apresenta o nosso herói retornando triunfante para Uruk, transportando através do rio Eufrates, desde a zona montanhosa de Becharré, nas cercanias do Monte Líbano, os enormes troncos de cedro cortados de árvores que podem alcançar até 30 metros de altura, uma madeira muito famosa pela sua imperecibilidade e vasta utilidade, uma verdadeira riqueza florestal milenar da região, para confeccionar as portas da muralha da cidade.

De acordo com John Perlin[23], Gilgámeš, em sua soberba e ambição de perpetuar para a posteridade a imagem de um soberano que se transformou de prepotente e arrogante em um rei justo e intrépido, que atendendo aos anseios dos deuses através de planos de construções monumentais, inadvertidamente, deu início ao desmatamento das florestas que se originaram nas colinas e montanhas ao redor da região do Crescente Fértil.

Sem a floresta de cedros, dá-se início a um processo de erosão que, conforme descreve Perlin (1992, p. 25-32), *"sais minerais em quantidades anormalmente grandes eram levados rio abaixo e se acumulavam nas terras de cultivo irrigadas da Mesopotâmia meridional. A crescente salinização dos solos aluviais da Suméria coincidiu com o início do domínio da Mesopotâmia sobre a região arborizada setentrional e sua exploração"*.

Os impactos ambientais ocorridos pela extração de recursos naturais, entre eles a madeira de cedro, provocados pela necessidade que uma elite aristocrática-sacerdotal, dotada de um padrão de consumo elevado e em expansão, voltado para a construção de grandes palácios e templos, embarcações, carroças, armamentos, bem como para o fornecimento de material para fazer fogo para as fornalhas e para processar alimentos, contando com a anuência de poderosos soberanos que sucederam Gilgámeš, levaram a uma tragédia econômico-ecológica para a região, onde hoje estão localizados a Jordânia, Israel, Líbano e parte do Egito, Síria, Irã, Iraque e da Turquia, considerada como o Berço da Civilização.

---

[23] **John Perlin** = é um autor premiado norte-americano. Seu livro "História das Florestas" foi escolhido como um dos "One-Hundred Great Books" pela Harvard University Press e considerado um "Classic in Science and World History", bem como foi escolhido como a publicação do ano pela "Geographic Society".

O desmatamento das cabeceiras e margens dos rios, a salinização dos solos e a desintegração da agricultura sumério-acadiana; tiveram como consequência o colapso político-social do império sumério com a transferência do centro do poder para a região babilônica, que ainda, não tinha sido afetada pela desertificação e pela escassez de recursos hídricos.

O Mito do Dilúvio

Pesquisas recentes descobriram que, por volta de 12.800 aEC, um grande asteroide explodiu na atmosfera terrestre e incendiou uma parte da superfície do planeta causando um breve, abrupto e dramático arrefecimento climático, desencadeando, em todo o globo, a perda associada da vida vegetal, levando à extinção de grandes mamíferos: mamutes, mastodontes, tigres dente-de-sabre, rinocerontes lanudos, vários girafídeos e outros desta megafauna da idade Gelasiana[24], ao mesmo tempo que há evidências de que houve uma perturbação substancial nas populações de hominídeos em escala global, como resultado das súbitas alterações no meio ambiente e pela indisponibilidade de recursos.

Figura 20 – Simulação de um asteroide fragmentado que atingiu a Terra em 12.800 aEC

Fonte: Mario Pino *et al*. (2019)

---

[24] **Gelasiano** = idade da época Pleistocena do período Quaternário da era Cenozoica do éon Fanerozoico, que está compreendida entre 2 milhões e 507 mil anos atrás, aproximadamente, de acordo com a Tabela Cronoestratigráfica versão 2015/1 da Comissão Internacional sobre Estratigrafia.

Na tradição oral das culturas ancestrais sempre houveram estórias e mitos relacionados a uma grande inundação – um dilúvio universal. Hoje, temos conhecimento de que a natureza através de abalos sísmicos: maremotos, erupções vulcânicas e/ou movimentação de placas tectônicas do fundo submarino, pode produzir tsunamis (ondas gigantes) que inundam as regiões costeiras causando grandes devastações. Temos conhecimento, também, que meteoritos de dimensões consideráveis têm atingido os nossos oceanos, rios e lagos ao longo dos últimos tempos provocando tsunamis catastróficas.

Embora nos dias de hoje tenhamos uma maior capacidade de recuperação, com processos eficazes de mitigação, naquela época, por menor que fosse o potencial de destruição de uma onda gigantesca, o evento tinha um impacto apocalíptico nos assentamentos humanos, com recuperação a longo prazo.

Conforme as pesquisas lideradas pelo paleontólogo Francis Thackeray, os meteoritos normalmente estão repletos de platina e irídio, e um impacto com a superfície terrestre o desintegraria e espalharia estes metais pela região do impacto.

Os fragmentos de um possível meteorito dispersaram-se por todo o Hemisfério Norte, e até agora, já foram encontrados mais de cinquenta locais atingidos na América do Norte e do Sul, Groelândia, Europa Ocidental e Oriente Médio.

Evidências de grandes concentrações destes metais foram obtidas em 28 amostras coletadas em todo mundo pelo geólogo americano aposentado Allen West e por uma equipe de investigadores da Universidade da Califórnia, liderados pelo arqueólogo Douglas J. Kennett, que estudam a hipótese de impacto de um meteoro.

Foram detectadas, também, a presença de picos de platina, irídio, nanodiamantes, microesférulas metálicas, esférulas de carbono, esferas magnéticas, carvão e fuligem, suficiente para bloquear a luz do sol, causando uma queda na temperatura ambiente de aproximadamente -10°C, dando início a uma pequena era glacial de 1.300 anos, que podem ser consideradas como provas da queda de fragmentos do catastrófico asteroide que mudou o mundo, e que um deles caiu diretamente num assentamento humano na região da Mesopotâmia Antiga, entre 13.500 e 10.000 aEC.

Mapa 4 – Locais em amarelo onde picos de platina e irídio foram registados na Terra

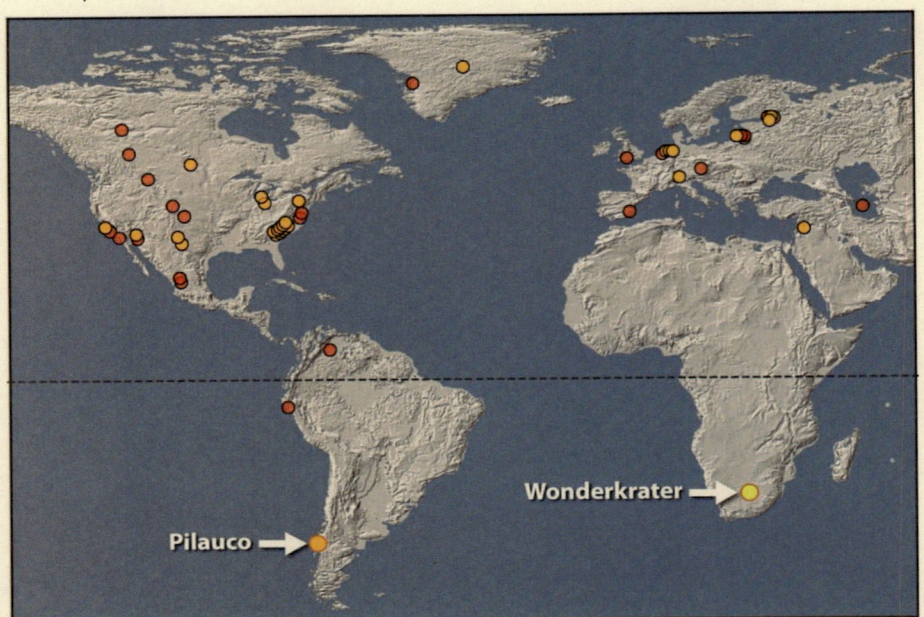

Fonte: Francis Thackeray Images Stock/Universidade de Wits

Edmond Halley, astrônomo e matemático britânico, colaborador no projeto de construção do Observatório Real de Greenwich, foi um dos primeiros a sugerir, em seu artigo científico *"Algumas Considerações sobre a Causa do Dilúvio Universal"*, publicado em 1694, que o dilúvio bíblico mundial foi resultado de um evento catastrófico provocado por um forte impacto de um asteroide no oceano, que movimentou uma grande parte de massa de água, e que, além disso, tornou seco o local de origem da devastadora colisão, citando o salgado Mar Cáspio, considerado o maior lago do mundo e localizado na Depressão do Cáspio, na região da Ásia Central; e os Grandes Lagos da América do Norte e a Baía de Hudson, um dos cinco lugares prováveis da ocorrência desse possível choque titânico e escoamento oceânico.

Esta hipótese foi reforçada pelo historiador e matemático inglês William Whiston, conhecido pela tradução das Antiguidades Judaicas e outras obras de Flávio Josefo que, em 1696, atribui as origens da atmosfera do planeta e outras mudanças significativas ocorridas na Antiguidade aos efeitos dos impactos de cometas.

Mapa 5 – Conjunto natufiano em Abu Hureyra próximo à cratera em Shu'bat Maskanah

Fonte: adaptação da Imagem do Google Earth

Vale ressaltar que as taxas de crômio isotópicos são homogêneas em todo o globo terrestre, e que foram encontradas anomalias isotópicas na região de Aleppo, onde existia uma imensa floresta que florescia nas colinas e montanhas ao redor do Crescente Fértil, excluindo a hipótese de que este evento teria sua origem em uma erupção vulcânica ou detonação de um artefato nuclear.

No sítio arqueológico de Abu Hureyra, situado na margem esquerda do Rio Eufrates, descoberto recentemente durante a construção da barragem de Tabqa, na Síria, onde se estabeleceram os povos nômades pertencentes ao conjunto natufiano epipaleolítico[25], foram encontrados entre uma grande quantidade de artefatos, estruturas e demais vestígios de atividade humana, fragmentos de vidro esverdeado de areia fundida, cristais de silício curiosamente derretidos e espalhados, idênticos aos resíduos vítreos deixados em locais que foram submetidos a temperaturas extremamente altas, causadas por explosão nuclear, erupções vulcânicas e/ou queda de meteoros.

O local da queda de um dos fragmentos deste asteroide, descoberto recentemente em 2019 em Shu'bat Maskanah, na região de Aleppo, bem como o assentamento histórico de Abu Hureyra, hoje, encontram-se submersos nas águas do Lago Assad, que se formou no curso do Rio Eufrates após a construção da barragem de Al-Thawra. A camada com indícios de ocupação humana tem datação absoluta de um período entre o 10° e 9° milênio, resultante de análises através de radiocarbono (a datação da Era Comum deve ser calibrada por apresentar uma margem de erro).

Em um estudo publicado pelo arqueólogo James P. Kennett *et al.* (2020) no jornal científico *Scientific Reports*, Abu Hureyra foi o primeiro lugar no planeta em que os efeitos diretos de um impacto num assentamento humano puderam ser documentados – *"Abu Hureyra foi destruído abruptamente"*. Durante as investigações de campo, os pesquisadores encontraram duas camadas de solo superpostas contendo vestígios com datação e estilos diferentes.

Como decorrência das fortes ondas de choque devidas à explosão do meteoro na atmosfera, foi encontrada em uma das camadas sinais de vaporização da vegetação e do assentamento paleolítico de Abu Hureyra, bem como da destruição do solo e fragmentos vitrificados do meteoro que solidificaram instantaneamente após a explosão, espalhados por dezenas de quilômetros ao seu redor.

---

[25] **Epipaleolítico** = período de transição entre o Mesolítico e a fase final pós-glacial do Paleolítico, caracterizado pela mudança de clima, expansão da vegetação e o aparecimento de grandes animais, e pelo desenvolvimento da agricultura nos assentamentos humanos.

Andrew Moore (2022, p. 9-27), arqueólogo do Instituto de Tecnologia Rochester, Nova York, que liderou as escavações em Abu Hureyra, declarou, sobre a análise da segunda camada do sítio arqueológico, que, após a queda do meteoro, as atividades agrícolas de subsistência na região não foram dizimadas, nem totalmente interrompidas, e que mesmo *"nas circunstancias climáticas completamente alteradas, eles desenvolveram uma agricultura sistemática para o cultivo do centeio, cevada e trigo, e, mais tarde, voltaram a criar gado, ovelhas e cabras. Com o tempo, a coisa se transformou em um enorme assentamento com milhares de habitantes e se tornou a vila dominante naquela parte da Síria."*

O "YOUNGER DRYAS"

Desde os primeiros debates científicos ocorridos na reunião de maio de 2007 da União Geofísica Americana em Acapulco, México; e em 2008 na Pecos Conferência, realizada na Cline Library Auditorium da Northern Arizona University, Flagstaff, EUA, que apoiadores e *"céticos"* se alternaram em fazer suas apresentações de prós e contras, ao evento *"Younger Dryas"*, como é conhecida esta abrupta mudança climática.

Um grupo de cientistas conservadores têm desafiado a hipótese de impacto do asteroide no final do Plistoceno, com base nas alegações de que a maioria das conclusões não podiam ser reproduzidas e que os dados eram interpretados erroneamente.

Os defensores contestam a teoria de irreprodutibilidade e têm publicado contra-argumentos cada vez mais consistentes sobre as suas sucessivas descobertas que reforçam a hipótese do evento da queda de um meteoro coincidindo com o início do resfriamento global.

Ao tomar conhecimento dos anais daquelas Conferências e das inflamadas alegações contrárias à ocorrência da queda do cometa, entre 12.900 e 11.700 aEC com BP calibrado[26] (10.900 aEC com BP não calibrado), reiterados no debate ocorrido em 2010, na American Quaternary Association, em Laramie, Wyoming, EUA, percebe-se uma busca obstinada, dir-se-ia, até dogmática, de contrapor às descobertas que atribuem o dilúvio bíblico a este evento.

Outra evidência que vem reforçar a hipótese da ocorrência de uma chuva de meteoros, foi a descoberta de inscrições em um dos pilares de calcário monolítico, conhecido como *"Vulture Stone"* (Pedra do Abutre),

---

[26] **BP Calibrado** = calibração do resultado de datações por radiocarbono 14 aplicados para converter a idade convencional por anos de calendário de amostras retiradas de anéis de tronco de árvores de idades conhecidas até 13.900 aEC BP. Para além disso a correlação é feita com base de dados internacionalmente reconhecidos.

que compõe um dos templos mais antigos do mundo, datado de, aproximadamente, 12.000 anos, encontrado nas escavações que estão sendo conduzidas desde 1994 por um grupo de antropólogos da Universidade de Heildelberg, do Museu de Şanliurfa e do Instituto Arqueológico Alemão, no sítio arqueológico de Göbekli Tepe, no sudeste da Turquia.

Figura 21 – Pilar "Vulture Stone" no Templo de Göbekli Tepe registra queda de meteoro

Fonte: National Geographic Magazines Images Stock

O conjunto monumental de Göbleki Tepe forma o sítio arqueológico de nove hectares, equivalentes a 12 campos de futebol, situado em uma colina de um encadeamento montanhoso no distrito de Şanliurfa, considerado, junto com os assentamentos de Nevali Çori, Çatalhüyük, Hacilar Höyük, Gürcü Tepe e Pinarbaşi, os mais antigos descobertos até hoje, construídos por caçadores-coletores.

Famosos pelas suas esculturas monumentais, o complexo arqueológico de Göbleki Tepe, bastante incomum e inusitado para a época, revolucionou o que se tinha de conhecimento do período neolítico da pré-história e os conceitos sobre a origem das civilizações.

Até o ano de 2011, pesquisas geofísicas tinham identificadas 28 estruturas, compondo uma grande sequência de camadas estratificadas, sugerindo a existência de atividade humana por milênios, possivelmente, desde antes do período mesolítico.

Os construtores do complexo de Göbleki Tepe, depois de algum tempo, enterravam propositadamente, as instalações do observatório, e construíam outro, bastante similar, um pouco mais adiante, possivelmente para rastrear a ocorrência do evento, de tempos em tempos, e acompanhar o deslocamento do fenômeno na abóboda celeste para uma nova localização astronômica, e assim, sucessivamente.

Vale ressaltar que as posições dos sucessivos observatórios estão alinhadas com as constelações de Taurus, Orion e com as Plêiades.

O mais impressionante dos achados em Göbleki Tepe é o uso e o domínio da geometria e outras técnicas de planejamento, bem como os processos integrados administrativos de grandes grupos de indivíduos, necessários para a construção dos templos com estruturas circulares, com 30 metros de diâmetro, compostas de 12 pilares, em forma de T, com mais de 10 tons cada, com altura de 3 metros, e 2 megálitos maiores no centro, decorados com esculturas em relevo de animais: antílopes, touros, raposas, leões, abutres, garças-reais, serpentes, escorpiões, javalis, formigas e aranhas, bem como, com alguns pictogramas antropomórficos similares à arte rupestre do período neolítico, que representam símbolos sagrados, amplamente conhecidos.

As inscrições foram decifradas por arqueólogos da Universidade de Edimburgo, Reino Unido, que concluíram que Göbleki Tepe era um conjunto de observatórios de cometas, ao compararem, através de simulações computadorizadas, a localização astronômica das constelações, que eram vistas na abóboda celeste na época de sua construção.

Dispostas no pilar *"Pedra do Abutre"*, através dos símbolos de Gemini (os Gêmeos), Grus (o Garça), Lacerta (o Lagarto), Leo (o Leão), Lupus (o Lobo), Pisces (os Peixes), Libra (a Balança), Ophiuchus (Ofíuco, o Serpentário), Sagittarius (o Arqueiro, no pilar simbolizado pelo Abutre), Scorpius (o Escorpião), entre outros, com o mesmo nome e a mesma posição no firmamento que lhes correspondiam no ano de 10.950 aEC, no qual teria ocorrido o impacto de um *"enxame"* de asteroides, que cruzou com a órbita terrestre. O evento está devidamente registrado neste monolito.

Qual foi o real propósito da edificação destas estruturas, visto que o esforço despendido por aqueles que as construíram está diretamente associado à dimensão de sua importância e o potencial de sua cultura e o estilo de vida deste povo?

Figura 22 – Localizações astronômicas das constelações e das figuras no Vulture Stone

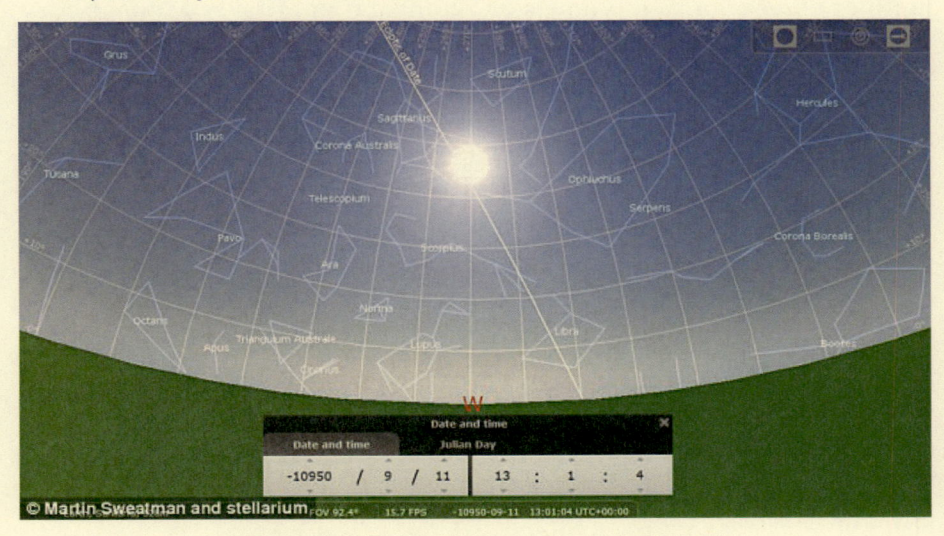

Fonte: National Geographic Magazines Images Stock

Mapa 6 – Posição do sol e das estrelas no solstício de verão de 10.950 aEC – Software

Fonte: National Geographic Magazines Images Stock

Contando com a capacidade discernitiva de antropólogos e sociólogos, que permite compreender questões referentes ao desenvolvimento dos mecanismos psicológicos humanos nos ambientes de adaptação e de modularidade mental ao longo do seu processo evolutivo, historicidade e historiografia, podemos construir uma imagem mental dos povos nômades coletores natufianos que viviam na região de Abu Hureyra, sobre o que seriam estes eventos espetacularmente ocorridos, provocados pelo cometa que explodiu a uma grande altitude, resultando em um *"flash"* imenso, uma assustadora trovoada, um intenso calor e ondas de choque devastadoras levantando nuvens de poeira que cobriram o Sol.

Estórias foram contadas ao redor das fogueiras sobre Humbaba, o temível monstro protetor das Florestas de Cedro, uma força primitiva, a personificação metafórica do temor e do medo da morte.

Mais tarde, estas imagens compuseram a tradição oral dos povos natufianos que sobreviveram ao cataclisma, pois conforme a investigação dos artefatos encontrados na segunda camada do solo de Abu Hureyra, através de radiocarbono, o assentamento foi reconstruído tão logo restabelecidas as condições ambientais.

Figura 23 – Imagem mítica do feroz monstro Humbaba, guardião da Floresta de Cedros

Fonte: imagens disponíveis no Google Images

Portanto, Sîn-lēqi-unninni traduziu o pensamento de temor que dominou a mente daquele homem de entendimento comum e limitado, testamenteiro do exato momento da queda do fragmento do cometa: *"Seu rugido é o temporal do dilúvio! Sua boca é chama, seu hálito é morte! Enlil o designou para guardar os cedros, como terror dos mortais!"* (OLIVEIRA, 2001, p. 78) *– HUMBABA.*

E todas as tribos desconhecidas que viviam nas montanhas desta região da Mesopotâmia para se protegerem e evitar que esta valiosa mercadoria fosse surrupiada, opunham forte resistência a qualquer tentativa de remoção dos cedros e à exploração da madeira que pudessem retirar da Floresta. E, para tal, adotaram a imagem de temor personificada no temível e feroz guardião Humbaba, enviado por Enlil, dando continuidade a tradição de deidades protegendo e defendendo as primeiras comunidades agrícolas.

Sanmartín (2006, p. 17)[27] afirma que para os mesopotâmios, cada ato ocorrido na Natureza, nos fenômenos atmosféricos e celestes, e na vida dos seres humanos eram decorrentes de uma vontade divina, isto é, *"a história foi desde sempre obra dos deuses que firmavam seu discurso – todo o acontecimento presente, sem exceção, ocorria pelo ato de vontade de uma divindade, assim pode-se entender a razão de um desastre, uma colheita ou um fenômeno da natureza constarem em seus calendários, como dedicados a estes ou por vontade destes".*

A mitologia para o homem primitivo cumpre um papel principalíssimo, pois tem a função de atenuar o rigor do cotidiano dos primeiros tempos, com que a sua capacidade discernitiva limitada é impelida a compreender e explicar a sua própria origem e o propósito de sua vida e criação, bem como dos fenômenos da Natureza, das árduas lutas na luz dos dias e do temor na escuridão das noites.

Portanto, a história dos povos antigos estava repleta de fábulas e mitos diversos, que, através da iconografia e da relação com as divindades cultuadas nos templos, sustentava o imagético do indivíduo e da coletividade, com que se construiu a cultura dos povos mesopotâmicos, envolvendo o mundo que os rodeava em um encantamento e fantasia, que rompia com a ordem natural para torná-la fascinante e temível, para além da compreensão humana, porém, essa literatura mítica é um campo minado para um historiador nos tempos atuais.

> O mito é uma intuição compreensiva da realidade, uma forma espontânea de o homem situar-se no mundo. As raízes do mito

---

[27] **SANMARTÍN, Joaquín Ascaso** = professor emérito de Filologia Semítica da Universidade de Barcelona e membro da mesma universidade do Instituto de Estudos do Antigo Oriente Próximo, bem como da Deustsche Orient-Gesellschaft. Ele estudou filologia semítica, línguas e culturas do Oriente Próximo (Assiriologia, Hittologia e Egiptologia).

> não se acham nas explicações racionais, mas na realidade vivida, portanto, pré-reflexiva, das emoções e da afetividade. [...] A função do mito não é, primordialmente, explicar a realidade, mas acomodar e tranquilizar o homem em um mundo assustador. (ARANHA; MARTINS, 2002, p. 23).

Os povos primitivos receavam o oculto e o invisível. A experiência de viver nas atividades do seu cotidiano, o relacionamento com o sagrado, o desconhecimento do "*post-mortem*", a fé no abstrato, a crença no sobrenatural, e a transcendência da própria vida, suscitava a devoção, amor, repulsa ou ódio, e principalmente, o temor.

> Há coisas às quais não se pode aplicar o critério de utilidade, porque elas se impõem a nós por si mesmas como algo superior, diante das quais sentimos um misto de respeito e temor. O homem não se sente dono delas; pelo contrário, tem a sensação de ser dominado, subjugado por elas, reconhecendo inclusive o direito delas de impor normas de conduta que ele não se atreveria a violar sem mais nem menos. É quando, então, falamos do "*sagrado*". (GALINDO, 1994, p. 49, grifo do original).

De tudo do que foi exposto sobre as construções encontradas em Göbleki Tepe e dos demais sítios arqueológicos turcos; bem como o apresentado sobre os processos que regem a evolução da espécie humana; surgem na mente de sociólogos historiadores e arqueólogos, muitos interrogantes, entre eles:

- O que motivou os habitantes de Göbleki Tepe a adornarem pilares usando métodos sofisticados de escultura em alto relevo, hieróglifos e figuras geométricas, indecifráveis até o momento, sem fazerem uso de ferramentas de metal, cinzéis e lâminas, a erguerem em um reduzido espaço com sistemas de içamento rudimentares, e encaixarem estes pilares megalíticos em entalhes feitos na rocha do piso?

- Como povos pré-históricos, ainda caçadores-coletores, se reuniram e se organizaram para proverem alimentação e abrigo para grandes grupos de trabalhadores, que foram necessários para planejarem e construírem o complexo de templos/observatórios, comportamento próprio de sociedades complexas?

- Como um povo semi-sedentário, com núcleos familiares em transformação, se tornando dependentes do trabalho coletivo, com seu conhecimento baseado no empirismo, sem nenhum embasamento de pesquisa teórica ou argumento científico, ou percepção, localização, discriminação e reconhecimento espacial daquilo que os cercava, foram capazes de desenvolver a arquitetura, a engenharia e a astronomia, além de que não temos ciência de que houvesse alguma civilização predecessora que custodiasse tal conhecimento, que lhes pudesse ter legado?

- No complexo de Göbekli Tepe, foram identificados através de levantamentos geofísicos, a existência de mais de vinte templos construídos com o objetivo de registrar o alinhamento de um evento celeste, sucessivamente. Por que os construtores, de tempo em tempo, erigiam um novo templo, similar ao anterior, em uma nova posição reajustada para acompanhar um evento celeste relevante, enterrando propositadamente o antecessor?

- Que razão fundamenta a prática deste saber, que estava dissociada do método e da técnica pela qual se leva este conhecimento à realização, pois não se alteraram durante os séculos necessários para a execução de todos os templos (9.130 a 7.370 aEC)?

- Quem foram os instrutores em Göbekli Tepe que detinham o sentido do *saber fazer* que orientaram e ensinaram a construir as primeiras edificações, deixando para os executores copiarem os respectivos processos ao edificarem as demais?

- Por que razões seus construtores buscaram aterrar, deliberada e urgentemente, todo o complexo de observatórios/templos, utilizando, principalmente, cascalhos de sílex e detritos, algum tempo depois de 8.000 aEC, ao invés de abandoná-los à ação das intempéries?

Impacto de um Meteoro na Groelândia

Em 2015, um pequeno grupo de cientistas tinha proposto que o aumento no nível do mar no Mediterrâneo e, especialmente, no hemisfério Norte, deveu-se a um evento climático, motivado pela queda de um asteroide no Ártico, com 1,6km de largura e 10 bilhões de toneladas, que entrou na atmosfera terrestre com uma velocidade de 68.400km/h, liberando uma energia 47 milhões de vezes maior que a bomba lançada em Hiroshima, desencadeamento diversas mudanças climáticas na região de impacto.

Este evento não só provocou o derretimento repentino das calotas polares, devido às ondas de choque com propagação de calor, mas também que, ao atravessar as camadas de gelo, o meteoro impactou o leito rochoso, vaporizando a água e lançando na atmosfera uma nuvem de poeira e detritos, intensificando o *"efeito estufa"* em função da emissão de fuligem e de vapor, e pela retenção do calor proveniente da obstrução dos raios solares.

A tese defendida por esta equipe de jovens pesquisadores estava fundamentada em hipóteses lógicas e plausíveis, porém, faltavam evidências diretas que pudessem contrapor o ceticismo irredutível de grande parte dos arqueólogos eruditos. Embora os diagnósticos dos ensaios nos minerais de quartzo dos sedimentos coletados tenham acusado a presença de nanodiamantes formados por violentos impactos, bem como de vestígios geoquímicos, tais como picos radioativos de irídio que, de acordo com muitos cientistas, é um metal de origem extraterrestre, atribuído a um cometa que se chocou com a Terra que deu origem ao Evento K-T[28].

Ainda assim, não foram suficientes para convencer os arqueólogos conservadores, que insistem em se entrincheirar em suas crenças e dogmas, alegando que estes fenômenos poderiam ter sido criados por quaisquer outros impactos, ocorridos em épocas diferentes daquela do *"Younger Dryas"*.

Ideias mumificadas não cabem em pesquisas científicas como fator de investigação porque dificultam o desenvolvimento das funções seletiva, analítica e dedutiva da inteligência humana, embora todas as análises realizadas até o momento tenham buscado adotar metodologias comparativas a padrões pré-estabelecidos.

Alguns destes padrões são de caráter duvidoso, porém, considerados irrefutáveis pela erudição acadêmica, tais como os utilizados nos estudos de impacto-recristalizado do zircão.

Ou então, os procedimentos dos métodos estatísticos, que calculam a idade média ponderada da estrutura de impacto, usando dez amostras coletadas em regiões dispersas, e comparando-as com outras obtidas em camadas de gelo diversas, datadas e catalogadas de outras partes da Groelândia, considerando, assim, uma amostragem pobre na geocronologia devido ao excesso de dispersão.

Ou ainda, ao analisarem as amostras sob os aspectos geoquímicos, buscar nos resultados estatísticos da detecção dos picos de irídio presentes

---

[28] **Evento K-T** = foi uma extinção em massa ocorrida no período Cretáceo-Terciário (aproximadamente há 65,5 milhões de anos) que desencadeou a extinção de números grupos de mamíferos e outros animais terrestres que povoavam a Terra, incluindo os dinossauros e outros repteis gigantes, bem como a destruição de florestas tropicais temperadas. Esta catástrofe foi resultado da queda do meteoro Chicxulub, com 10km de diâmetro, na Península de Yucatã, no México. A partir de 1989, a Comissão Internacional de Estratigrafia deixou de reconhecer o período Terciário. Em seu lugar foram estabelecidos 2 períodos, o Paleógeno (constituído pelas épocas Paleoceno, Eoceno e Oligoceno) e o Neógeno (constituído pelas épocas Mioceno e Plioceno). Com isso, muitos geólogos passaram a adotar o termo extinção K-Pg (onde Pg representa o período Paleógeno) em substituição ao termo extinção K-T.

em todo impacto extraterrestre, torturando os números até que eles confessassem aquilo que se desejava ouvir.

A tese defendida por esta equipe de jovens pesquisadores estava fundamentada em hipóteses lógicas e plausíveis, porém, faltavam evidências diretas que pudessem contrapor o ceticismo irredutível de grande parte dos arqueólogos eruditos.

Embora os diagnósticos dos ensaios nos minerais de quartzo dos sedimentos coletados tenham acusado a presença de nanodiamantes formados por violentos impactos, bem como de vestígios geoquímicos, tais como picos radioativos de irídio que, de acordo com muitos cientistas, é um metal de origem extraterrestre, atribuído a um cometa que se chocou com a Terra que deu origem ao Evento K-T28.

A descoberta da cratera de Hiawatha veio reverdecer o debate entre os cientistas paleoclimáticos sobre a questão de que, a água doce derretida pelo impacto do meteoro nas camadas de gelo, menos densa, ao recuarem, tenham alterado os fluxos das correntes oceânicas, entre elas as que partem do Golfo Persico, que transporta o calor para o norte dos trópicos, colaborando para a queda de até 8°C nas temperaturas, em grande parte do Hemisfério Norte, por mais de um século.

Asseverados, também, pela proposição de que as mudanças no fluxo do Atlântico Norte aqueceram a atmosfera em dois continentes provocando incêndios florestais, que levaram à extinção de mamutes, preguiças-gigantes e outros animais da megafauna da idade Gelasiana e, consequentemente, ao desaparecimento do povo caçador-coletor Clovis[29], que habitavam a América do Norte.

O geólogo Kurt Kjær, do Museu de História Natural de Copenhagen, em 2015, analisando imagens de satélites de monitoramento do degelo marinho do Ártico, junto com o glaciologista Joseph MacGregor, do Goddard Space Flight Center da NASA, em Greenbelt, Maryland (EUA), identificaram, na topografia do leito rochoso matriz, variações na profundidade do gelo e padrões de fluxo da superfície estranhamente perturbados, indícios de uma possível cratera de impacto sob a Geleira Hiawatha, no noroeste da Groelândia, em um momento crucial da História, justamente quando a Terra estava descongelando da última era glacial, há cerca de 10.000 anos atrás.

---

[29] **Clóvis** = é uma cultura pré-histórica da América que surgiu entre 13.200 e 12. 900 aEC, no final da última Idade do Gelo, que é caracterizada pelos artefatos encontrados perto da cidade americana de Clovis, nos Estados Unidos. Esses artefatos passaram a ser chamados de "pontas de Clóvis". O povo de Clóvis é considerado o primeiro grupo de habitantes humanos a criar uma cultura amplamente difundida pelo Novo Mundo, sendo os ancestrais da maior parte dos povos indígenas da América.

Figura 24 – Asteroide ou fragmentos que podem ter se espatifados sobre a Groelândia

Fonte: NASA – Estúdio de Visualização Científica

No mesmo período, o Instituto Alfred Wegener de Pesquisa Polar e Marinha, localizado em Bremerhaven, na Alemanha, tinha acabado de adquirir um radar aéreo, de última geração, capaz de penetrar em profundas camadas de gelo.

Utilizando o novo radar aéreo instalado em uma aeronave BASLER BT-67 adaptado para pesquisas científicas, Kjær e MacGregor obtiveram, em maio de 2016, autorização da Força Aérea dos Estados Unidos para usar a base militar de Thule, na Saunders Island, também conhecida como Aeroporto de Pituffik, um dos maiores da Groelândia, que possui uma pista asfaltada com capacidade de pouso para bombardeiros B-52 e aviões-tanques de apoio.

Figura 25 – Base Aérea em Thule, a calota polar e o Fiorde Wolstenholme

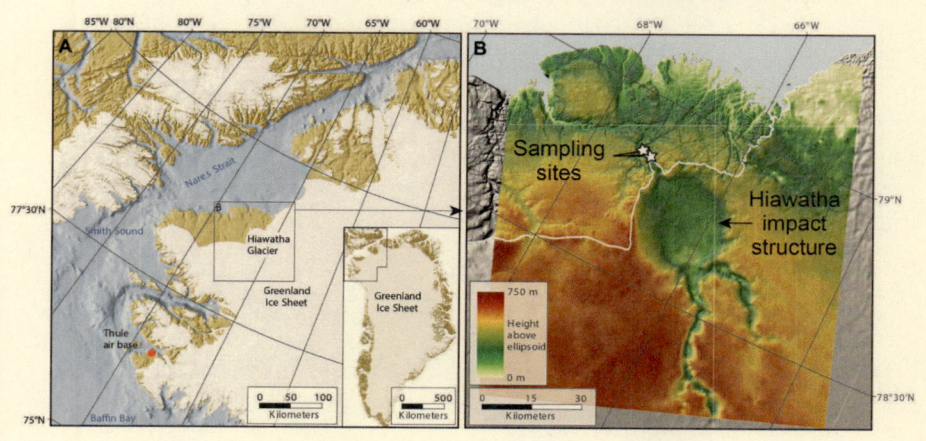

Fonte: Thule Air Base released by US gov.at

Como resultado dos sobrevoos na Geleira de Hiawatha, foram obtidas imagens de uma cratera, com dimensões de 31km de largura, indicando sinais do impacto de um asteroide, que liberou uma energia equivalente a 700 bombas atômicas de 1Mt provocando o derretimento de grande quantidade de gelo e a erupção de fragmentos rochosos, poeira e vapor de água na atmosfera, bloqueando a radiação solar.

Figura 26 – Modelo digital da superfície na região com a camada de gelo removida

Fonte: NASA – Estudio de Visualização Científica

Logo após a sua descoberta, alguns pesquisadores presumiram que os resultados se tratava de evidências claras da queda de um fragmento de meteoro que provocou um descongelamento da Geleira.

Figura 27 – Seixos glaciofluviais coletados a jusante da Geleira Hiawatha. Inglefield Land

Fonte: John Sonntag – NASA National Snow and Ice Data Center

Dois anos anteriores, o próprio Kurt Kjær empreendeu uma expedição ao noroeste da Groelândia, usando um helicóptero para acessar a face da Geleira Hiawatha, nas imediações do rio que escoa o degelo, varrendo as rochas que estão abaixo dela, onde coletou sedimentos que foram enviados para a análise do geólogo Adam Garde, do Serviço Geológico da Dinamarca, em Copenhagen, que encontrou cristais de quartzo forjados a temperaturas muito altas e a intensas pressões, similares às provocadas por armas nucleares ou obtidas em uma erupção vulcânica, ou ainda resultante de impactos meteóricos.

A equipe de Kjær, formada de 21 pesquisadores suecos e dinamarqueses, usou dois métodos de datação geocronômetrica que, atualmente, são capazes de fornecer dados confiáveis para quantificação do tempo geológico e para a organização coerente do registro geológico:

a. sistema de decaimento radioativo de meia-vida longa dos isótopos de urânio e chumbo concentrados nas amostras de cristais de zarcão, que foi conduzido pelo Museu Sueco de História Natural; e,

b. análise comparativa dos resultados de amostras naturais, consideradas como padrão geológico de referência de cristais de zircão com outras tratadas termicamente (1.000°C por 48 horas) pelo sistema de Ablação a Laser em Espectrômetro de Massa Multicoletor com Plasma Acoplado Indutivamente (LAM-ICPMS); para determinar a idade e eliminar possíveis erros analíticos, que foi conduzida pelo Museu de História Natural da Dinamarca.

Ao aquecer os grãos de areia coletados, disparando lasers nas esférulas vítreas para liberar o gás argônio, chegaram à conclusão, publicada na revista científica multidisciplinar Science Advances, de 09/03/2022, de que a cratera encontrada foi resultante do impacto de um asteroide de ferro com 1,5km de diâmetro que se chocou com a Terra, possivelmente há 58 milhões de anos, entre o Paleoceno[30] e o Eoceno[31], embora tenha sido observado que as amostras se mostraram muito contaminadas.

Jay Melosh, especialista em crateras de impacto da Purdue University de West Lafayette, Indiana (EUA), corroborou com os resultados propostos, alegando que, estatisticamente, não ocorrem impactos de meteoritos do tamanho encontrado em intervalos de tempo inferiores a milhões de anos. Porém, os pesquisadores julgaram prudente refazer os testes utilizando amostras do material da rocha que se derreteu no impacto, em quantidades representativas, obtidas diretamente da cratera através da perfuração das camadas de gelo do Hiawatha.

Hoje, com os dados atualmente disponíveis, pode-se deduzir que a Cratera Hiawatha foi formada no período Pleistoceno[32], mesmo com a dificuldade de conciliar as condições morfológicas das estruturas e formas da geologia do solo e da vegetação, na região do entorno, com a configuração homogênea das camadas de gelo no interior da cratera e imediações, bem como suas consequências, pois o impacto deve ter provocado severas transformações climáticas no planeta.

---

[30] **Paleoceno** = (grego = "*mais antigo que o novo amanhecer*"), primeira época geológica da era Cenozoica que está compreendida entre 65 e 56 milhões de anos, ocorrido imediatamente após a extinção massiva dos animais de grande porte, chamado Evento K-T, em que um grande aumento no nível de carbono atmosférico provocou o aquecimento da Terra acima do habitual, de forma que não havia sequer sinal de gelo nos polos.

[31] **Eoceno** = Período geológico da Era Terciária, que se iniciou no final do Paleoceno, há cerca de 54 milhões de anos e terminou há cerca de 38 milhões de anos, que se caracterizou pelo surgimento dos primeiros roedores, e do domínio dos mamíferos como porcos, touros, hipopótamos, camelos, veados, girafas, cabras, antílopes, cavalos e rinocerontes, além dos animais carnívoros e baleias.

[32] **Pleistoceno** = época geológica na história da Terra que, segundo muitos geólogos, começou há cerca de 1.750.000 anos e terminou aproximadamente há dez mil anos. A época pleistocena abrangeu um período chamado Idade do Gelo, quando várias camadas de gelo cobriram vastas regiões da Terra.

Com base em recentes notícias divulgadas na revista Geophysical Research Letter, publicada pela American Geophysical Union (EUA), sobre a descoberta de um grupo de pesquisadores da Operação IceBridge da NASA, chefiado pelo glaciologista Joseph MacGregor, que a partir de análises das imagens de satélites feitas da topografia de uma região situada a 183km a sudeste de Hiawatha, identificou uma depressão gigantesca, em forma de anel com um pico em seu centro, correspondente a uma outra cratera com 36,5km de diâmetro, esculpida pelo impacto de um grande meteorito, que nos leva a afirmar que é extremamente possível que sob a calota polar da Groenlândia possa estar escondido mais de um evento astronômico, ou até mesmo crateras dentro de outras crateras.

Figura 28 – Potencial 2ª cratera encontrada esculpida abaixo do gelo da Groelândia

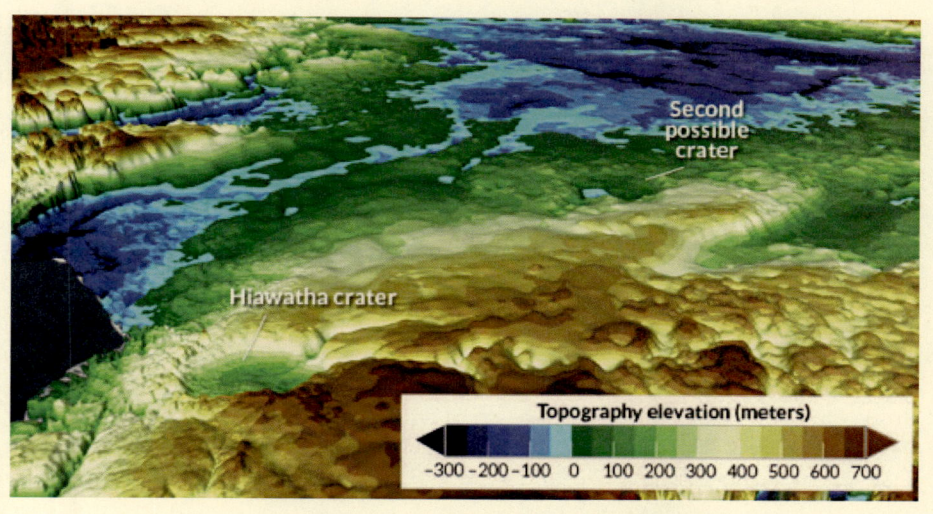

Fonte: Estúdio de Visualização Científica da NASA

O certo é que até então, não foi possível estabelecer uma idade, com exatidão, para as duas crateras. A segunda possui mais marcas de erosão e contém camadas de gelo com maior datação, parecendo ser a mais antiga. Porém, em função do risco de possíveis catástrofes e da preocupação com a sobrevivência e o bem-estar das gerações futuras, embora uma perfuração "in loco" seja dispendiosa devido sua localização remota, ela deveria ser empreendida para se ter uma maior compreensão do comportamento climático do planeta em que vivemos.

Figura 29 – Posição do Cinturão de Asteroides em relação à Terra e demais planetas

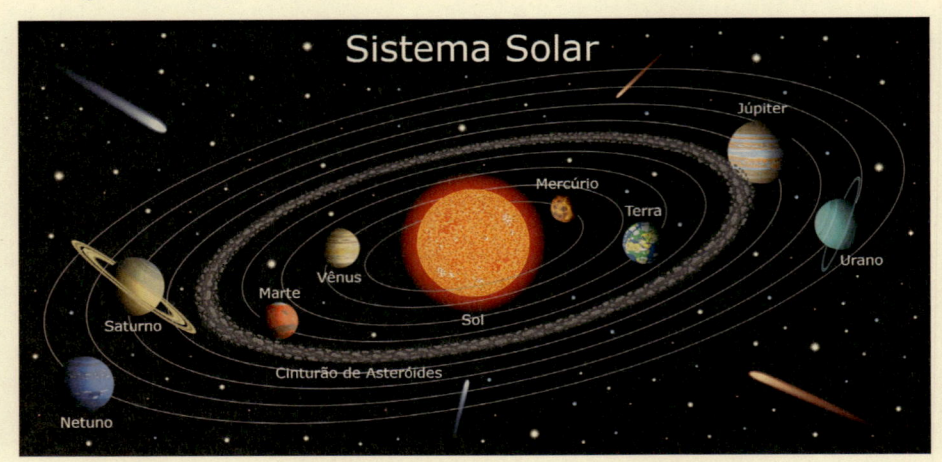

Fonte: D1min / Shutterstock.com

É inevitável que o Cinturão de Asteroides, formado por aproximadamente 600.000 objetos rochosos e metálicos maiores que 1,0km de diâmetro, conforme levantamentos efetuados em abril/2022, além de milhões de rochas espaciais menores, de formas e tamanhos diferentes, que se encontram entre a órbita de Marte e de Jupiter, que pela forte gravidade deste gigante gasoso, foram impedidos de se aglutinarem em uma formação planetária e continuaram colidindo, uns com os outros, podem, inclusive, se tornarem meteoroides, ao escaparem destas forças gravitacionais e se aproximarem perigosamente da Terra.

Vale ressaltar que, a maioria dos 30.000 meteoritos que se tem conhecimento de terem colidido com a Terra ou com a Lua, até hoje, provém do Cinturão de Asteroides. A distância mais próxima entre a Terra e a borda do Cinturão varia entre 1,2 e 2,2 UA[33]. As crateras Tycho (polo sul da Lua) e Chicxulub (Península de Yucatã, México) são exemplos cataclísmicos deste bombardeio extraterrestre.

Inundação pelo Degelo Glacial

Foram encontradas evidências do rompimento forçado de uma estreita faixa de terra do antigo istmo que unia a Trácia à Anatólia, separando o braço do Mar Mediterrâneo do Mar Negro, inundando os 155.000km² da antiga depressão existente na região, dando formação ao Mar de Mármara e os Estreitos de Dardanelos e Bósforo.

---

[33] **Unidade Astronômica** = é a distância da Terra ao Sol (149.597.871km).

O aumento do nível do mar Mediterrâneo foi um dos impactos mais prejudiciais desta crise climática decorrente do derretimento das calotas polares, por volta da última era glacial. O acréscimo de 15cm por dia, em três anos, elevou o nível do mar em 150 metros acima da lâmina d'água original, resultando em uma inundação catastrófica devido ao degelo das calotas polares, por volta do X milênio aEC.

Analisando as proporções desta inundação, pode-se afirmar que não foi um evento natural. É provável que tenha sido provocado por um cataclisma que levou ao derretimento abrupto de centenas de metros de gelo, cujas águas torrenciais, arrastando tudo e todos, invadiu uma extensão de terra que varia de 550 metros a 4,5km de largura em uma extensão de 35km, inundando-a com uma lâmina d'água que varia de 36 a 124 metros, criando o que hoje é chamado de Estreito de Bósforo, que separa a parte asiática de Istambul da parte europeia.

Mapa 7 – Posição geográfica do Estreito de Dardanelos e do Bósforo, na Turquia

Fonte: imagens disponíveis no Google Earth (Data SIO, NOA US Navy, NGA, GAECO)

Conforme o Dr. Teofilo A. Abrajano (2002, p. 4-9), diretor do Instituto de Pesquisa Avançada da King Abdullah University of Science and Tecnology (KAUST) e outros, *"existe uma camada anóxida depositada no fundo, sob as águas salgadas, do mar Negro, que evidencia uma forte e contínua interação com o Mediterrâneo".*

Como consequência do degelo das calotas polares, nas quais proliferam alguns tipos de bactérias que sobrevivem neste ambiente, preservados como fósseis (cascas de caramujos de água doce), sedimentos marinhos, naufrágios e até estruturas construídas por humanos, submersos a 90 metros de profundidade, com datação, por radiocarbono, de mais de 7.500 anos.

A geografia da região mesopotâmica foi completamente alterada pela inundação das águas do Golfo Pérsico, que subiram, em média, 40 metros acima do nível do golfo, provocando uma migração forçada, uma fuga desordenada e simultânea dos povos que ali habitavam em várias direções: para o planalto e as montanhas da Anatólia, para as cordilheiras do Cáucaso, para os Montes Zagros e outras regiões.

O deslocamento dos sumérios, para o planalto iraniano e, mais tarde, para a região mesopotâmica, deveu-se à necessidade de refugiarem-se da enchente ou das suas consequências.

Figura 30 – O leito do mar Negro em tom mais claro seriam terras emersas até 7.500 aEC

Fonte: Screenshot from NASA's globe software World Wing

A evacuação dos litorais deixou pouquíssimo tempo para aqueles povos, de origem desconhecida, providenciarem a retirada de seus bens e pertences. Portanto, no fundo do mar Negro, encontram-se vestígios das civilizações inundadas, verdadeiras *"capsulas do tempo"* preservadas, para ser investigada sua etnia e procedência, visto tratar-se de nômades caçadores-coletores.

Então, pode-se afirmar que a continuidade da vida humana e animal sobre a Terra, após a inundação, não dependeu, exclusivamente, do conteúdo de uma arca flutuante, conforme explicam os geólogos William Ryan e Wlater Pitman em seu livro "*Noah's Flood*", sobre a origem da lenda de um dilúvio punitivo que destruiu as civilizações que margeavam o Mediterrâneo e o Mar Negro há 14.000 anos atrás.

Assentamentos Neolíticos

A Anatólia está rodeada por mar: ao sul pelo mar Mediterrâneo, a oeste pelo mar Egeu, a noroeste pelo mar de Mármara e pelos Estreitos Turcos (Bósforo e Dardanelos), e a norte pelo mar Negro.

Com a elevação do mar nas regiões litorâneas da Anatólia e do Cáucaso, com a rapidez e a violência com que, presumidamente, as águas subiam, os povos habitantes das margens foram obrigados a buscar refúgio nas terras mais altas: ao sul nos montes Tauro e Antitauro (maciço de Aladağlar, situado a sudeste de Niğde); a nordeste, nos montes Pônticos (maciço de Kaçkar); e, entre as costas norte e noroeste, na direção do interior, nos montes Köroğlu, onde foram encontrados os assentamentos de Çatal Hüyük, Hacilar Höyük, Çayonü Nevali Çori, Aşikli Höyük, Kaletepe Deresi, Yumuktepe e Pinarbaşi, a leste, no maciço do Ararate (entre as províncias de Iğdir e Ağri), na cordilheira do Cáucaso.

Estes povoamentos neolíticos situados na Anatólia Central, na atual Turquia, ocupados por volta de 7.100 aEC e abrigando cerca de 5.500 habitantes, são os sítios arqueológicos mais antigos que se têm registro no mundo e um dos mais importantes do Oriente Médio.

Suas construções eram compostas de um só cômodo quadrado principal, tinham fundações de pedra para prevenção contra infiltrações e umidade, as paredes feitas de tijolos de barro crus, misturados com palha ou capim, recobertos por fora com argila e internamente com gesso; e com telhados planos suportados por pilares de madeira internos, superpostos em dois níveis, que eram usados como celeiros e/ou oficinas.

Salvo nos dias em que as condições climáticas eram adversas, todas as atividades cotidianas eram realizadas nos tetos das casas, pois havia um rigoroso hábito de higiene, com intuito de manter limpo o interior das habitações, de remover, constantemente, os lixos gerados para lugares distantes das habitações.

A proximidade das casas com os lixões e os currais traziam problemas de saneamento e saúde que contribuíam para a disseminação de doenças infectocontagiosas.

Os habitantes mantinham uma dieta rica em carboidratos, vegetais (trigo, cevada, centeio e alguns legumes) e proteínas (ovelhas e cabras, além da caça de animais selvagens, tais como: porcos, gazelas, raposas etc.). Grande parte dos esqueletos de adultos encontrados no local apresentavam cáries dentárias, devido ao uso contínuo de alimentos macerados do tipo pão e mingau.

Figura 31 – Assentamento Çatalhüyük com reconstituição do interior de uma casa típica

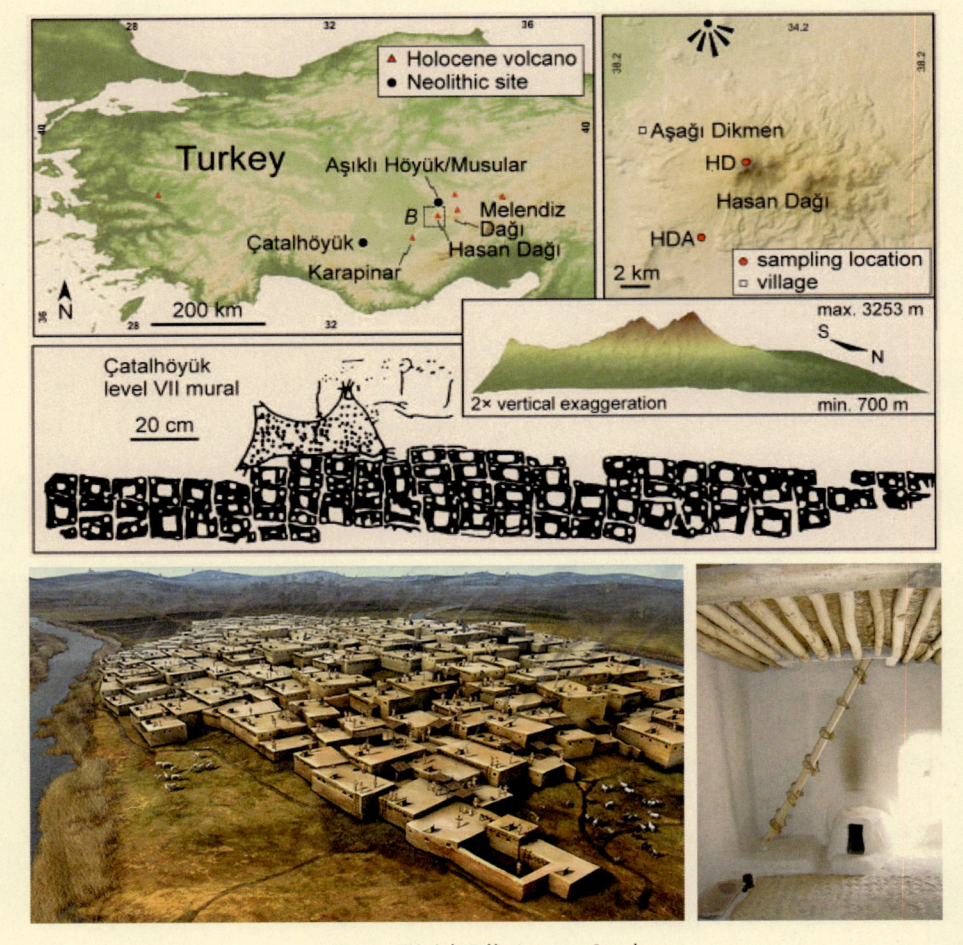

Fonte: Stipich Béla Images Stock

Os mortos eram sepultados no interior das casas, embaixo do piso da sala principal, principalmente, sob as camas, ou sob os fornos ou as fogueiras, flexionados em posição fetal. Após a morte, os corpos eram exumados, tendo seus ossos pintados de vermelho e acomodados em cestos de vime.

Alguns historiadores, baseando-se em dados antropológicos de outras sociedades da Idade do Ferro, correlacionam a estrutura arquitetônica das casas dos assentamentos dos povos neolíticos que habitavam Çatal Hüyük com a concepção xamânica cosmológica, que dispunha em camadas, os vários estágios de consciência, desde o "supra" até os "inframundos", e estavam associadas às subdivisões dos mundos na concepção cosmogônica dos povos proto-sumerianos.

Convém mencionar que o conhecimento dos povos que viviam na Mesopotâmia Antiga sobre o mundo visível, suas dimensões e extensão, era extremamente limitado.

Uma catástrofe de gigantescas proporções, como a inundação ocorrida na região do Golfo Pérsico e do mar Mediterrâneo, no VIII milênio aEC, durante o último período glacial, provocado pela queda de um fragmento de meteoro na região mesopotâmica, poderia ser considerada como o *dilúvio universal mítico*", pois atingiu todos os povos e as terras conhecidas na época, e que, como tudo que ocorria naquela região, foi provocado pela inexorável, despótica e incontestável vontade dos deuses e sob sua determinação, atingindo Tiamat (planeta Terra), em sua totalidade.

Desde que se tem registro histórico, todas as religiões que surgiram pelo mundo, desvirtuando-se do seu sentido original, sempre foram criadas sobre estórias míticas e ideológicas, obtidas através das tradições orais, que eram transmitidas de gerações para gerações e habilmente compiladas em cânones literários, consideradas de emanação divina, utilizando-se de uma linguagem metafórica, fantasiosa, fictícia e alegórica.

Associada a um simbolismo subjetivo e místico, recheado de fenômenos misteriosos e transcendentais, as religiões se entrincheiraram em razões ocultas e uma aparente espiritualidade, buscando dar legitimidade e legalidade formal a um sistema de crenças no sobrenatural e no abstrato, normalmente envolvendo divindades, monstros e demônios, e uma cosmogonia fantástica, com o propósito de estabelecer valores humanos essenciais e atitudes, que a juízo dos seus patriarcas, eram consideradas meritórias e exemplares e, portanto, que deveriam ser adotadas pelos seus fiéis, pelo seu rebanho.

Dentro de uma visão crítica, as doutrinas são um fenômeno social agregador e, ao mesmo tempo, excludente, isto é, reúne e agrega somente indivíduos de um certo grupo social, portanto, torna-se importante e imprescindível para garantir a fidelidade de seus adeptos, que os fatos relatados, nas antigas estórias das tradições religiosas, tivessem *"um fundo de verdade"*, e se possível, uma perspectiva histórica com um certo ar de confiabilidade, ou seja, uma epistemologia histórica com significações e manifestações de uma objetividade que atendesse aos dogmas religiosos, e que validasse os acontecimentos epistolares descritos em seus textos bíblicos.

Para isso, em muito contribuíram os cientistas crentes que, contrários à secularização, buscavam respostas válidas para justificar a veracidade dos dogmas, alguns tais como Teilhard de Chardin (1967, p. 15)[34], que procurou *"através de uma simbiose entre ciência e religião, traçar um caminho comum, transformando a ciência e as suas teorias, em suportes argumentativos a uma nova proposta teológica"*.

Porém, alguns notáveis do saber comum, com receio de se manifestarem publicamente e serem identificados como adeptos a discursos sobre outra classe de conhecimento, que não estivesse baseado na objetividade e na racionalidade científicas, como, por exemplo, os dogmas religiosos, que poderia fazer-lhes perder a sua credibilidade e seus cargos no mundo acadêmico, se omitiram ou calaram.

Daí que as religiões encontraram um parceiro privilegiado, que se conforma em crer que está em consonância com a realidade, sem qualquer investigação prévia, séria e imparcial, e rechaça todo propósito de rever sua submissão aos dogmas, utilizando metodologia científica para tentar provar a veracidade de pontos fundamentais de uma doutrina de caráter religioso.

Quando não muito, estes cientistas adeptos se limitam a acatar docilmente como certos e indiscutíveis, mas, também, buscam, obstinadamente, justificá-los como princípios experimentais, a partir dos quais se pretende deduzir, com embasamento científico, que estas suposições, conjecturas ou hipóteses ideológicas inverossímeis possam vir a ser verdades absolutas, ocultas aos olhos dos leigos e ignaros profanos, até porque, o fato de estarem equivocados ou identificados com o erro, não condiz com a sua empáfia acadêmica, preferindo entorpecer o processo evolutivo da espécie, deturpando os conceitos fundamentais que regem a vida humana.

---

[34] **Pierre Teilhard de Chardin** (1881:1955) = jesuíta, teólogo, filósofo e paleontólogo francês que tentou construir uma visão integradora entre ciência e teologia. Sua formação científica no campo da geopaleontologia, inspirada em Charles Darwin, forneceu as bases fundamentais para a compreensão do desenvolvimento planetário e da humanidade. As suas teorias elaboradas sobre o ponto em que se cruzam a ancestral cosmologia e a concepção contemporânea do pensamento panteísta, passa necessariamente pelo âmbito empírico, instrumento essencial para se decifrar a Natureza.

As manifestações culturais de um povo não podem ser compreendias fora da realidade e do contexto histórico da sociedade a qual pertencem. A cultura que define este povo é formada pela transmissão do conhecimento, passado de uma geração para outra, através de conceitos e valores que regem os grupos que compõem este povo.

Portanto, a comprovação da existência de um evento histórico, de tal magnitude e expressão sociológica capaz de alterar a realidade cultural da espécie humana, na medida que influencia, ainda nos dias de hoje, os princípios éticos, as normas de conduta e o juízo dos valores como produto histórico das civilizações oriental e ocidental, tornando-se importantíssimo compreender como realmente ocorreu o dilúvio, primeiro transformado em tradição oral, depois, com o tempo, em tradição mítica comum às religiões.

> O motivo principal dos cientistas, os estudiosos em geral não prestarem a menor atenção para o mal profundo que estes pre-conceitos religiosos (e sua derivação, os ideológicos) provocam *dentro* das pessoas, é o fato de viverem todos em uma cultura que ignora a verdadeira estrutura interna do homem.
>
> Esta situação de ignorância quanto a nossa condição mental, moral e psicológica só pode ser superada com o advento de uma nova cultura, ou, um novo humanismo. Enquanto não existir este novo humanismo, que voltará as atenções para o mundo interno dos homens, o foco dos estudos continuará sendo uma série de objetos, inclusive abstratos, exteriores ao homem. Esta é a razão do porquê a seleta intelectualidade do ocidente sequer tangenciou, até hoje e apesar de tudo que a humanidade já sofreu; sequer passou perto da verdadeira causa para os males que a humanidade vem arrastando desde há séculos. (GALVÃO, 2000, p. 111).

A descoberta destes sítios arqueológicos, que precedem as narrativas bíblicas, quebrou paradigmas milenares religiosos, abriram, inclusive, questionamentos sobre a veracidade delas, bem como alteraram os métodos investigativos, que eram, normalmente, utilizados pelos pesquisadores e pela comunidade científica.

Gilgámeš frente a Inevitabilidade da Morte

Seguindo o enredo da estória, voltemos a última parte deste épico da literatura mesopotâmica, reescrito por Sîn-lēqi-unninni, no ponto em que o soberano invencível e poderoso, agora, degradado fisicamente pela velhice, com o seu vigor instintivo (Enkidu) debilitado e sucumbido pela proximidade da morte, enfrenta a maior inquietude existencial que assombra o imaginário dos seres humanos, que reúne imagens elementares em um único ventre, grávido de símbolos e mitos, que se escondem no mais recôndito e obscuro da alma humana, as quais, pela atividade incessante do pensamento universal que anima a Criação, impulsionam os homens a desvendarem o interrogante ancestral: para onde vamos depois da morte?

Este é um dos fatores que inspiram o sentimento místico da alma humana, que foi tão tergiversado, ao ponto de ser desnaturalizado em sua excelsitude, pelos conceitos equivocados, preconceitos, dogmas e a fé no abstrato, que sustentam o pensamento religioso que, sob a luz da lógica, se confunde com o pensamento mitológico que manteve desde a Antiguidade um temor à morte, criando ritos, cerimonias pomposas, homilia para exéquias, culto aos mortos e, consequentemente, a busca da imortalidade.

> [...] uma das coisas que mais havia preocupado o homem, desde que foi posto sobre a Terra, foi sua vinculação metafísica com Deus. Isso foi a origem das religiões, das filosofias, de tudo quanto existe, porque o homem sempre se deu conta de que, por cima das tarefas físicas e do físico, existia algo muito maior. Lamentavelmente, teve de se conformar com a fé, com as crenças; isso, em parte, conformou as inquietudes de seus espíritos. Mas a fé e as crenças, quando não são fruto de convicções profundas, surgidas do conhecimento, se tornam fanatismo, e eu já disse uma vez que havia muitos fanáticos, sendo maioria, fanáticos de si mesmo. (PECOTCHE, 2016, p. 17, 18).

As acepções sobre a estrutura dinâmica e evolutiva do mundo físico, onde está inserida a figura humana e todos os seres sencientes que vivem no Cosmos, interpenetrada por vários planos de dimensões sutis de existência, fazem parte de uma concepção simbólica que se encontra presente, tanto na cosmogonia dos povos que habitaram a Mesopotâmia, como em todas as concepções sobre a origem do Universo, que serviram de base para a formação das culturas identitárias que compuseram as civilizações, desde as mais antigas até as sustentadas pelas teorias atuais, que regem a física quântica, configurando uma universalidade de imagens arquetípicas que buscam dar conformação à realidade vivente, adaptando a medida real de conhecimento de cada um às condições superiores da espécie humana.

A Epopeia de Gilgámeš contém, também, um conjunto de mitos relacionados aos princípios bases das concepções humanistas e existenciais que regiam a psicologia das monarquias sagradas mesopotâmicas, principalmente aquelas sobre o mundo sobrenatural e sobre a morte, expressas em seu temor ao desconhecido, no seu receio da decrepitude, no desaparecimento pela finitude do corpo físico, e na perda da sua magnificência pelo esquecimento após a morte.

No mundo dos mortos, os reis mesopotâmicos ficavam, como todos os seres humanos, relegados ao *"inframundo"* mitológico. Somente aos deuses estava reservado o mundo celestial.

Com a perda simbólica de Enkidu, Sîn-lēqi-unninni busca relacionar as perdas da velhice à morte real de companheiros, leais amigos e parentes, com os quais se nutre fortes laços de família e de amizade, associando a morte ao processo de envelhecimento, colocando Gilgámeš, o antes poderoso e destemido soberano, para enfrentar a sensação de impotência, a ansiedade antecipatória que, ao restringirem a capacidade de forjar futuros gloriosos e triunfantes, criam uma condição distópica de resignação e passividade, que o levam a focar no presente, nas recordações das notoriedades do seu esplendoroso passado.

> De distante rota volveu, cansado e apaziguado,
> Numa estela se pôs então o seu labor por inteiro.
> Fez a muralha de Uruk, o redil, e o sagrado Eanna, tesouro purificado.
> Vê sua base: é como um fio de lã,
> Repara seus parapeitos, que ninguém igualará.
> Toca a escadaria, que há ali desde o início,
> Aproxima-te do Eanna, residência de Ištar,
> O qual nem rei futuro nem homem algum igualará.
> Faze a volta, ao alto da muralha de Uruk vai,
> Seu fundamento examina, os tijolos, observa –
> Se seus tijolos não são cozidos,
> Se seu alicerce não cimentaram os sete sábios.
> (El que o abismo viu: Sîn-lēqi-unninni EG 1.9-20).

Considerando o estamento social das cidades mesopotâmicas e a condição simbólica assumida pelo soberano de *"escolhido pelos deuses"* para conduzir os planos divinos traçados para os homens, Gilgámeš precisava garantir um lugar privilegiado na sociedade e buscar se perpetuar nele, quer fazendo ou mandando fazer através dos seus escribas, neste caso, Sîn-lēqi-inínn, que desempenhou um papel importantíssimo para legitimar seu reinado e sua dinastia.

Figura 32 – Barco cerimonial com oferendas para o Templo de Inanna (Festival A-kitu)

Fonte: The Maritime History - The Bronze Age Series

A Epopeia de Gilgámeš busca publicar uma série de tradições orais, não necessariamente relacionadas à história oral, visto que não se trata de compilar a memória de pessoas ou de um grupo de pessoas, ou ainda, de registros históricos, isto é, testemunhos de quem participou de eventos ocorridos em uma determinada época, até porque tiveram origem em tempos em que não havia um sistema de escrita ou alguma forma que pudesse manter e circular estes fatos históricos.

Portanto, trata-se de estórias, fábulas e lendas transmitidas verbalmente de geração para geração, através de contos, provérbios, canções, etc., criados desde tempos imemoriais.

A visão de mundo e a consciência de sua história, para os homens que viviam nas tribos agrícola-pastoris, anteriores à utilização do alfabeto, eram preservadas e transmitidas através dos contadores de estórias, através das quais o homem comum podia romper as limitações de suas possibilidades físicas de deslocamento e observação, e superar os bloqueios e distancias espaço-temporais.

Na Antiga Mesopotâmia, qualquer catástrofe natural tinha um forte impacto nos assentamentos humanos pela dificuldade das populações se recuperarem desses eventos, principalmente um fenômeno atmosférico de dimensões avassaladoras, que marcou todas as civilizações, ao mesmo tempo e em todas as regiões do planeta.

Uma destas estórias se refere ao sobrevivente do mítico *"dilúvio universal"*, identificado no épico sumério como Uta-napíśti e, mais tarde interpretadas e reordenadas em outras literaturas dos povos que os sucederam como sendo, Atraḫasis na versão acádia, Ziusudra para os babilônios, Svayambuva Manu nas escrituras védicas indianas, no mito hindu um homem chamado Waivaswata foi prevenido da catástrofe iminente, e Noé no Torah dos hebreus e no Gênesis da Bíblia cristã, enriquecidas com narrativas espetaculares e revelando suas variações geográfica-temporais nos respectivos textos diluvianos. Os Maias do outro lado do mundo também possuem registros de uma grande inundação.

Levando-se em consideração que, dentro da cosmogonia suméria, foi inculcada, desde a mais tenra infância, a ideia de que os humanos eram seres inferiores, pois foram criados pela vontade dos deuses, para servi-los e substituí-los nas tarefas mais árduas.

Porém, que, na realidade, havia um propósito velado de tornar mais palatável a submissão do homem mesopotâmico aos representantes destas divindades na Terra: primeiro, resignando-se frente à arrogância, ao despotismo e ao absolutismo de soberanos sacramentados, que se sucediam incessantemente, até porque, não seria aceitável destronar alguém que tinha a obrigação de manter a harmonia cósmica e garantir a prosperidade e a paz dos seus súditos.

E, em segundo lugar, porque os sacerdotes, intermediários e intérpretes legitimados dos preceitos divinos para a sociedade mesopotâmica, responsáveis pelo ofício das práticas e rituais religiosos, contra os quais nenhum mesopotâmico, em sã consciência, se atreveria a contrariar para não atrair a ira e a vingança dos deuses.

Assim sendo, estes mesmos representantes constituíram-se em uma organização governamental ardilosa, onde ao mesmo tempo que se cria ídolos e mitos para modelar a conduta dos seus súditos, agrilhoa seus entendimentos com dogmas e crenças para encapsular e obstruir seu intelecto, tornando-os facilmente adestráveis, para que o domínio sobre eles fosse mais aceitável.

Figura 33 – Mito sumério sobre a criação dos seres humanos pelos deuses (selo cilíndrico)

Fonte: imagens disponíveis no Google Images

Julgo importante ressaltar um aspecto relacionado ao controle e domínio de pessoas, grupos sociais, comunidades, governos e nações, apresentado em uma conferência proferida em 27 de dezembro de 1957, pelo pensador e humanista González Pecotche, em Buenos Aires, na qual ele declara que: "*o dogma político dos reis e das monarquias era a submissão absoluta ao monarca; o dogma religioso, de qualquer das religiões, é a submissão absoluta ao credo, aos chamados milagres; e os primeiros demagogos foram os religiosos, com suas promessas que jamais puderam cumprir, assim, nasceu a demagogia, que, logo, foi copiada pelos políticos.*"

Com um histórico de submissão eterna construído durante toda a sua vida, aos olhos do homem mesopotâmico, tudo e todos que sobreviveram àquele cataclisma, deveram-se a benevolência e a condescendência dos deuses. Logo, tendo-se em conta que, a estória registrada nesta Epopeia e nas demais literaturas, descrevendo o motivo relacionado à decisão da assembleia dos deuses de promover um controle populacional, sem julgamentos morais ou éticos, sem distinção de pecadores ou virtuosos, Uta-napíšti teve realmente uma deferência dos deuses ao ponto de conferir-lhe imortalidade, fato não ocorrido com nenhum outro ser humano.

Daí que Sîn-lēqi-unninni construiu uma intrépida saga para o nosso herói, descrevendo as lutas e os perigos por ele enfrentados no caminho para encontrar este personagem mítico, ultrapassando as fronteiras do mundo, indo além de onde nasce o sol, com a esperança de que ele pudesse lhe revelar o segredo da sua imortalidade.

Sem ter alcançado seu objetivo, Gilgámeš volta para Uruk desolado por considerar que fracassou em sua épica jornada, impotente perante a finitude inexorável da vida.

Sem outra solução que o imortalizasse e o levasse a perpetuar as suas realizações extraordinárias para a posteridade, Gilgámeš busca registrar as suas experiências heroicas e inusitadas de seu reinado, como, aparentemente, sugere o texto gravado na XI tábua de argila, deste Épico, narrando sua biografia para registro de um escriba, sobre o qual nada sabemos sobre sua identidade, pois na primeira metade do III milênio aEC, ficavam no anonimato, relegados à atividade de redigir e transcrever, como se fossem um bibliotecário ou um arquivista.

Dificilmente poderemos apurar a veracidade das suas realizações e de seu personagem lendário, pois não existem vestígios da sua estória que era considerada mítica pelos próprios sumérios da época.

> Busca o cofre de cedro,
> Rompe o ferrolho de bronze,
> Abre a tampa do tesouro,
> Levanta a tabuinha lápis-lazúli, lê
> O que Gilgámeš passou, todos os seus trabalhos.
> (El que o abismo viu: Sîn-lēqi-unninni EG 1.24-26).

O poema épico escrito por Sîn-lēqi-unninni sobre Gilgámeš interliga vários conceitos fundamentais da vida humana, tais como a amizade, a opressão, o temor, o arrependimento, a traição, a vingança, o amor etc., no entanto, é o conceito de esquecimento após a morte que mais sobressai nesta estória.

Ao apropriarem-se do universo sobrenatural dos seres humanos, os sacerdotes, como representantes e intermediários dos deuses, regiam e ordenavam todos os setores da vida cotidiana das comunidades da Mesopotâmia, celebrando cerimônias para todo rito de passagem, para todo evento social importante: desde o nascimento, a puberdade, emancipação, o casamento, coroação, sucessão, penitência, o falecimento etc., e mais tarde, a partir dos babilônicos e hebreus, os ritos do batismo, da conversão e da eucaristia, estruturadas em atividades místicas relacionadas à espiritualidade humana, com um cerimonial próprio e subjetivo, de viés teatral, com o único intuito de fomentar o servilismo e a idolatria às divindades, atraindo, convencendo, fascinando e subjugando as classes inferiores, quer seja para alimentar a paz, como para insuflar a guerra.

É comum aos seres humanos exultarem os momentos excepcionais do seu cotidiano, através de rituais, como uma forma de transcender a dimensão das experiências físicas que envolvem as relações sociais da sua vida consuetudinária comum.

Esta forma de linguagem expressiva abrange um espectro muito amplo das emoções humanas, tais como o celebrativo, o festivo, a ritualística, entre outros.

Comumente, ainda hoje, os ritos são compostos de música, dança, teatralidade e performances plásticas e visuais, arranjados de forma espetacular e, eventualmente, dramática, no caso de funerais, nos quais *"os que ficam"* buscam extravasar sua tristeza, melancolia, angústia, desamparo, incerteza, um vazio.

Como espetáculos suntuosos, os rituais buscavam aproximar os fiéis das divindades através da encenação de uma mitologia.

E, quanto mais ação, emoção, trama, intriga, conflitos, mistério, suspense, fantasia, teatralidade e outros artifícios que são usados no desenvolvimento do enredo, mais os devotos sentiam sua inferioridade em relação à magnificência dos deuses e se colocavam submissos aos papéis sociais que lhes eram impostos pelos sacerdotes.

O processo de transformação e aperfeiçoamento das potencialidades e prerrogativas dos seres humanos esteve sempre sujeito e subordinado aos desígnios e aos interesses escusos, na maioria das vezes, de um grupo que se perpetua dinásticamente, perpassando a história dos povos e das nações até os dias de hoje, ditando normas, princípios éticos, concepções e valores que têm mantido o homem agrilhoado a uma grande mistificação que se assenhorou sobre o mundo.

Investigar e descobrir as argúcias, habilidades e os engendros, identificando as raízes e os meandros desta grande impostura, é imprescindível para compreender esta realidade pouco visibilizada, que está relacionada ao processo educacional que nos tem impedido de promover a humanização de povos e raças.

A mesma mística, que Gonzalez Pecotche (2013, p. 111) descreve como sendo *"uma das atitudes sensíveis da alma humana que mais tem sofrido as arbitrariedades das paixões humanas"*, que nos leva a buscar o que se esconde atrás da aparente materialidade dos fatos e das circunstâncias, é a mesma que, desde os primórdios da civilização, foi explorada sucessivamente pelas religiões que se apresentaram como resposta aos anseios dos seres humanos de transcenderem para esferas superiores de consciência, que lhes permitissem conhecer o que está mais além da própria vida, o sobrenatural, romper a estreiteza física que o oprimia e o mantinha submisso à força do próprio instinto e da animalidade, e como tal, indefesos perante à morte; libertando o homem comum das teias do seu destino, uma prerrogativa, até então, da ancestral monarquia sagrada e das divindades.

Durante o Período Protodinástico Arcaico (2.900 a 2.350 aEC), um conjunto de cidades-Estado que formavam os povos mesopotâmicos, como muitas outras civilizações que se desenvolveram depois no Oriente Médio, exerceram uma forte ação política regional, que visava o domínio de uma sobre as outras e, frequentemente, tinha, como consequência, conflitos e guerras entre cidades vizinhas.

A crescente rivalidade entre as cidades-Estado e as constantes disputas e conflitos por terras cultiváveis, ao mesmo tempo que eram uma oportunidade aos guerreiros sobressaírem-se perante aquele grupo social, através de suas façanhas e realizações gloriosas, com demonstrações de força, virilidade e coragem, colocava, também, o homem mesopotâmico comum em convívio próximo à morte iminente, frente ao desconhecido, que na sua imaginação, era um lugar escuro e sombrio, que inspirava medo e para onde eram enviados todos os seres humanos, após a sua morte, ou seja, o Inframundo, que tanto Gilgámeš temia e tentou se insurgir e sobrepassar as fronteiras da sua inevitabilidade.

Dentro do meu entendimento, os sacrílegos inventaram *"O Paraíso"* com o propósito de tornar esta angústia que a morte provoca nos corações dos seres humanos, este desamparo mental e existencial que carcome suas entranhas ao longo da sua intranscendente vida, mais suportável, através da concepção de que a felicidade lhe é facultada na continuidade extrafísica da vida.

Asseverado pelas crenças, o conceito de que uma vida digna, sem pecados, ou por remissão deles por penitências, donativos, oferendas ou sacrifícios volitivos, levaria o homem comum a viver, após a sua morte, em um jardim de delícias, repleto de alegrias, onde haveria paz e sossego, um lugar de bem-aventurança, longe de todas as aflições, agruras e empecilhos do cotidiano e protegido metaforicamente dos golpes implacáveis do destino, foi a base de sustentação da instituição da hipocrisia eclesiástica dos sacramentos do perdão e da absolvição, através dos quais, a ameaça constante e o medo do risco de morte, associado à transitoriedade humana, ficava amenizado pela fantasia coletiva de uma possibilidade de se viver, no *"post-mortem"*, em um local de descanso eterno.

Com isso, a angústia das questões existenciais desapareceria e o homem comum poderia ficar com a consciência mais tranquila, e em contrapartida, constantemente submisso aos dogmas e às crenças impostos pelas religiões e seus sacerdotes, pelo medo de perder a única recompensa disponível prometida para ele, pelos seus sofrimentos, e dissimular a finitude da vida humana.

O proselitismo pela crença de se poder viver em outro mundo, mais além e acima de tudo, tanto em vida como após a morte, bastando para isso desapegar-se das coisas, das pessoas e dos prazeres mundanos com que nos identificamos, porque são perecíveis ou *"impermanentes"*, como se costuma a eles se referirem: *"o apego é a raiz do sofrimento"*, que leva o ser humano à insatisfação, mas que permite ao indivíduo que ele alcance um certo alívio e complacência servil, e alguns casos, uma bajulação insidiosa e sutil, ao imaginar que lhe é possível controlar, através do conhecimento, a implacabilidade dos processos naturais.

Este sonho de se perpetuar após a morte, alcançando a imortalidade, tem arregimentado uma legião de adeptos em todas as partes do mundo e em todas as épocas, com a necessidade imperiosa de crer, que lutam e rechaçam, de todas as formas possíveis e inimagináveis, qualquer intento de aclarar seu entendimento e despertar sua consciência para as verdades que envolvem a vida humana, para que não sejam libertados destes grilhões de submissão aos dogmas.

Esta resistência inveterada de agarrar-se às crenças, evitando substituir a sua fé no abstrato, que leva ao fanatismo, pela convicção advinda do conhecimento, deve-se, também, pelo conceito viral da *"não identificação com o erro"*, habilmente inoculado pelas religiões desde tempos imemoriais que, no meu entendimento, alcança o status de síndrome, que nada tem a ver com as teorias da Psicologia Analítica.

As crenças e os dogmas inculcados pelas religiões conseguiram, de um certo modo, fazer uso do temor como elemento de poder e dominação ao saciar os desejos pela imortalidade do homem comum, remetendo-lhe para o mais além da sua medíocre conduta consuetudinária: com seus costumes, suas tradições, culturas, visões de mundo e outros aspectos importantes da sua vida, reconhecidos e compartilhados pelo grupo social a que pertencia, o potencial de suas realizações, isto é, para depois da morte, em um Céu[35];

---

[35] **Céu** = um lugar sagrado da religião judaico-cristã, um tipo de vida após a morte pacífica, relacionada à imortalidade do espírito, no qual os piedosos, os bons, os crentes, os justos, os bem-aventurados e outros virtuosos podem conviver com Deus, com os anjos, os santos, gênios ou ancestrais venerados, num estado perfeito e natural de eterna existência.

um Jannah[36]; um Campos Elíseos[37]; ou Valhalla dos nórdicos; ou Örun da mitologia ioruba, do candomblé e de outras religiões de matrizes africanas, ou ainda, Ybymarã-e'yma (*"Terra sem Males"*) dos tupis-guaranis, ou o Paradesha (sânscrito: jardim supremo), ou outro lugar condicionalmente acessível após a morte pelos seres humanos que, frequentemente, demonstraram práticas virtuosas em suas ações cotidianas, ou facultando-lhes pela vontade de Deus, Jeová, Alá, ou como melhor convier ao leitor chamar, garantindo-lhe a imortalidade do seu espírito em um lugar de inefáveis prazeres e felicidade eterna.

Que esforços, dedicação e empenhos foram despendidos em sua vida comezinha e utilitária para atingir uma condição moral, ética e espiritual superiores, que justificassem a este homem comum ser recompensado por tamanhas benesses?

Simplesmente, a felicidade eterna! Quando muito, promoveu falsas ou temporárias mudanças no pensar e no sentir, com intuito de lhe ser auferido uma auréola ou um diploma de cidadão benemérito, muitas vezes, obtidos através de óbolos hipócritas visando indulgentes favores.

Estes fatores configuram um estado doentio, no qual o ser humano se vê sem forças para reagir, com todas as suas mais promissoras iniciativas bloqueadas pelo temor. Paralisado e à mercê das circunstâncias, sem condições de encontrar no seu interno defesas mentais que o impulsione para, pelo menos, reparar seus erros e corrigir sua conduta, o indivíduo passa a viver constantemente sobressaltado, amedrontado e hesitante, imaginando que a qualquer momento pode acontecer com ele o pior.

Essas crenças, ideologias estéreis, mitos, não serviram apenas para atender a interesses mesquinhos, impondo de maneira sutil e tirânica, costumes e ideias extremistas, mas também levaram a uma quebra na estratificação hierárquica social, pois provocaram um distanciamento e um isolamento no convívio entre os seres humanos, inclusive dentro do próprio grupo social em que estavam inseridos, tornando-se estranhos entre si, pois não tinham, nem sabiam como cultivar os vínculos de afeto, respeito, tolerância, paciência, afabilidade, naturalidade no trato, cortesia, altruísmo, solidariedade, desprendimento, modéstia, compaixão,

---

[36] **Jannah** = é a concepção islâmica do paraíso, o destino na vida após a morte, a recompensa para os mulçumanos fiéis e justos: o jardim da eternidade. Onde a água limpa e fresca flui continuamente, há deleite para quem bebe nos rios de leite, de vinho e de mel purificado, e húris (virgens) lindas de olhos amendoados. Onde as montanhas são feitas de almíscar e os vales de pérolas e rubis. Onde não há dor, nem tristeza, só alegria e prazer.

[37] **Campos Elíseos** = na mitologia grega, um lugar do mundo dos mortos, onde somente a alma dos homens virtuosos, heróis, santos, poetas e sacerdotes, repousavam dignamente após a morte, rodeados de paisagens verdes e floridas, dançando e divertindo-se noite e dia, uma terra paradisíaca de fartura onde os mortos esperavam passar a eternidade.

generosidade, e outros princípios éticos, imprescindíveis para consolidar a convivência humana. Portanto, se nos dedicarmos a buscar a causa de tanta adversidade, desventuras, tragédias, desgraças e desavenças; de tanta incompreensão, ignorância e inconsciência, e fizermos um levantamento através das épocas, percorrendo todos os períodos históricos, seguramente encontraremos a causa.

> [...] essa causa é a soma de todos os erros cometidos pelos seres humanos. Todos os males que os homens padeceram, padecem e padecerão, foram e sempre serão as consequências de seus próprios erros. (PECOTCHE, 2011, p. 248).

Poderíamos dizer que a crise de hoje não é mais do que o agravamento das crises provocadas pelos erros que reiteradamente todos os seres humanos vêm cometendo desde há muito tempo, isto é, uma sucessão de equívocos sobre o que significam os conceitos fundamentais da vida, os princípios básicos que regem os aspectos físico, psicológico, mental e espiritual que definem a nossa forma de pensar, sentir e conceber a vida, tais como os grandes princípios universais de respeito, bondade, dignidade, caridade, justiça, integridade, liberdade, igualdade, solidariedade, irmandade e outros.

Convém mencionar que a maioria dos livros, ditos religiosos, contendo estas crenças, dogmas, orações e textos ritualísticos, tais como a Bíblia cristã, o Alcorão[38], o Vedas[39], o Torah[40], e outras literaturas que serviram de base para o ordenamento jurídico de muitos povos e nações, codificando suas leis, valores e preceitos morais, regendo a ordem civil, penal e administrativa destas sociedades.

A mitologia da morte é algo que sempre inquietou a alma humana desde a antiguidade até os nossos dias. No pensamento corrente, a procura desesperada pela vida eterna tem sido a força motriz da natureza humana, oculta aos *"olhos clarividentes"* do homem moderno e tecnológico.

---

[38] **Alcorão** = livro sagrado que contém o código religioso, moral e político dos muçulmanos (islamismo), para os quais é a palavra literal de Deus (Alá) revelada ao profeta Maomé (Muhammad) ao longo de um período de 23 anos. A palavra **Alcorão** deriva do verbo árabe que significa declamar ou recitar; portanto, o **Alcorão** é algo que deve ser recitado.

[39] **Vedas** = escritura sagrada do hinduísmo, composta de 4 volumes escritos em sânscrito, formados por mantras que representam orações, encantamentos, fórmulas, rituais etc., compilados da tradição oral pelo sábio *Krishna Dvapayana*, por volta de 1.700 aEC, considerada a mais antiga literatura do tronco indo-iraniano, cruciais para a compreensão da linguística indo-europeia, cuja transliteração significa *"conhecimento"*. Existem mais 3 volumes complementares contendo explicações sobre os rituais e narrativas esotéricas, que fazem parte da literatura considerada como "revelação" pelos hindus. Dentre eles o *Upanishads*, que, junto com o *Mahabharata* e seu famoso poema *Baghavad Gita* são os mais conhecidos.

[40] **Torah** = traduzido do hebraico como *"instrução para o caminho"*, é um conjunto de textos sagrados do judaísmo, composto de 5 livros considerados como a Bíblia hebraica, que conta a história da criação do mundo até a entrada do povo judeu na terra de Israel. Descrito no judaísmo rabínico como *Chamishá Chumshei Torá* e chamado de Antigo Testamento pelos cristãos, e é um guia prático escrito a partir dos meados do 1° milênio aEC, levando alguns séculos para atingir sua atual forma canônica, contendo 613 mandamentos, que ensinam como os judeus devem agir em diversas situações do cotidiano.

Podemos comumente observar como o medo da morte impulsiona o ser humano na busca da imortalidade: a forma com que nos empenhamos em conquistar o sucesso pessoal e profissional, em tornar-nos celebridades, astros do esporte e em cantores famosos, ou em blogueiros e youtubers com milhões de seguidores, é uma estratégia velada de fugir da realidade e se tornar imortal, a própria continuidade linear da realeza e das dinastias foi e tem sido defendida, com unhas e dentes, pela aristocracia e as monarquias.

Vale ressaltar que, dentro da concepção darwiniana, a reprodução é a forma natural com que as espécies, vegetais e animais, buscam se perpetuarem, por se encontrarem interligados por rígidas relações de causalidade que excluem o acaso e a indeterminação.

A Epopeia de Gilgámeš descreve a saga deste herói mítico associada à imagens representativas que evidenciam o pensamento e o sentimento do homem mesopotâmico no momento histórico em que foi escrito, que possibilita ao investigador fazer uma releitura crítica da civilização que se desenvolveu na região das planícies entre rios, que corresponde aos territórios da Palestina, do norte da Síria e de grande parte do Iraque e Turquia, delimitada por valores e princípios culturais comuns e compartilhados pelos povos que ali se estabeleceram durante o período de 5.000 a 1.800 aEC, com suas definições, conceituações, comportamentos, organização social e crenças.

As diversas versões desta epopeia que foram encontradas na Antiga Mesopotâmia, muitas delas com lendas e poemas diferentes da originalmente escrita, *"Sha-naqba-īmuru"* (*Aquele que viu a profundeza*), inclusive adaptadas para outras línguas, permitiram conhecer as variações culturais e regionais destes povos surgidos ao longo deste período na Mesopotâmia, considerada o berço da civilização, através das suas trajetórias históricas, estabelecendo as variações cronológicas conceituais ocorridas nas esferas de influência familiar, social, política, militar, econômica e religiosa, bem como, através da análise da historiografia dos seus registros simbólicos e iconográficos que passaram a ter um caráter universal pela sua presença em várias tradições mitológicas dos inúmeros povos que os sucederam.

A releitura e ressignificação dos fatos ocorridos, muitos deles suavizados por um estilo de linguagem lúdica de hábeis escribas, reflete a intenção velada das estruturas de poder que se alternaram nos tronos da sociedade mesopotâmica para inculcar uma ideologia civilizatória condizente com os seus interesses.

A descoberta das tábuas de argila, em escrita cuneiforme suméria, acadiana, babilônica e em assíria, nos sítios arqueológicos da biblioteca de Assurbanipal, em Nívive, atual Mossul, no Iraque, contendo os poemas do mito da criação de *Enûma Eliš*, do Épico de Etana, da estória de dominação de Aratta por Enmerkar, e da maioria dos poemas da Epopeia de Gilgámeš, bem como de outros de seus fragmentos encontrados no sul da Mesopotâmia e das várias de suas cópias espalhadas em museus da Síria, Palestina e Anatólia, são exemplos dessa ideologia.

Estes registros provocaram grande impacto entre os pesquisadores unilaterais, historiadores e teólogos, pela enorme influência que a literatura e os mitos dos povos mesopotâmicos promoveram nas estórias que compuseram a cosmogonia das diversas civilizações que os sucederam.

Pode-se afirmar que esta literatura serviu de modelo para as narrativas mitopoéticas e religiosas, apropriadas por diversas civilizações para construírem seu universo particular de imagens representativas e simbólicas, que compuseram o ideário da cosmogonia dos sumérios, acádios, babilônicos, egípcios, assírios e caldeus, os quais deram formação às tradições persas, hititas, hurritas, semitas, românicas, minoicas, gregas, indostânicas, chinesas, e outras tantas, inclusive as dos olmecas, toltecas, teothihuacanos, astecas e maias; e dos nativos pré-colombianos andinos: mochicas, nazcas, tiahuanacanos, muíscas e incas; bem como nas crenças do tronco tupi-guarani da América do Sul.

> A antiga Mesopotâmia funcionou como uma espécie de laboratório experimental da civilização, testando, amiúde até destruí-las, muitas formas de religião, desde as personificações primitivas de forças naturais até o sacerdócio completo nos templos, e mesmo os primeiros movimentos do monoteísmo; uma ampla variedade de sistemas econômicos e de produção, desde sua própria versão de planejamento estatal e a direção centralizada até seu próprio estilo de privatização neoliberal; e ainda um sortimento de sistemas de governo, desde a democracia primitiva e a monarquia consultiva até a tirania implacável e expansionista. Quase cada um desses aspectos pode encontrar paralelos em traços similares observados em nossa história mais recente. Às vezes, é como se toda a história antiga tivesse servido de exercício simulado, de ensaio geral para a civilização que veio depois [...]. (KRIWACZEK, 2018, p. 26).

Como exemplo, uma estória semelhante, oriunda da tradição oral, de um dilúvio catastrófico e punitivo, de proporção mundial, está presente na maioria dos textos bíblicos das religiões que definem os valores e as crenças nas culturas dos povos que compuseram e compõem as grandes civilizações da humanidade.

Esta narrativa mítica é encontrada no Genesis da bíblia hebraica, no Antigo Testamento da Bíblia cristã, nos textos do Satapatha Brahmna dos Puranas hindus, que orientam tanto jainistas como budistas; da mitologia grega do Deucalião; dos mitos dos povos mesoamericanos. Porém, sob o ponto de vista dos conhecimentos atuais que compõem a geologia e a paleontologia, é inconcebível a hipótese de um dilúvio mundial.

Estes valores, símbolos, princípios éticos e morais, que deram forma às antigas mitologias e à idiossincrasia dos povos mesopotâmicos, caracterizaram toda uma ideologia civilizatória, desde a sua origem estabelecida na tradição oral, que se traduziram em um conjunto de normas sociais e leis para controlar, organizar e estipular direitos e deveres da população, registrados e outorgados pela monarquia sagrada e pela religião institucionalizada, e que influenciaram e inspiraram o princípio jurídico de diversas sociedades; passando pelas transformações sócio-políticas dos grupamentos humanos, provocadas pela força dos fatores que regeram o processo de urbanização, tais como: o autoritarismo, o descaso com a sustentabilidade, a opressão e os estamentos sociais; até as doutrinas socioeconômicas, que regem a sociedade que compõem as nações nos dias atuais, contrárias às práticas e princípios do estado de bem-estar social.

REIS SUMÉRIOS – DINASTIA DE KIŠ E UR

As primeiras obras da História, no sentido restrito da literatura que se tinha conhecimento, eram dois poemas atribuídos a Homero: a Ilíada e a Odisseia.

Levando-se em consideração a datação da literatura suméria de, aproximadamente, 2.100 anos aEC, como literatura sapiencial, pelos princípios morais, virtudes e valores requeridos para o homem mesopotâmico, contidos, entre outras, nas Instruções a Shuruppak e no próprio Épico de Gilgámeš, que tem desafiado a erudição acadêmica bíblica a resolver os conflitos que os fatos e as circunstâncias relatadas em sua literatura.

As pretensões históricas reivindicadas, contrastavam com as análises historiográficas das narrativas mais longevas sobre a origem da humanidade e do Cosmos, com diferenças significativas que levam um investigador sério e imparcial ao ponto de se questionar sobre a veracidade dos textos bíblicos, os quais se baseavam, principalmente, em seu ineditismo e, na única autoridade que inspirava seus sacerdotes, os seus dogmas, considerados por eles e os fiéis daquela doutrina como irrefutáveis, infalíveis, totalmente suficientes, dignos de confiança, e que não estão sujeitos a qualquer tipo de revisão ou crítica.

A literatura mesopotâmica não pode ser considerada como um registro histórico dado ao grande número de alterações, interpretações tendenciosas e ressignificações posteriores.

Das narrativas apresentadas, levando em consideração o gênero literário mítico utilizado, poucos detalhes nelas descritos podem ter um grau de veridicidade, e mesmo assim, se for analisada sob a ótica historiográfica, excluindo-se, criteriosamente, possíveis interesses ideológicos a eles associados, de justificar a união política no poder central, constituído de uma monarquia teocrática, legitimada pelas divindades.

> No curso de seus [mais de] dois milênios e meio, a tradição baseada na escrita cuneiforme inventou ou descobriu quase tudo que associamos à vida civilizada. Partindo de um mundo de aldeias neolíticas, de comunidades de agricultura de subsistência predominantemente autossuficientes e independentes, e terminando num mundo não só de cidades, de impérios e tecnologia e direito e sabedoria literária, porém ainda mais: com o que se chamou um sistema mundial, uma rede interligada de nações, comunicando-se e comercializando e lutando umas com as outras, essa tradição se espalhou por grande parte do globo. Foi essa a conquista dos escritores da escrita cuneiforme. [...]. Chamou-se a isso Revolução Urbana, embora a invenção de cidades tenha sido, na verdade, sua parte menos importante. Porém, com a cidade vieram o Estado centralizado, a hierarquia das classes sociais, a divisão do trabalho, a religião organizada, [...]. (KRIWACZEK, 2018, p. 23, 24).

Os poemas que compõem as epopeias mesopotâmicas têm um caráter literário, nos quais os reis civilizados recriam a realidade com a sua visão subjetiva de mundo, transfigurando o real, manipulando as narrativas épicas de suas realizações e pretensões políticas com uma linguagem conotativa, com ênfase na função imagética. Apresentam uma linguagem dualista, multissignificativa, isto é, ao mesmo tempo que têm o propósito de registrarem sagas para a posteridade, têm conotações religiosas: narrativas místicas, hinos de louvor e adoração aos deuses, rituais funerários, liturgias dos cultos às divindades tutelares, sob o viés do imaginário cosmogônico, pois como tudo que ocorria no cotidiano do homem mesopotâmico era devido aos deuses ou por vontade deles, configurando uma teologia difusa, porém, sem estar sustentada por dogmas.

> 1-5. En-me-barage-si, o rei,
> construiu o Iri-nannan no templo de Enlil.
> Aga, filho de En-me-barage-si, fez o Tummal florescer
> e trouxe Ninlil para o Tummal.
> Então o Tummal caiu em ruínas pela primeira vez.
> 6-10. Meš-Ane-pada
> construiu o Bur-šušua no templo de Enlil.
> Meš-ki.aĝa-nuna, filho de Meš-Ane-pada, fez o Tummal florescer
> e trouxe Ninlil para o Tummal.
> Então o Tummal caiu em ruínas pela segunda vez.
> 11-15. Gilgámeš
> construiu o Numunbura no santuário de Enlil.
> Ur-lugal, filho de Gilgámeš, fez o Tummal florescer
> e trouxe Ninlil para o Tummal.
> Então o Tummal caiu em ruínas pela terceira vez.
> 16-20. Nanni
> construiu o Jardim Lofty no templo de Enlil.
> Meš-ki-aṭ-Nanna, filho de Nanni, fez o Tummal florescer
> e trouxe Ninlil para o Tummal.
> Então o Tummal caiu em ruínas pela quarta vez.
> 21-25. Ur-Numma,
> Construiu o E-kur.
> Šhulgi, filho de Ur-Numma, fez o Tummal florescer
> e trouxe Ninlil para o Tummal.
> Então o Tummal caiu em ruínas pela quinta vez.
> 26-29. Desde o ano que Šu-Suen tornou-se rei,
> até o ano em que Ibbi-Suen,
> o rei escolheu Em-engal-ana como sumo sacerdote de Inanna de Uruk.
> Ninlil vinha regularmente ao Tummal.
> 30-31. Escrito de acordo com as palavras de Lu-Inanna,
> o principal escriba de Enlil.
> 32-33. Išbi-Erra, que cuida do E-kur,
> construiu o armazém de Enlil.
> Crônica de Tummal. (KARMER, 1963, p. 46).

Gilgámeš reinou sobre Uruk até 2.602 aEC, durante cinquenta anos, e após sua morte foi substituído pelo seu filho Ur-Nugal ou Ur-Lugal, embora se tenha pouca ou quase nenhuma referência com relação à sua família, e propriamente dito, à sua esposa e filhos.

Foram encontrados registros em 112 tábuas de argila, sob a forma de crônicas, de autoria do escriba babilônico Lu-Inanna, chamadas de *"A História de Tummal"*, contendo evidências sobre o filho de Gilgámeš, Ur-Nugal, nas escavações do sítio arqueológico do Templo Oval, dentro do qual foi encontrado o Tummal, o túmulo da consorte Nilil do deus Enlil, para o qual foi construído pelo rei Enmebaragesi, por volta do século XXVII aEC. Descoberto sob os escombros da mesquita de São Jorge (romanizado: *"Al-Nabī Jarjīs Mosque"*), erguida no século XII e destruída pelos jihadistas do Estado Islâmico, na região de Tutub ou Tuttub, localizada na cidade-Estado de Ešnuna, às margens do rio Diyala, afluente do rio Tigre, na Mesopotâmia Antiga, atualmente Tell Khafage ou Tell Khafajah, um distrito a leste de Bagdah, no Iraque.

Outra grande descoberta, que trouxe referências ao reinado de Gilgámeš, foi a do sitio arqueológico de Jalawlah, no Iraque, de um centro administrativo agrícola na foz do rio Narin, afluente do Diyala, da antiga cidade de Mê-Turan que, junto com Tell a-Sib e Tell Hadad, e outras cidades da região, fizeram parte do reino de Ešnuna, onde foram encontradas mais de 750 tábuas de argila, nas quais faz-se menção aos rituais fúnebres e cerimônias que ocorreram não somente em Uruk, mas em toda a região do Eufrates, por ocasião da morte desse soberano que, conforme as narrativas, o povo da cidade desviou as águas do rio na direção de Uruk para sepultar o rei morto em seu leito.

Tanto o sitio de Tell Khafadje como de Jalawlah, hoje, estão sob a proteção do Conselho Estadual de Antiguidades e Patrimônio (CEAP ou SBAH, sigla em inglês) do Iraque, que tem adotado medidas severas de proteção, acesso e preservação deste patrimônio milenar do Legado Mesopotâmico, que são testamenteiros de incomensuráveis valores históricos e culturais para a humanidade, pois permitem ao ser humano compreender, não apenas a sua origem, como também o seu processo de desenvolvimento ao longo da sua evolução e progresso, como a criação das tecnologias que sustentam a nossa sobrevivência e crescimento, como a escrita, a agricultura, a hidrologia, a engenharia, inclusive a arte, o vestuário e joalheria, entre outras.

> [...] a vulnerabilidade do homem não se limita a sua vida ou a sua integridade física, mas contempla também a sua identidade cultural, notadamente nos conflitos armados que apresentam caráter étnico ou religioso. [...] em inúmeros conflitos armados contemporâneos, a demolição não se limita às obras de arte ou aos monumentos históricos, mas atinge também as crenças, os saberes, as expressões e práticas culturais e espirituais, quer dizer elementos imateriais do patrimônio cultural de um povo. (ROBICHEZ, 2015, p. 122).

A dinastia de Gilgámeš esteve no trono de Uruk por quase 100 anos. Udul-Kalama filho de Ur-Nungal que reinou durante quinze anos, foi o monarca da primeira dinastia; Lā-bašer, durante nove anos; En-nun-thara-ana, sete anos; Mesḫ-he, o ferreiro, trinta e seis anos; Melem-ana, seis anos; e Lugal-ki.tum, que reinou durante trinta e seis anos, porém, a supremacia de Uruk sobre as demais cidades-Estado da Mesopotâmia se manteve até o ano de 2.563 aEC, quando foram derrotados por Meš-Anne-Pad-da, rei de Ur, filho de Meš-kalam-duḡ, soberano da cidade de Kiš.

Figura 34 – Placas e tigelas de ouro de A-ka-lan-duḡ e Meš-kalam-duḡ - Cemitério Real de Ur

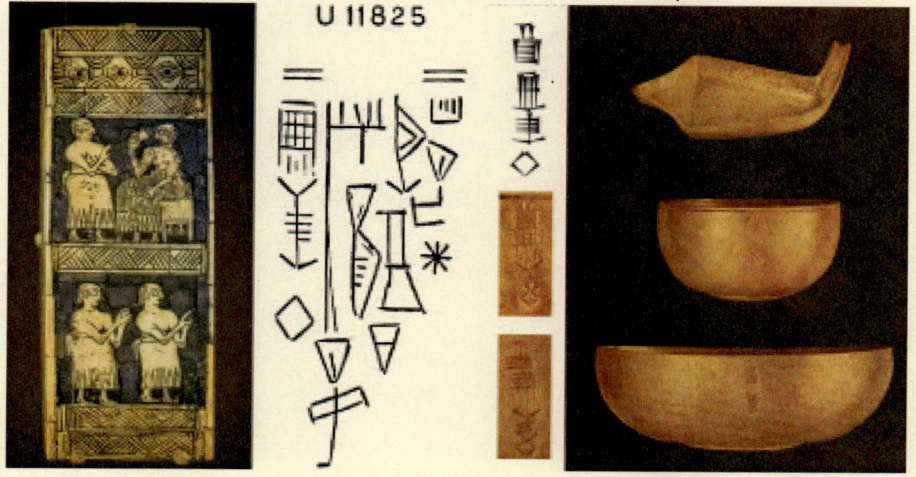

Fonte: expedição conjunta do Museu Britânico e Museu da Universidade da Pensilvania

Apesar de não constar da Lista de Reis da Suméria, foram encontradas tigelas, selos cilíndricos, um finíssimo capacete de guerra e diversos artefatos, nas escavações da tumba PG755 do sítio arqueológico no Iraque, considerado como o Cemitério Real de Ur, contendo inscrições identificando o esqueleto como sendo de Meš-ka-lam-dug, Lugal de Kiš e Patesi[41] de Ur. No túmulo, jazia um homem jovem, forte, com cerca de 1,70mts de altura, com idade inferior a 30 anos, por ocasião da sua morte. Outro rei que não consta da referida Lista foi A-ka-lan-duğ, cujo registro foi encontrado na tumba PG1332 daquele Cemitério, que pode ter sido o pai de Meš-ka-lam-duğ.

Figura 35 – Elmo de ouro de Meškalamduğ monarca da 1ª dinastia de Ur séc. XXVI aEC

Fonte: Museu Britânico, Londres (Akieboy)

Existem registros históricos de que Gilgámeš venceu diversos confrontos contra as cidades de Kiš e Ur, porém, ao final sucumbiu frente à força do poderio econômico, até então sem precedentes, de uma elite aris-

---

[41] **Patesi** (sumério: *"Senhor das Lavouras"*) = termo utilizado na Mesopotâmia para designar um governante ou chefe político-religioso de uma determinada região. Suas atribuições e posição social podem ser consideradas como as de um *"ensi"* ou *"lugal"*, um vice-rei na terra do deus patrono da cidade, e que tem a regência dentro do limite dos domínios dele.

tocrática que administrava as transações comerciais das vias terrestres que levavam à Alta Mesopotâmia, de onde provinham metais, pedras preciosas e madeira de qualidade, bem como das rotas marítimas do Golfo Pérsico, através do importante porto fluvial de Ur por onde passava toda a riqueza que chegava à Mesopotâmia.

As condições geográficas do sul da Mesopotâmia não ofereciam proteção natural à cobiça dos povos oriundos, principalmente, das regiões do Elão, de Ešnuna e Mari, sobre as riquezas produzidas pelo desenvolvimento sumério, obrigando, não só os sumérios, mas todos os povos mesopotâmicos a se armarem contra as tentativas de invasão e as lutas constantes, tanto entre as cidades-Estado, quanto contra conquistadores externos.

O poderio militar de Ur era constituído de uma muralha defensiva de tijolos cercando toda a cidade, e também de um exército profissional treinado, mantido permanentemente mobilizado, e uma indústria bélica artesanal estruturada com a fabricação de armas feitas de couro e metal, tais como: elmos, armaduras, lanças, espadas etc., todos remunerados pelo sistema de rações e de terras de subsistência.

Estes são os primeiros registros de uma relação promíscua na esfera político-administrativa, estabelecida entre grupos de mercadores e os de produção de bens manufaturados, e o Estado, visando o enriquecimento dos primeiros, baseado na intimidação, no temor e na extorsão para obtenção, para eles mesmos e para a oligarquia, dos espólios de guerra, com o maior sequestro possível de bens e propriedades dos povos conquistados.

O conceito militar da *"tática de terra arrasada"* era comumente utilizado, que consiste em destruir tudo que o inimigo possa usar em seu proveito quando se está em desvantagem e não se deseja combater, recuando covardemente, bem como desprezando e ofendendo os supostamente mais fracos quando se está em situação superior, que hoje são consideradas atitudes recrimináveis em tempo de guerra, impróprias para uma condição humana evoluída, oriundas de um tempo de barbárie que, infelizmente, ainda estão presentes em ambientes incultos da sociedade, frequentada por indivíduos que possuem as faculdades da inteligência e da sensibilidade viciadas pelo entrelaçamento psíquico da cobiça, da inveja, da intolerância, do orgulho e, sobretudo, do ressentimento e do rancor, que denunciam uma inferioridade moral.

Vale ressaltar que, até então, as vitórias nas batalhas entre as cidades-Estado, tinham o propósito de obter uma submissão política e econômica dos povos derrotados às ambições hegemônicas dos monarcas dominantes.

Desde este instante, em que foi estabelecida a necessidade de uma maximização do lucro, até os dias de hoje, abriu-se um sério precedente no corpo da tropa dos exércitos para a prática de saques e pilhagens, tratamentos degradantes e cruéis, estupros e torturas aplicadas aos inimigos conquistados em combate, que a história da humanidade está recheada da carne e do sangue de centenas de milhares de homens, mulheres e crianças, mortos e mutilados nos massacres brutais de povos e raças, sacrificados para saciar a usura, o egoísmo e a ambição de uma elite detentora dos meios de produção de riqueza que, apesar de possuir um aculturamento erudito, apresenta uma visão extremamente materialista de mundo, e cujas maiores preocupações, sempre foi garantir seus privilégios sociais e políticos, preservar suas propriedades, e manter uma supremacia econômica e hierárquica na estrutura da sociedade.

> Educar para a vida é considerar, como um de seus fins primordiais, o aperfeiçoamento de tudo quanto esteja compreendido na existência do ser humano, promovendo a eliminação das deficiências pela correção consciente dos erros, e despertando nos seres o afã de superação por força da natural aspiração de servir à humanidade em posições que permitam um maior e melhor aproveitamento das energias internas, dedicadas a obras de bem e de profundo sentido humano e espiritual. Para todos há um lugar na terra, desde que cada um saiba ocupá-lo com dignidade, sem desvirtuá-lo, sem pretender usurpar os direitos do semelhante enquanto acentua suas possibilidades de melhoramento individual. Só assim será possível haver paz entre os homens e chegar à eliminação dos perigos a que a vida está exposta quando a paz é alterada. (PECOTCHE, 2002, p. 166).

As estórias e seus personagens, com suas façanhas incríveis, mitológicas ou não, difundidas através da tradição oral, embalaram o imaginário da criança, do jovem e do adolescente mesopotâmico; ora forjando seu caráter, ora influenciando, inclusive, as gerações que os sucederam, formando uma base ética e moral para que o ser humano possa evoluir e conviver harmonicamente em sociedade.

Porém, quando as narrativas épicas são construídas habilmente envoltas em um *"manto de ouropéis"* de fatos históricos, aparentemente incontestáveis, com uma descrição heroicizada dos seus personagens, os quais, mesmo podendo declinar da missão, a enfrenta e cumpre com resolução em nome do seu pundonor militar, adotando versões que justificassem todas e quaisquer barbaridades associadas aos seus atos, normalmente fazendo apologia à virtudes facilmente identificáveis nas epopeias, tais como: uma bravura indômita, uma intrepidez que inspira os incautos e os aventureiros, coragem, virilidade e vigor, uma fidelidade incondicional, devotamento, obediência cega, subserviência, nacionalismo ufanista, que no fundo, levam em si, encapsulado e dissimulado em heroísmo, o gérmen da violência, que acaba por converter os jovens de um povo em *"buchas de canhão"*.

O homem mesopotâmico via nas guerras a oportunidade de sair do lugar comum de sua vida limitada para romper seu estamento social para se beneficiar dos direitos e deveres que o estrato subsequente ao que estava localizado permitia, e principalmente, por mais contraditório que possa parecer, rebelar-se contra seu destino, afastando-se da opacidade de uma degradação pela velhice que o levaria à uma morte obtusa, esquecida e difusa, para iniciar uma busca incansável pela imortalidade, conquistando, ao sobressair-se pela bravura demonstrada nos campos de batalha, uma posição de destaque naquele palco de confrontos que, ao seu entender, tinha uma significância histórica expressiva.

Embora seus corpos ensanguentados e mutilados acabavam por servir de moldura e relevo para as façanhas gloriosas dos monarcas, eram registradas por seus escribas em estelas comemorativas, contando para a posteridade, estórias épicas e gloriosas das vitórias por eles alcançadas.

A mitologia possui um caráter meramente ficcional, embora tenha, também, o propósito de consolidar os fatos históricos para que eles reverberassem para as gerações futuras, através de uma narrativa alegórica enaltecedora dos triunfos nas batalhas de um soberano que acreditava em alguma espécie de existência extrafísica da vida, refletindo a crença suméria na continuação da hierarquia social após a morte.

O nome de Jaan-na-Pad-da, filho de Meš-anne-Padda, está registrado em diversas tábuas de argila votivas, encontradas na tumba PG580 do Cemitério Real de Ur, como *"o soberano construtor do tempo dedicado à deusa Nihunsarḡ na cidade de Ur"*, a progenitora da maioria dos deuses, dos Annunakis, dos Iguigui e dos Utucus. Como seu bisavô, também não consta da Lista de Reis Sumérios e existem poucas referências com relação ao seu reinado.

Figura 36 – Tabuleta, Cone de Fundação e Adaga em ouro de A'an-na-pad-da - Cemitério Real de Ur

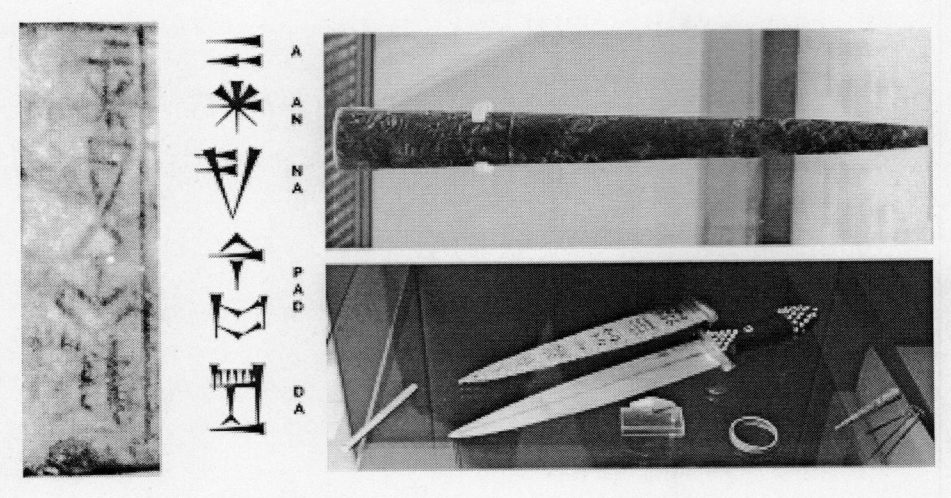

Fonte: Museu Britânico, Londres (BM90951)

Embora tenham sido identificadas muitas controvérsias nos registros cronológicos da Lista de Reis Sumérios, comparando-os com os encontrados nas tábuas datadas de sítios arqueológicos contemporâneos, A'anne-Padda teria governado de 2.523 a 2.484 aEC e foi sucedido pelo seu irmão Meš-ki.ang-Nunna, que reinou em Ur durante 36 anos, até 2.447 aEC, e após a morte do seu pai Meš-an-ne-Pad-da, acrescentou à sua nobiliarquia o título de Rei de Kiš.

Figura 37 – Inscrições com referências sobre A'an-na-pad-da descobertas em Tell Al-Ubaid

Fonte: Museu Britânico, Londres (BM116982)

Conforme já relatado, foi encontrada no sítio arqueológico de Nippur, uma tábua de argila com datação do período babilônico identificada como *"Crônica de Tummal"* ou *"Inscrição de Tummal"*, considerada um relato consolidado de outras tábuas mais antigas que se perderam no tempo, descrevendo a história do santuário de Tummal dedicado à deusa Ninlil, patrona daquela cidade e sua relação com as realizações dos reis que se sucederam no trono de Ur.

Figura 38 – Inscrição de Tummal – Crônicas da Babilônia escrita no reinado de Išbi-Erra

Fonte: Peabody Essex Museum, Salem, Massachusetts

Embora estes registros apresentem algumas contradições com relação ao parentesco dos monarcas ou mesmo das respectivas construções por eles empreendidas, possivelmente devido a tratar-se de cópias consolidadas por terceiros escribas, estas instruções têm servido de orientação cronológica para os historiadores.

Julgo que, a importância de se apresentar a sequência cronológica de ascensão aos tronos das cidades-Estado da Mesopotâmia e quais delas se tornaram, alternando-se em centros de poder, quer sejam por dinastias, por acordos ou por conquistas, está na ideia de orientar o leitor no processo do desenvolvimento que o pensamento humano teve até os dias de hoje, bem como a velocidade da sua estruturação e crescimento, bem como as condições psicológicas e os conhecimentos necessários para que os seres humanos possam ter capacidade para produzir um progresso em conformidade com os respectivos fatores de motivação que impulsionam a evolução das suas características que configuram a espécie humana.

Convém mencionar que o reinado de Meš-ki'aĝ-Nunna pode ser considerado como um ponto de inflexão na governança das cidades-Estado mesopotâmicas, no qual as elites palacianas, inclusive o próprio soberano, preocuparam-se em desenvolver as *"é-dubba's"* (escolas de aprendizagem da escrita cuneiforme) e disseminar, entre a alta classe da pirâmide social, constituída dos sacerdotes, aristocratas e militares, a arte da escrita (*sumério: namdubsar*), visando um melhor funcionamento da gestão destas cidades, em uma Mesopotâmia cada vez mais competitiva comercialmente. Com tal procedimento, a figura do rei militar começa a dar lugar à do rei instruído, dotado de conhecimentos e princípios éticos, que *a priori*, deveriam habilitá-lo a governar com maior justiça, misericórdia e sabedoria.

Eram ministrados estudos sobre a álgebra; agrimensura; matemática; geografia; mineralogia; zoologia; a confecção e o uso de uma farmacopeia de drogas diversas, com a identificação de diagnósticos e prognósticos das doenças mais comuns na medicina da época; além do aprendizado para elaboração de produções literárias que relatassem as inquietudes e anseios do homem mesopotâmico, a sua visão de mundo, e sua interpretação sobre o Cosmos, que iriam lhes permitir: abrir os olhos para uma realidade objetiva, entender, refletir, razoar, pensar, compreender e resolver problemas de ordem metafísica, até então, impossíveis de serem solucionados, em função da sua exígua capacidade mental discernitiva, ainda mais suprida por uma exacerbada imaginação fantasiosa, alimentada por mitologias, lendas, crenças, estórias mágico-sobrenaturais de cunho religioso e pseudo-teofanias.

Os temas abordados no currículo das *"edubbas"* abrangiam não somente as regras gramaticais, métricas e ortográficas; mas também a convenção estabelecida para as tipologias textuais; inclusive, aspectos importantíssimos sobre temas relacionados à gestão urbanística: legislativa, administrativa e financeira.

Tempos bons e tempos ruins se alternavam no cotidiano dos povos mesopotâmicos. Ora pela recompensa dos deuses devido a atos humanos meritórios, ora pela punição deles pelos crimes e faltas que desencadearam o castigo, ou ainda, por qualquer pecado cometido contra a ordem divina, estipulada e previamente acordada com a deidade patronal da cidade, respectivamente.

A economia dos povos mesopotâmicos estava sustentada pela produção agropastoril e horticultura. É importante ressaltar que não havia uma homogeneidade na distribuição de terras férteis na região da Mesopotâmia Antiga, isto é, o solo do Norte era árido e bastante acidentado. Ao Sul, uma planície aluvial banhada pelos rios Eufrates e Tigre. Em contrapartida, as chuvas decorrentes do derretimento das geleiras nas montanhas da Anatólia provocavam cheias nos rios e alagamentos dos pastos e lavouras, que requeriam vultuosos reinvestimentos para a recuperação dos muros de contenção, canais, poços e diques, para controle destas cheias, através de um sofisticado sistema de drenagem e irrigação.

O Estado era responsável direto pela condução e execução das obras públicas, amparadas na cobrança de tributos, subtraindo uma parte da colheita do manso senhorial[42], ou de arrendatários, ou ainda de corveias[43], bem como da implantação de um sistema de servidão coletiva na administração das atividades agrícolas.

Os habitantes da cidade de Ur se estabeleceram na região do Golfo Pérsico, oriundos do Norte da Mesopotâmia, e se desenvolveram através de uma extensa rede de comércio de longa distância de madeiras, metais e de pedras preciosas, que ia da costa da Arábia, próxima ao Bahrein, até Melukhkha (Makrán, no atual Paquistão), negociando, inclusive, com outras regiões da Península Arábica: a cornalina do Vale do rio Indo; o lápis-lazúli da província afegã do Badaquistão (região proto-persa); a prata da Turquia; o cobre de Omã; e o ouro do Egito, Núbia e Irã; além de outras mercadorias, como incensos, marfim, ébano, penas de avestruz e peles de leopardo.

Devido a posição estratégica do porto de Ur para a importação de metais preciosos, os monarcas que a governaram possuíam enorme riqueza demonstrada através da opulência dos artefatos encontrados nas tumbas reais do Cemitério de Ur, que lhes tornou possível acumular capital sufi-

---

[42] **Manso Servil** = é um sistema de divisão da produção agrícola muito utilizado no feudalismo durante a Idade Média, o qual foi utilizado pelos soberanos mesopotâmicos, destinando algumas de suas terras férteis para seus servos usarem e delas retirarem o sustento de sua família, mediante o pagamento de tributos ao soberano e dízimos aos deuses.

[43] **Corveia** = é uma obrigação devida pelos servos de pagarem tributos aos proprietários das terras férteis, prestando serviços, de duas a quatro dias da semana, na realização do plantio e da colheita no manso senhorial ou servil.

ciente para mobilizar uma bem-sucedida força de trabalho organizada para a construção de navios, de carruagens como material bélico, a manufatura de armamento de guerra, e a produção de bronze, ligas de cobre e outros metais duros, principalmente o latão.

Nas tumbas do Cemitério de Ur foram encontradas joias e artefatos confeccionados com técnicas específicas, que comprovam as relações comerciais indo-mesopotâmicas.

Foi encontrada no Cemitério de Ur uma luxuosa tumba "privativa", identificada com inscrições em sumério ("*nin*": deusa, "*eresh*": rainha) em selos cilíndricos com referências à rainha ou sacerdotisa Puabi, falecida com pouco mais de 40 anos. Presume-se que tenha sido consorte do rei Meš-ka-lam-dug, soberano da primeira dinastia de Ur, e que, após a morte precoce dele, ela tenha governado por conta própria, por direito de sangue, embora não conste da Lista dos Reis Sumérios, nem tenham sido encontrados quaisquer fundamentos históricos que justificasse como tal.

O renomado arqueólogo britânico Leonard Woolley que liderou as escavações na antiga cidade suméria de Ur, promovidas pelo Museu Britânico e pela Universidade da Pennsylvania, durante o período de 1922 a 1934, permitiu traçar a história de prosperidade e esplendor da cidade desde seus últimos dias durante o século IV aEC até os primórdios pré-históricos (4.000 aEC), revelando muito sobre o cotidiano, a arte, arquitetura, literatura, governo e religião daquele período, com ênfase na prática do enterro sacrificial da comitiva pessoal de um rei falecido. A história da descoberta da tumba sepulcral desta figura enigmática de grandes habilidades políticas, conhecida por sua beleza e elegância, que desempenhou um papel principalíssimo na sociedade suméria, é um dos episódios mais fascinantes da Antiguidade, pois permitiu entender melhor os conceitos que norteavam a vida no universo mesopotâmico.

Sua tumba continha magníficos objetos pessoais: diademas, anéis, pulseiras e colares de lápis-lazúli, cornalina e outras pedras semipreciosas, fabricados usando técnicas de ourivesaria sofisticadas; uma lira decorada com uma cabeça de touro dourada; uma carruagem adornada com cabeças de leoas em prata; e várias baixelas de ouro e prata; demonstrando pompa e riqueza, parecendo desfrutar de uma posição social privilegiada na elite daquela cidade, porém, sem referências a quaisquer relações de parentesco com algum monarca, marido ou divindade.

Figura 39 – Adornos encontrados na tumba da rainha Puabi no Cemitério de Ur

Fonte: Museu Britânico, Londres

Junto à rainha Puabi, na mesma sepultura, apelidado de *"O Grande Poço da Morte"*, foram encontrados, também, os esqueletos de 42 atendentes, entre servos pessoais e criadas, além de quatro mulheres harpistas e seis soldados, com sinais de suicídio coletivo, a maioria por envenenamento, alguns sacrificados de forma violenta, com traumatismo contuso causado por ferramenta pontiaguda e pesada.

Vale ressaltar que foram encontrados, também, resíduos de vapor de mercúrio, possivelmente utilizado para retardar a decomposição dos corpos, de forma a atender o tempo necessário para a realização dos ritos funerários.

Se considerarmos que o vestuário é uma forma de expressão coletiva, que reflete o conjunto de fatores comportamentais, sociais, políticos e religiosos de um certo grupamento humano, através dos quais se pode fazer uma leitura do pensamento simbólico identitário dos estratos que compõem a estrutura e a historicidade deste grupo através das épocas, vale ressaltar o claro anacronismo entre a vestimenta (*"gaunaca"*) representada nos selos cilíndricos, normalmente utilizada pelos cidadãos das cidades mesopotâmicas, totalmente desprovida de características estéticas e sem uma grande variedade de materiais para a sua confecção, e o nível de sofisticação dos adereços de cabeça e outros artefatos encontrados na tumba da rainha Puabi que não se integram para formar uma linguagem de pertencimento cultural, nem temporal, ao mesmo grupo social, não só pelas funções básicas que a indumentária desempenha, como também, pela transmissão da informação sobre quem são e o que pensam.

Retornando ao período em que os monarcas da cidade-Estado de Ur tinham supremacia sobre as demais cidades da Mesopotâmia, pode-se observar que a literacia dos dois soberanos sucessores na dinastia de Meš-ki.aĝ-Nunna, E-lu-lu (Elili ou, possivelmente, Elilina, rei de Ur, construtor do zigurate de Abzu para Enki e pai do rei Enšakušanna de Uruk) e Balulu, permitiu que reinassem por mais de 60 anos no trono de Ur e Kiš, até que no ano de 2.393 aEC, este último foi destronado, em batalha, por Eannatum da cidade de Lagaš.

No reinado de E-lu-lu (2.454 - 2.429 aEC) de Ur, seu filho Enšakušanna destronou o monarca Urzage, sucessor de Meš-ka-lam-dug no trono de Uruk, e assumiu o poder no sul da Mesopotâmia. Seu governo foi amplamente caracterizado por campanhas militares vitoriosas sobre as cidades-Estado de Kish, Nippur, Akkad e Hamazi. Ele adotou o título sumério "ki-en-gi lugal kalam" (sumério = Senhor da Suméria e Rei de toda a terra), e, após a morte de seu pai, se autodesignou como "Lugal ki-en-gi ki-uri" (sumério = Rei da Suméria e Akkad), que o levaram a reivindicar a hegemonia política sobre toda a Suméria e a Mesopotâmia. Embora Lugal-Kiniše-dudu, filho de Enšakušanna tenha firmado um acordo de cooperação militar com Lugal-Sha-engur, soberano de Lagaš, na guerra contra Umma, mantendo a soberania da dinastia em Uruk, Lugal-kisalsi, seu filho, foi derrotado em batalha, sucumbindo frente a invasão elamita.

REIS SUMÉRIOS – DINASTIA DE LAGAŠ

Lagaš (*sumério: SHIR.BUR.LA.ki*) foi uma das cidades-Estado da Suméria, suserana de Kiš, que mantinha neste período o domínio na região Sul da Mesopotâmia. Sua posição estratégica e privilegiada, às margens do Canal que banhava a planície de Abad Gu'edenna, e que desaguava no Golfo Pérsico, trouxe uma prosperidade repentina para a cidade, que a tornou muito poderosa, além de fomentar a ambição e o desejo de usurpação das cidades vizinhas.

Mapa 8 – As lutas pela hegemonia de Lagaŝ no Sul da Mesopotâmia

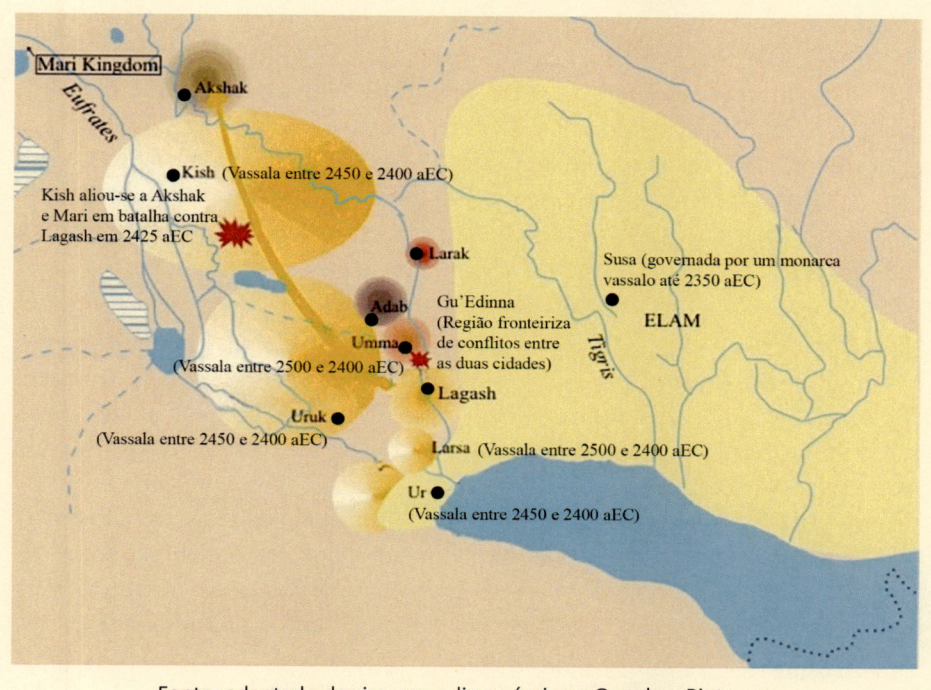

Fonte: adaptado das imagens disponíveis no Google e Pinterest

Mesmo suserana, o domínio de Lagaŝ (atual Tell Al-Hiba, no Iraque) se estendia à noroeste até Girsu (atual Telloh); ao sul até Ninna (atual Surghul), incluindo Nigin, Uruazagga e Erim; que tinham em Girsu o centro religioso do estado no Templo de E-ninnu, dedicado ao deus Ninĝirsu, associado às guerras, à agricultura e à cura de doentes, protegendo e afastando os demônios responsáveis pela doença. Porém, havia uma zona de plantio de cereais, na planície de Abad Gu'edenna (Gu-Edin), fronteiriça às cidades de Lagaŝ e Umma, cujo controle das terras e uso das águas do canal que as atravessava foi o motivo das constantes disputas entre estas cidades, sendo de vital importância para o desenvolvimento e a subsistência delas.

Geralmente as primeiras cidades da Suméria eram governadas por um Conselho de Anciões, que por sua vez, estava subordinado ao governador da *"província"*, que também atuava como um sumo-sacerdote, uma democracia primitiva.

Com o passar do tempo, estes líderes tribais se tornaram príncipes e eram considerados como vice regentes na Terra, representantes diretos do deus patrono da cidade.

En-hegal é considerado pelos historiadores como o primeiro soberano de Lagaš constituído naquela cidade-Estado da Suméria que se tem referências, através do registro em uma tábua de argila de uma transação comercial de compra e venda de terras, conhecido como *"Tábua de En-hegal"*, por ocasião de 2.550 aEC, quando este monarca assumiu o trono da cidade, ainda como *"ensi"* (governador e sumo sacerdote) de Lagaš. Ele e seu filho Lugal-Scha-engur, nesta época, ainda, rendiam tributos ao rei Meš-anne-Padda de Ur.

Embora os arqueólogos não tenham concordância sobre a transliteração dos registros cuneiformes em tábuas encontradas nos sítios arqueológicos de Girsu, se existiu ou não um monarca em Ur, com o nome de Misilim, por volta de 2.500 aEC, ou se os escritos se referem ao próprio Meš-anne-Padda, ainda é uma incógnita, o importante é ressaltar que, a partir dos soberanos literatas, as batalhas ocorridas entre as cidades por discordâncias sobre os limites das terras férteis para plantio ou direitos de irrigação, que lhes competiam, começaram por não terminarem em chacinas ou banhos de sangue.

Tratados, juramento de vassalagem e outras alianças foram pactuados, e o primeiro registro que se tem destes acordos, descobertos até então, refere-se à *"Prego de Entemena"*, celebrada entre os príncipes Lugal-Sche-ungur, que sucedeu En-hegal no trono de Lagash, e Il de Umma, mediado pelo então soberano de Ur, Meš-anne-Padda.

O *"Cone de Entemena"* é um cilindro em excelentes condições, de formato particular, com um padrão de rede na parte inferior, que não só descreve toda a estória da primeira contenda e suas razões, bem como o registro do evento fundacional que estabeleceu a fronteira entre estas duas cidades. O conteúdo textual é semelhante ao segundo *"Cilindro Líquido de Entemena"* que descreve o conflito.

Embora tenha sido confeccionado por volta de 2.400 aEC, isto é, quase 100 anos após a ocorrência dos fatos nele relatados, o *"Cone de Entemena"* é o registro mais antigo da primeira tentativa diplomática, na história da humanidade, descoberta até então, de pôr fim a um período arcaico de superstições, barbáries e crueldades primitivas que, durante milênios, ocorreram na Mesopotâmia decorrentes de conflitos e guerras entre as cidades-Estado pelo domínio e supremacia regional, com o propósito de alterar a organização social e política dos povos sumérios, promovendo a ascensão de um monarca literato em contraposição à postura expansionista vigente dos monarcas de caráter militarista, e sonhos marciais e de poder.

Figura 40 – Cone de Entemena e o Prego da Aliança entre Lagaš e Umma

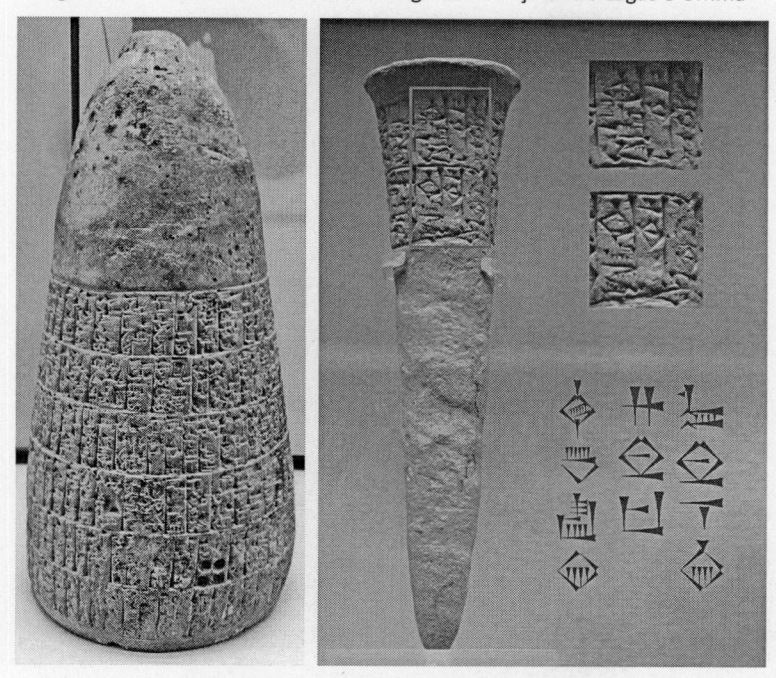

Fonte: Museu do Louvre, Paris (Sala 236 Referência AO 3004)

O *"Cone Volitivo"*, que Lugal-Sha-engur dedicou ao deus Enlil no Templo de Emus, em Uruk, é o primeiro pacto de aliança conhecido, firmado entre este *"patesi"* de Lagaš e Lugal-Kiniše-dudu, soberano daquela cidade, para realizarem uma campanha militar contra Il, o governador de Umma.

As forças combinadas das tropas de Lagaš e Uruk trouxeram uma derrota esmagadora ao exército de Umma que, durante muito tempo, conteve a rebeldia desta cidade e dos soberanos que sucederam a Il, através de ações coercitivas que reprimiram seus anseios de conquistas e dominação.

> "Ele (Il, governador de Umma),
> desviou a água do canal de fronteira de Ninĝirsu
> e do canal de fronteira de Nanše. [...]

Quando por causa desses canais,
Entemena, o governador de Lagaš,
enviou enviados para Il.
Il, o governador de Umma,
que rouba campos (e) fala mal, declarou:
O canal de Ninĝirsu (e) o canal de fronteira de Nanše são meus!
Vou mudar o dique de fronteira
de Antasura para Edimgalabzu!
Mas Enlil (e) Ninhursaĝ não deu a ele. [...]
Il foi derrotado por Entemena
que se aliou ao Lugal-kiniše-dudu de Uruk para derrotá-lo. [...]
Mesilim, rei de Kiš, ao comando de Ištaran,
mediu o campo e montou uma estela lá."
(SOLLBERG, 1962, p. 40-47).

Figura 41 – Cilindro Líquido de Entemena, conflito que restabeleceu a hegemonia de Lagaš

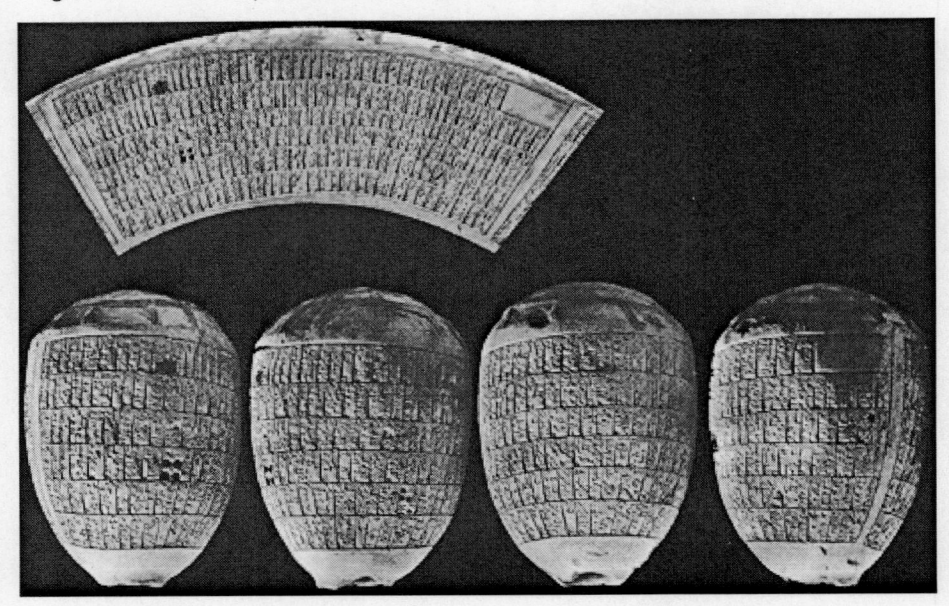

Fonte: Yale Babylonian Collection, New Haven, Connecticut (CDLI P222533)

Durante este período houve uma ascendência gradual da monarquia absolutista sobre a monarquia ungida, colocando o trono acima do templo.

O soberano promovia as guerras a partir do seu próprio interesse, organizava os exércitos, ordenava a aquisição e a manutenção da tropa e do material bélico, tais como: carruagens, lanças, espadas, machados e outros instrumentos para combate, e por sua vez, concentrava a sua administração sobre o espólio obtido nas batalhas em que foi vencedor, ou no controle e uso dos impostos e tributos decorrentes dos acordos firmados.

A literacia emergente dos monarcas mesopotâmicos não agradou as elites administrativas das cidades-Estado: sacerdotes, militares, nobres, grandes proprietários, comerciantes, artesãos, ou quaisquer responsáveis ou envolvidos na produção de bens específicos, no caso, armas e alimentos, pois os lucros pessoais obtidos através dos saques das cidades invadidas, como a conquista de campos cultivados, despojos de alimentos, de armas, matérias-primas e de mão-de-obra escrava, ainda que manchados pela crueldade e torturas com que os derrotados eram tratados, eram muito maiores que aqueles pagos pelo soberano na aquisição dos respectivos materiais e equipamentos necessários para empreender e manutenir as batalhas, ainda que todos devessem obediência absoluta aos seus desejos e interesses.

A guerra tinha incentivos econômicos atraentes, e aos poucos as elites e o clero começaram a pressionar os monarcas para disputarem entre si a hegemonia de uma região, dando origem a intrigas palacianas e intenções de usurpação dos tronos.

Durante muito tempo, a vontade dos deuses patronos da cidade-Estado foram a justificativa para que os monarcas militares, dando vazão aos seus desejos de cobiça, de ambição e de poder, levassem os seus súditos à guerra, com a condescendência, submissão e a efetiva participação deles nas lutas, que na realidade, tinham o único propósito de expandir o domínio e os territórios do seu rei e de seus "deuses". Esta foi a justificativa para que os soberanos literatos promulgassem suas leis, tratados e acordos de suserania com outras cidades para suspender, ainda que temporariamente, a carnificina, o derramamento de sangue e o terror dos saques ocorridos nas lutas travadas entre as cidades da Mesopotâmia, e que também tinham a anuência plena dos combatentes, tanto de sua cidade, como, logicamente, da cidade inimiga derrotada.

Em compensação, os monarcas, vangloriando suas divindades que os levaram à vitória, usavam os rendimentos para construir novos templos nas terras invadidas ou restaurar os antigos, agora, em honra aos deuses vitoriosos, e os subjugados em batalha passavam a render culto à nova deidade.

A elite mesopotâmica ocupava os altos cargos públicos e exercia o controle e poderio, sub-repticiamente aos olhos dos soberanos, sobre a riqueza e o poder das cidades-Estado, explorando as castas menos privilegiadas e o trabalho escravo. Com as guerras, suas riquezas e privilégios aumentavam, e com elas o estamento social e o distanciamento entre a plebe ignara e a aristocracia letrada.

Como artimanha, tornava-se importante insuflar na mente do homem comum a imagem de herói do monarca militar, em torno da qual eram exigidos a sua submissão para a produção de armas, na convocação de soldados e adesão às suas ideias e interesses, bem como era imprescindível *"financiar"* sucessivas *"cruzadas"* com intuito de divulgar o culto aos deuses patronos para todas as direções da Mesopotâmia, construindo templos nos territórios conquistados.

E, assim, tanto os soberanos como os *"deuses"* expandiam seus territórios e domínio sobre as novas rotas comerciais, garantindo a prosperidade e a longevidade de um reinado, ou a durabilidade e o êxito das dinastias, quer sejam reais, clericais ou aristocráticas.

Poucos são os registros sobre o reinado de Lugal-Ša-engur. Foram encontrados no sítio arqueológico de Tell Telloh, no distrito de Dhi Qar, Iraque, tábuas votivas dedicadas a Ninĝirsu, deus do furacão, patrono da cidade-Estado, contendo referências diretas ao *"ensi"* (governador ou príncipe) Lugal-Ša-engur de Lagaš, vassalo de Meš-anne-Padda, soberano de Ur, como oferenda e louvor à divindade tutelar daquela cidade. Aspectos particulares de sua vida e morte são obscuros, salvo que Ur-Nanše, que o sucedeu a partir de 2.494 aEC.

Figura 42 – Inscrição sobre Lugal-sha-engur, ensi de Lagaš sob o domínio de Ur

Fonte: Museu do Louvre, Paris (AO221)

Com a morte de Mês-anne-padda em 2.523 aEC, A'anne-Padda, seu filho, assume o trono de Kiš e Ur, e embora tanto Ur-Nanše de Lagaš como Pabilgagaltuku (Pabilgešgaltuku) de Umma, ainda lhe rendessem em vassalagem, as relações diplomáticas harmoniosas entre estas cidades e a tentativa de uma comunicação clara e precisa dos seus objetivos e limites voltaram a ficar tensas e conflitantes, e os pensamentos de uma possibilidade de confronto voltaram a se manifestar de forma acentuada.

Com a alfabetização e letramento das cortes palacianas de Lagaš, os seus governantes literatos, que adotavam a posição de investir na construção de grandes obras públicas para materializar o seu legado e poder, tiveram que, sucessivamente, se envolver em batalhas para defender a cidade da ambição e das tentativas de usurpação de Umma.

Ur-Nanše descendente da aristocracia instruída e formada nas edduba's, não era da linhagem real, pois em seus registros refere-se a seu pai e sua mãe como Gu-NI.DU e Gurmu, oriundos do distrito de Gursar, sem o usual título da realeza, que normalmente deveria acompanhar seus nomes, caso assim o fossem. Seu nome é derivado da deusa Nanše, deusa suméria da justiça social, da fertilidade, da água doce, pássaros e dos peixes, e também associada à adivinhação e à interpretação dos sonhos.

Ur-Nanše é considerado pelos historiadores como o fundador da primeira dinastia da Lagaš, devido às suas inúmeras realizações descritas nas inscrições encontradas em tábuas de argila no sítio arqueológico de Girsu, entre elas, a construção de uma muralha defensiva reforçada em torno da cidade que, devido ser fabricada de tijolos de barro, não tinha a capacidade de deter invasores.

O rei, forçado pelas circunstâncias, aumentou o efetivo e reestruturou *o exército para* protegê-la de ataques inimigos. Abandonando suas funções de caráter religioso como *"sennu"* (sacerdote) do templo do deus Ninĝirsu ou mesmo civil como *"ensi"* de Lagaš, Ur-Nanše, durante os primeiros anos da sua administração, empreendeu campanhas militares contra a cidade de Umma que terminaram por derrotá-la em batalha, capturando e sacrificando Pabilgagaltuku, o governador desta cidade, e submetendo-a às condições de vassalagem.

A partir desta vitória militar, Ur-Nanše proclama a independência de Lagaš e rompe sua subserviência à A'anne-Padda, monarca de Kiš e Ur, e adota a designação de *"Lugal"* na titularia real, que lhe conferia o poder de administrar, inclusive, o patrimônio e os territórios da deidade patrona da cidade, porém, lá estava a classe sacerdotal para dar sua anuência (ou, neste caso, submissão), isto é, *"a unção de Nanše"*, conforme registros encontrados em Tell Telloh.

"Há perfeição na presença da Senhora.
Lagaš prospera em abundância na presença de Nanše.
Ela escolheu o "šennu" em seu coração sagrado
e fez Ur-Nanše, o amado senhor de Lagaš,
sentar no trono.
Ela deu o cetro elevado ao pastor."
(Hymn to Nanše) ETCSL, 2003, translation 4.14.1A.

Esta consolidação da estrutura política e militar estabelecida pelo, a partir do então Lugal Ur-Nanše, e econômica, também, obtida do espólio de guerra conquistado na batalha contra Umma, proporcionou à Lagaš um amplo período de estabilidade, em que este governante colocou todo seu empenho e esforços na realização de projetos de construção e reformas de templos e canais de irrigação em toda a região sob o seu domínio, que como o tempo, veio a se tornar a capital do Sul da Suméria.

Lagaš acumulou, também, muitas riquezas, aproveitando sua localização estratégica, pois através do porto da cidade de Gu'abba, era possível buscar matérias-primas escassas no Sul da Mesopotâmia, transportando por barcos, tipo *"Meluhhan"* (sumério = *"megillum"*), construídos especialmente para navegação de cabotagem, o marfim, pérolas e madeiras nobres para os tetos e adornos dos palácios, da região de Dilmun, na costa adjacente da Arábia Oriental do Golfo Pérsico, usando o atual porto de Qal'at al-Bahrain, onde era, também, comercializada a prata, o cobre e o diorito que vinham das minas da região de Magan (Makkan), território que, atualmente, abrange os Emirados Árabes e a costa de Omã.

Através do Estreito de Ormuz, navegavam margeando as províncias elamitas de Anšan, Zahara, Bašimi e Šerihum, para alcançar as regiões montanhosas de Marhašshi e Meluhha próximas às cidades de Lothal, Mohenjo Daro, Harappa e Mehrgarth, do Vale do Indo, donde se importava, principalmente, o ouro e o óleo de gergelim (sumério = "ilu"), usado como especiaria na culinária do Oriente Médio.

Partindo de Lagaš, por via terrestre, através das províncias de Awan, Sumurrum e Lulibi, do Reino de Elão, para alcançar a Rota da Seda era necessário cruzar os Montes Zagros, através das províncias de Hidari, Susiana e Shimaški, acessar o deserto iraniano Dasht-e-Loot (persa = deserto do vazio) em busca do lápis-lazúli das minas de Sar-i-Sang, no distrito de Kuran Wa Munjan (norte do Afeganistão) e outras minas na província do atual Badakhšán, nordeste do Afeganistão.

Mapa 9 – Território elamita por volta do séc. IV aEC com suas províncias e a capital em Susa

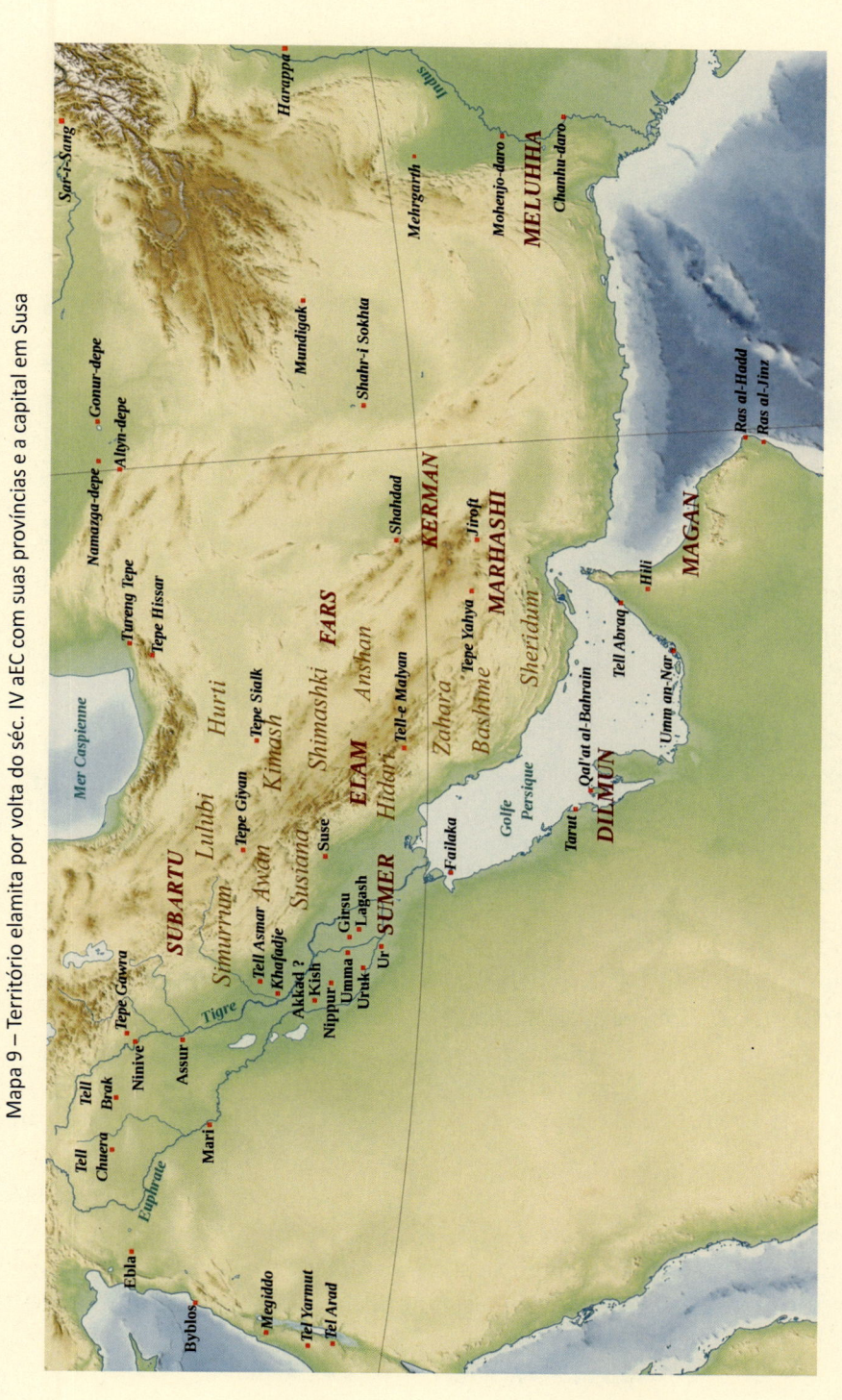

Fonte: Wikipédia Articles (Civilização Proto-elamita 3.200-2.700 aEC)

Grande parte dos historiadores conceituados se revessam na afirmação de que, com a rápida prosperidade de Lagaš, a cidade se tornou poderosa e agressiva, e após uma sucessão de governantes enérgicos, se tornou uma metrópole da antiga Babilônia. Estas afirmações são conflitantes com as impressionantes realizações sociais promovidas por Ur-Nanše, durante o seu reinado de 29 anos.

As dimensões e os propósitos de proteção e de melhoramento da qualidade de vida e do bem-estar da população das cidades que compunham o Estado de Lagaš, associados ao planejamento estruturado do cultivo agrícola visando excedentes nas colheitas, necessários para o escambo por outros produtos escassos na região, caracterizava uma política governamental de desenvolvimento de obras públicas, empreendidas durante o reinado de Ur-Nanše que, aparentemente, não denotavam quaisquer intenções militares de conquistas e expansão territorial que este soberano pudesse alentar em suas pretensões.

Inevitavelmente, Ur-Nanše para implementar seu grandioso plano de governo e para fazer jus ao seu poder político teocrático, passa a se apropriar de parte dos estoques dos templos, arrecadados através de oferendas, dívidas e espólios de batalhas *conquistados pela deidade tutelar da cidade*, Ninĝirsu, deus da guerra, pois considerados, até então, devido ao caráter antropomórfico e causal associado às divindades mesopotâmicas, de propriedade *delas* e, portanto, de uso exclusivo da classe sacerdotal.

Em contrapartida, para atenuar a *"indignação dos deuses"*, o Lugal Ur-Nanše incluiu no escopo dos seus projetos de construção, que estava sendo desenvolvido, as edificações do templo de E-Sirara para a deusa Nanše, em Ninna; a restauração dos Templos de E-ninnu, em Girsu, dedicados à Ninĝirsu e sua divina esposa Baba (Nintinugga, Ninisina ou Bau), deusa da cura, cultuada no Sul da Mesopotâmia; do E-Ibgal para Inanna, em Lagaš; do Templo para Geshtinanna (*"videira celestial"*), deusa da interpretação dos sonhos; e do Templo para Ĝatumdug (*"A Mãe de Lagaš"*), nos quais, além dos rituais volitivos, a vida política e econômica das cidades se concentravam.

As obras empreendidas por Ur-Nanše não se resumiram em apenas uma muralha reforçada em torno da cidade de Lagaš; mas a uma rede de nove canais de irrigação dotados com diques, comportas, reservatórios e eclusas impermeáveis com betume, que não só permitiam o controle das enchentes do Tigre e do Eufrates, provocadas pelo desgelo nas montanhas da Anatólia e das chuvas torrenciais, mas também, visavam uma maior eficiência no aproveitamento das águas na agricultura, assim como permitiam a navegação comercial de barcos de pequeno e médio calado para o transporte de mercadorias entre as diversas regiões que compunham a cidade-Estado.

Além da construção dos templos e santuários, já mencionados anteriormente, que difundiram amplamente o culto à Ninĝirsu no Sul da Mesopotâmia, foi edificado, também, um grande celeiro, já prevendo um excedente da produção nas colheitas a ser oferecido ao panteão das divindades lagashitas.

Convém mencionar que, a condição do governante na monarquia sagrada como representante direto do deus patrono da cidade na Terra, *a priori*, converteria todas as obras construídas pelo rei em bens patrimoniais privativos do deus tutelar de Lagaš, sob a gestão dos sacerdotes do templo a ele dedicado.

Em vez disso, o aculturado Ur-Nanše põe em prática todos os conhecimentos adquiridos nas *edduba's* para administrar o crescimento econômico de Lagaš, colocando-o em prol da sua força de trabalho, não somente mobilizando-a na quantidade e na qualificação do pessoal (mestres-de-obras, artesãos, pedreiros, pintores, tecelões etc.), e dos materiais necessários para as diversas obras, de grande porte, que estavam sendo, simultaneamente, executadas em vários distritos.

Definiu, também, a remuneração *adequada* do trabalho despendido, proporcionalmente aos esforços e à produtividade para realizá-los através da distribuição *das* rações de alimentos, cerveja, vestuário e moradia necessárias à subsistência de todos envolvidos na construção dos projetos.

Julgo importante ressaltar a organização social e, também, a familiar, na medida que o trabalho artesanal é desenvolvido neste ambiente, ambas necessárias para desenvolverem um empreendimento de tal magnitude, que requereu do governante um planejamento estrutural dos diversos grupos que compunham a sociedade de Lagaš: os militares, os comerciantes, camponeses, os pequenos artesãos e os *"serviçais"*, todos mobilizados, estimulados, direcionados e comprometidos com o resultado destes projetos, que beneficiaria a todas as camadas daqueles grupos sociais.

Para alcançar no seu objetivo final, no cotidiano, durante a sua execução, sem que a força de trabalho fosse submetida ao controle ditatorial à dominação tirânica e opressora, à peonagem, à exploração dos menos favorecidos pelas castas privilegiadas, determinadas pela função econômica exercida por um indivíduo ou por uma elite aristocrática-sacerdotal, para implementar um sistema escravocrata na divisão social do trabalho, pela primeira vez na humanidade, com o simples propósito de monopolizarem o poder, a riqueza, e a perpetuação dinástica, tão comuns nos povos mesopotâmicos.

Um outro aspecto conflitante sobre a posição beligerante da dinastia de Ur-Nanše, alegada pelos historiadores, são as placas de pedra calcária T4, T5, T6 e T7 encontradas no sitio arqueológico de Tell Telloh, nas quais este governante busca enfatizar sua ancestralidade e, em todas elas, a sua imagem, de um soberano altivo (em posição ereta e altiva), participativo (carregando sobre a própria cabeça uma cesta com argamassa para os tijolos que seriam usados nas construções), e grande empreendedor pela edificação de obras monumentais realizadas para a posteridade (os textos se referem aos templos, canais de irrigação, santuários e celeiros por ele construídos ou restaurados, além de estátuas colossais esculpidas).

Figura 43 – Placas votivas sobre Ur-Nanše, sua família e dignitários dedicadas a Ninĝirsu

Fonte: Museu do Louvre, Paris AO2344 (Gary Todd e Marie-Lan Nguyen)

Na tábua T4, Ur-Nanše se apresenta como um rei exemplar, com sua esposa Áb-šu-tur ("Áb-da") à frente da sua família, acompanhada dos seus sete filhos: Lugalezen, Anikurra, Mukurmushta, Anunpad, Menusud, Addatun e Akurgal, os quais, todos em posição votiva, com os nomes afixados sob a respectiva figura, com a designação *"filho"* (sumério = *dummu*), o que denotaria uma condescendência com as ações tomadas pelo seu pai e uma subserviência à vontade do soberano.

O ato de retratar a sua família, relacionando, em sequência, a esposa e os seus filhos, pode ser interpretado como uma forma de firmar, para o grupo social lagashita, o compromisso de que sua dinastia daria continuidade aos projetos de construção e os planos de governo por ele iniciados.

A parte inferior desta placa T4 mostra a religiosidade do rei, que detinha, também, o poder sacerdotal, pois não só retrata o monarca oficiando um ritual de libação em honra ao deus patrono da cidade, auxiliado pela sacerdotisa Anita, a *"portadora do vaso sagrado"*, que retratada às suas costas, em todas as tábuas de argila, segurando um jarro contendo a água purificada usada nas libações, mas também pelo sumo-sacerdote (*"sennu ou sangu"*) Saĝ-diĝir-tuku, do Templo de E-ninnu, às suas costas na tábua T4, e Balili, o *"encantador de serpentes"*, à sua frente, identificado pelo nome e pela proporção hierárquica de sua figura, em posição de submissão, demonstrariam que, aparentemente, todos do templo concordavam que o soberano Ur-Nanše fosse o administrador dos bens, que *"Ninĝirsu"* havia conquistado.

Durante o reinado de Ur-Nanše, o templo esteve ofuscado pelo poder do palácio, e a influência dos sacerdotes ficou limitada à prática das cerimônias religiosas, inclusive ele introduziu uma nova deusa, Nanše, com origens no período neolítico e autoridade no panteão de deuses mesopotâmicos suficiente para suplantar o culto ao deus Ninĝirsu, o patrono de Lagaš, pois ela era filha de Ninhursag, a deusa-mãe, e Enki, deus da água, da criação e organização do Universo, o qual designou sua filha para governar as águas do Golfo Pérsico e toda criatura que ali habitasse, além *de ser a irmã de* Inanna e de Ereshkigal.

Como se não bastasse, Nanše, além de deusa da justiça social, também era conhecida como a *"Senhora dos Armazéns"*, e como tal, protegia as negociações realizadas nos mercados e nos portos, certificando as unidades de medida de massa, comprimento e volume dos produtos comercializados, para determinar os respectivos preços a eles correspondentes. O juramento à deusa Nanše era a garantia de uma prática honesta e justa nas transações comerciais.

Foram encontrados padrões de medidas de comprimento nas escavações de Nippur que, embora a barra com as marcações estivesse irregular, suas dimensões correspondiam a uma unidade básica chamada *"côvado de Lagaš"*, necessária para medir os campos de cultivo, os canais de irrigação, o tamanho das embarcações etc., baseada no tamanho do antebraço, medido da ponta do dedo médio até o cotovelo, equivalente a 496,1mm ou 19,5 polegadas.

O côvado sumério era subdividido em 30 *"dígitos"*, equivalente a 1,728cm, pouco mais de 0,68 polegadas.

Cada cidade, centro de comércio ou porto do Sul da Mesopotâmia tinha seus próprios padrões de medida, que não diferiam muito uns dos outros (réguas de côvado variando de 529,2 a 446,5mm).

Como a ideia era buscar uma forma mais justa de encontrar um ponto de equilíbrio nas negociações, não havia reclamações, nem muitas discussões, até porque era usual invocar a deusa Nanše, como adoção dos princípios de probidade e equanimidade nos preços acordados. Ainda assim, Ur Nanše optou por adotar o padrão aperfeiçoado por Narã-Sim (2.255 - 2.218 aEC), rei de Acádia , que reduziu uma infinidade de sistemas a alguns poucos, que passaram a ser usados mais tarde pelos babilônios, assírios e persas.

Quadro 2 – Unidades Básicas de Comprimento

UNIDADE	RAZÃO	VALOR IDEAL	SUMÉRIO
dígito	1/30	17,5 mm	še
palmo	1/7	75,0 mm	šu-si
pé	2/3	350,0 mm	šu-du$_3$-a
côvado ou cúbito	1	496,1 mm	kuš$_3$
passo	2	1,00 m	ĝiri$_3$
junco	6	3,00 m	gi
haste	12	6,00 m	nindan
cordão	120	60,0 m	eše$_2$

Fonte: o autor

Com o passar do tempo, estas unidades de medição de comprimento se tornaram obsoletas, e outras foram refinadas visando uma maior precisão e uma padronização ampla entre as regiões, e continuam até hoje, sendo adotadas pela sociedade contemporânea.

Com o surgimento das atuações embrionárias da capacidade intelectiva dos caçadores-coletores, para expressarem esta grandeza, de forma inteligível para todos e relacioná-la ao esforço despendido para percorrê-la, os grupamentos humanos fizeram uso de forma criativa de elementos antropométricos, isto é, relacionadas às partes dos seus corpos, tais como: pés, mãos, palmos, polegadas, braços, passos etc.

A relação entre a metrologia suméria e o Sistema Internacional de Unidades foi identificada através da aplicação de métodos estatísticos comparando os projetos arquitetônicos e as proporções das esculturas encontrados nos sítios arqueológicos.

Figura 44 – Unidades de medição de massa e comprimento encontrados em Nippur

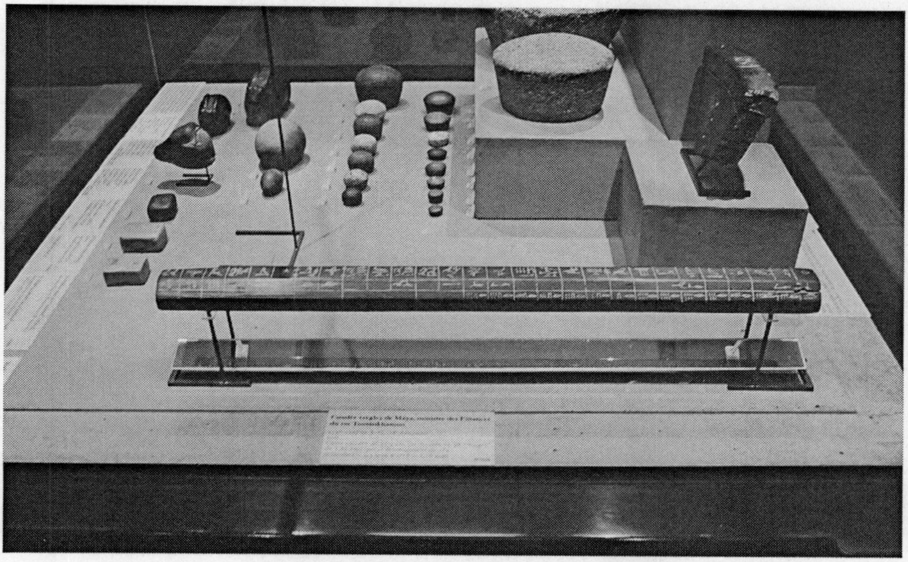

Fonte: Museu do Louvre, Paris (AO2748)

Quadro 3 – Unidades Básicas Sumérias de Massa

UNIDADE	RAZÃO	VALOR IDEAL	SUMÉRIO
grão	1/180	0,05 gr	še
shekel	1	9,0 gr	gin_2
mina	60	497,7 gr	ma-na
talento	3600	30.000 gr	gun_2

Fonte: o autor

Pela própria concepção do mundo visível ("Ki") dos sumérios, no modelo cosmogônico, já apresentado anteriormente, a medição das distâncias adotada pelos povos mesopotâmicos era geodésica, isto é, levava em consideração a curvatura da Terra, porém, dividindo a latitude em sete zonas entre o equador e o polo.

A medição geodésica de superfícies curvas, quer sejam terrestres, espaciais ou aéreas, foi adotada, pela primeira vez, por Pitágoras de Samos (572 a 497 aEC) para estudar a forma e a dimensão dos planetas e seus satélites, propondo a hipótese da esfericidade da Terra, da Lua e dos astros celestes.

Quadro 4 – Unidades Básicas Sumérias de Distância

UNIDADE	RAZÃO	VALOR IDEAL	SUMÉRIO
vara	1/60	6,00 m	nidan
cordão	1/6	60,00 m	eše$_2$
cabo	1	360,00 m	uš
légua	30	10.800 m	da-na

Fonte: o autor

Quadro 5 – Unidades Básicas Sumérias de Área

UNIDADE	RAZÃO	DIMENSÕES	VALOR IDEAL	SUMÉRIO
shekel	1/60	1kuš3 × 1kuš3	1 m²	gin$_2$
jardim	1	12kuš3 × 12kuš3	36 m²	sar
1/4-de-campo	5	60kuš3 × 60kuš3	900 m²	uzalak
1/2-campo	10	120kuš3 × 60kuš3	1.800 m²	upu
campo	100	60ĝiri3 × 60ĝiri3	3.600 m²	iku
tenência	1.800	3eše2 × 6eše2	64.800 m²	bur

Fonte: o autor

Quadro 6 – Unidades Básicas Sumérias de Volume

UNIDADE	RAZÃO	DIMENSÕES	VALOR IDEAL	SUMÉRIO
shekel	1/60	(?)	(?)	gin$_2$
tigela	1	1 L	0,001 m³	sila$_3$
vaso	10	10 L	0,01 m³	ban$_2$
cesto	60	60 L	0,06 m³	ba-ri$_2$-ga
gur-cube	300	300 L	0,3 m³	gur

Fonte: o autor

O conceito de peso, inicialmente, foi desenvolvido de forma intuitiva e, apenas em caráter comparativo, pelos nossos ancestrais, antes do período neolítico, no sentido de avaliar se a massa de objetos, um em cada mão – qual *é o mais pesado?* – porém, o conceito de o quanto um é mais pesado que o outro, isto é, criar um padrão de massa, requereu uma abstração maior para definir um sistema de controle na aferição. *"A deusa Nanše"* desenvolveu um sistema de pesos com base na carga média que um homem pudesse transportar, isto é, o equivalente a 30,0kg (1 talento). Como já mencionado anteriormente, os sumérios criaram um sistema algébrico duodecimal para definir 60 unidades, múltiplos ou frações delas. Assim sendo, estabeleceram uma unidade de medição chamada *"minas"* (peso de uma saca de cevada equivalente a 180 grãos), equivalente a 0,5kg.

Figura 45 – Dispositivo completo de pesagem de metais preciosos no palácio

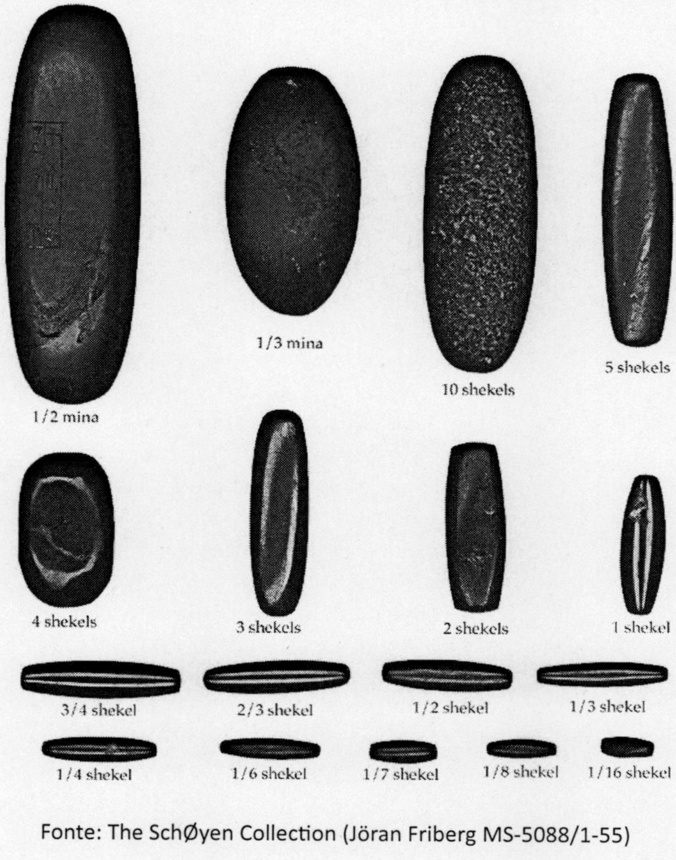

Fonte: The SchØyen Collection (Jöran Friberg MS-5088/1-55)

Em função da sua atuação social em favor e defesa dos pobres, dos doentes, dos órfãos, dos rejeitados, das viúvas, enfim, de todos os desprivilegiados, bem como sua preocupação com a justiça nas transações comerciais e a transparência nas negociações, seu culto teve uma fácil aceitação e assimilação na estrutura social lagashita, e sua popularidade transcendeu os limites do sul da Mesopotâmia.

Os sacerdotes do Templo de E-Sirara, dedicado à deusa, praticavam os rituais de oferendas, entoavam os cânticos sagrados, faziam presságios, adivinhações etc., mas também, como a própria sumo-sacerdotisa, desenvolviam atividades beneficentes de ajuda e amparo aos pobres, doentes e refugiados.

Um dos hinos escritos em sua homenagem descrevem com clareza sua preocupação com os mais necessitados e seu desagravo frente às transgressões:

> [A deusa Nanše] aquela que conhece o órfão, que conhece a viúva,
> conhece a opressão do homem sobre o homem, é a mãe do órfão.
> Nanše! que cuida da viúva,
> que busca justiça para o mais pobre.
> A rainha traz o refugiado para o seu regaço
> Encontra abrigo para os fracos [...]
> [pessoas] que, andando em transgressão, atingiram com alta mão
> Que transgridem as normas estabelecidas e violam os contratos
> Que consideram favoravelmente os lugares do mal [...]
> Que substituem um peso pequeno por um peso grande
> Que substituem uma medida pequena por uma medida grande
> Quem, tendo comido (algo que não é seu), não disseram: «eu comi»
> Quem, tendo bebido (algo que não é seu), não disseram: «eu bebi»
> Quem disse: «eu comeria o que é proibido»
> Quem disse: «eu beberia o que é proibido» [...]
> Para confortar o órfão, para fazer desaparecer a viúva
> Para erguer um lugar de anulação do poderoso
> Para converter o poderoso em fraco [...]
> Nanše examina o coração do povo.
> (KRAMER, 1985, p. 124-125).

Na mitologia suméria encontram-se referências à Nisaba, deusa dos grãos e da agricultura, irmã da deusa Nanše, e responsável pela organização do Giparu e do Ganunma do zigurate E-zagin (sumério: *"Casa do Lápis-la-zúli"*), em Uruk, correspondentes às áreas divididas entre a residência da suma-sacerdotisa e a do templo da deusa, e a área na qual era usada como galpão de estocagem, respectivamente.

Na mitologia lagashita ela assume as funções de deusa da escrita, da contabilidade e do inventário, dado a sua grande percepção e conhecimento, além de possuir uma grande docência e sapiência, pois aconselhava os reis e dignitários nas questões de aquisição e delimitação de terras, conforme descrita nos hinos a ela dedicados:

> "Nisaba, mulher radiante de alegria,
> Mulher fiel, escriba, deusa que tudo sabe,
> Guiou seus dedos sobre a argila,
> Embelezou a escrita nas tábuas,
> Fez a mão resplandecente com o estilete de ouro,
> A linha de medição, a linha de inventario, a régua que dá sabedoria,
> Nisaba deu a você da forma mais generosa.
> Louvor a Nisaba!" (doxologia a sua grandeza e majestade divinas)
> (Hymno to Nisaba) ETCSL, 2003, translation c 1.2.2.

Fora de Lagaš, existem poucas referências com relação à deusa Nisaba, somente nos santuários de E-Assur e E-dimgalanna, em Nippur e Shuruppak, respectivamente, onde Ninlil (Sud), a consorte de Enlil e filha dela, era reverenciada, e nos quais a suma-sacerdotisa era filha da suma-sacerdotisa do Templo de E-Sirara.

Casada com Haya, o deus dos escribas, e como a sua esposa, associado aos grãos, à agricultura e à pecuária, embora, seja também, cultuado como *"o porteiro"* de Enlil (sumério: *"ki-sá-a"* = apropriador do estoque de grãos e do gado), possuía templos em Ninive, Ku'ara e no Ekišnugal de Nanna, em Ur. Seus santuários eram localizados na entrada das cidades e suas oferendas colocadas em seus portões. Vale ressaltar que foram encontrados registros associando o herói-deus Nindara, um grande guerreiro de Lagaš e coletor dos impostos marítimos, como sendo o esposo de Nisaba.

Ur-Nanše implantou no seu reinado um sistema de gestão que era feito por uma espécie de *"ensi"*, *"sukkal.mah"* (vizir ou ministro), ou por um ou uma *"šanga"* (acadiano: *"šangú"* = sumo-sacerdote), que o representava no governo das províncias, o qual administrava os processos econômicos das cidades que compunham o Estado de Lagaš, normalmente um cônjuge, um filho, ou parente próximo, que, em relação direta com o templo, se responsabilizava pelo plantio, colheita, recebimento, armazenamento, distribuição e pagamento da produção e funcionários.

Em Lagaš, excepcionalmente, havia um grão-vizir, Hendursaja (sumério: *Endur-sa□a*), irmão de Nindara, e como tal, também, tratado como uma deidade, que promulgava os decretos e leis, e julgava os conflitos de interesse, legitimação de posses e a busca da pacificação social nas províncias sob seu domínio.

Nanše é comumente retratada nas tábuas e selos cilíndricos pelos símbolos do peixe e do pelicano: o primeiro representando a água como princípio da vida, conectado aos princípios do amor e do sacrifício, que estão associados *à* imagética do pelicano, que na tradição oral, se sacrifica para alimentar seus filhotes com o próprio sangue, buscando passar uma ideia de devoção à humanidade.

Figura 46 – Nanše deusa dos pássaros e peixes do Golfo Pérsico cultuada em Lagaš

Fonte: Museu da Universidade da Pensilvânia

O culto *à* deusa foi difundido a partir do III milênio aEC em toda a Mesopotâmia e a sua simbologia e representação foi apropriada como fonte de inspiração para os cristãos, na antiga Palestina, para configurar a ideia de que o sangue de Cristo derramado seria a única forma de redenção da humanidade, e mais tarde, pelos alquimistas, como símbolo da capacidade de regeneração química da matéria.

Ainda no culto à deusa Nanše, havia um grande festival de purificação, realizado em seu Templo, no primeiro dia do ano novo (Festival A-kitu), no qual, praticamente, todos os devotos participavam como forma de provação, um ordálio fluvial no qual o rei em procissão, como representante do povo, adentro o E-anna e perante os deuses, da culpa ou inocência dos atos praticados durante o ano que passou. A Provação consistia em ser jogado em um rio, a partir de um estrado configurado como a Casa de Ninegala (sumério = Rainha do Palácio), e, caso sobrevivesse, ficava configurada a inocência dos seus atos ou a aceitação pela deusa Inanna do seu arrependimento pelos pecados cometidos, mediante o compromisso de servir-lhe até o fim dos seus dias.

Esta cerimônia foi copiada pelas doutrinas cristãs, como uma das práticas litúrgicas mais difundidas entre seus adeptos, o batismo, caracterizado por estas religiões como um rito de passagem de um discípulo de Jesus Cristo, que tem por objetivo não só franquear para o neófito o caminho da salvação, como também, mediante aceitação, absolvê-lo do *"pecado original"*[44].

É claro que, com o tempo, tal prática foi atenuada, se resumindo em, simplesmente, imergir o iniciante ao culto cristão em água ou derramá-la sobre a sua fronte, até porque, tal sacramento não podia comprometer a vida dos penitentes, nem o aumento do número de adeptos que tal prática propiciou, bem como, o poder da classe sacerdotal sobre a vida consuetudinária dos praticantes desta doutrina, que não possui uma precisão contextual e histórica de sua origem, porém associada ao culto monoteísta ao deus Yahweh (Jeová) dos povos hebreus surgidos por volta de 2.000 aEC, às margens do rio Jordão, na árida região da Palestina, que professavam a crença judaica, que serviu de base para o cristianismo, o islamismo e outras religiões, e todas elas influenciadas pelo zoroastrismo.

Embora os registros encontrados sobre este festival não são claros a respeito da necessidade de todos os devotos passarem anualmente pelo ritual de Provação, a peregrinação anual ao Templo de Nanše era obrigatória, na qual, aqueles que se prestassem a se humilhar perante *à* deusa seriam considerados puros de coração e por ela seriam abençoados, bem como teriam que fazer um ritual de oferendas, que tinha o propósito beneficente de serem distribuídas, posteriormente, para os pobres e necessitados.

Alguns historiadores declaram que estas práticas inspiraram, também, o *"Hajj"* (árabe = *peregrinação*), ritual do Islamismo de profissão de fé, reflexão, arrependimento, e caridade, que ocorre na cidade de Meca e Medina, no início do mês lunar, que todo mulçumano deve cumprir, ou se comprometer a cumprir, pelo menos uma vez na vida. As provações foram substituídas pelas abluções[45] e as oferendas pelo *"zakat"* (árabe = *crescer ou aumentar* – tributo religioso equivalente a 2,5% dos rendimentos anuais).

---

[44] **Pecado original** = segundo a doutrina cristã, os primeiros seres humanos foram advertidos por Deus de que, não deveriam comer do fruto da árvore do conhecimento, do bem e do mal, porque certamente morreriam. Cedendo a tentação de uma serpente, comeram o fruto proibido, mas não morreram, porém foram expulsos do Jardim do Éden. Este simbolismo pretende explicar a origem da imperfeição, corruptibilidade, do sofrimento e da existência do mal na humanidade, através da expulsão do homem do Paraíso.

[45] **Ablução** = consiste na prática ritualística de purificação do islamismo, de lavar-se com água limpa, areia ou sangue; as mãos, boca, inalar a água pelas narinas e soltá-las pela mesma, o rosto, os braços até os cotovelos, as orelhas, a cabeça, e os pés até os tornozelos, três vezes, durante o período que antecede as orações, sem descumprir esta sequência.

Embora Ur-Nanše seja sempre retratado como um soberano gentil, compassivo, receptivo, mas também sábio, presume-se que, ao assumir o governo de Lagaš, e à medida que ia incorporando ou submetendo outras cidades ao Estado, além das já mencionadas anteriormente, tais como Ninmar, Kinunur, Uruazagga, Eridu e Nippur, empossava seus filhos como *"patesis"* ou *"ensis"* destas cidades.

Como exemplo da perspicácia de Ur-Nanše, convém ressaltar que, uma parte considerável das obras empreendidas foram de construção de novos templos e recuperação de outros, em distritos espalhados pelo Estado de Lagaš, primeiro, como forma de aplacar o descontentamento dos sacerdotes, e ao mesmo tempo, deslocando o poder sacerdotal dos centros de decisão, criando cargos públicos e regiões administrativas de menor expressão.

Em contrapartida, existem registros encontrados em tábuas de argila que descrevem que a decisão de empossar os responsáveis pela gestão do processo econômico, incluindo o comércio, agricultura, horticultura, cultivo de especiarias, pecuária, pesca e a remuneração de trabalhadores e funcionários, das regiões administrativas, era uma atribuição dos templos, mediante a prática do extispício, isto é, rituais nos quais os sacerdotes adivinhos prediziam eventos futuros ou declaravam as predileções ou escolhas dos *"deuses"*, mediante a leitura das entranhas, geralmente, fígados, intestinos ou pulmões de ovelhas e aves domésticas, abatidos em cerimônias especiais.

Ur-Nanše reinou até 2.465 aEC quando foi sucedido pelo seu filho mais jovem Akurgal (*"descendente da Grande Montanha"*), que assumiu o trono em condições não muito claras, visto que ele não era o primogênito, e como pode ser observado nas diversas estelas, placas votivas e selos cilíndricos, nem sempre, ele estava retratado em posição hierárquica e proeminente sobressaindo-se sobre os demais dignitários da corte, inclusive, perante os seus próprios irmãos.

Akurgal foi escolhido como sucessor de Ur-Nanše, provavelmente pela classe sacerdotal, através de um ritual de extispício, uma decisão inquestionável e *"providencial"* para os propósitos de perpetuar uma estrutura política que mesclasse os poderes secular e religioso, na figura dos sacerdotes da deusa Nanše ou da monarquia ungida pelos *"deuses"*, ocupada por um soberano fraco, manipulável e dominado pelo Templo, assim como, frontalmente declarado no hino em louvor *à* deusa Nanše, pelos próprios sacerdotes ou seus escribas.

> Há uma cidade, há uma cidade cujos poderes são aparentes.
> Nijin é a cidade cujos poderes são evidentes.
> A cidade sagrada é a cidade cujos poderes são evidentes.

> A montanha que se ergue da água
> é a cidade cujos poderes são evidentes.
> Sua luz sobe sobre o templo seguro;
> seu destino está determinado.
> Há perfeição na cidade;
> os ritos da mãe Nanše são realizados em conformidade.
> Sua senhora, a criança nascida em Eridu,
> Nanše, a senhora dos preciosos poderes divinos, está de volta agora.
> (Hymno to Nanše) ETCSL, 1999, translation 4.1.4.1.

Os sucessivos conflitos ocorridos entre as cidades-Estado de Lagaš e Umma, além da proximidade dos seus territórios de plantio, tendo muitas vezes contestadas as suas fronteiras, por ambos os lados, deveu-se, também, à necessidade dos ummaítas buscarem um acesso ao Golfo Pérsico, através do porto de Gu'aba, para incrementar o comércio dos produtos produzidos naquela cidade, sem a intermediação dos lagashitas.

Ainda que, no sul da Mesopotâmia, os produtos agrícolas (grãos, vegetais, hortaliças etc.) e os derivados da pecuária e piscicultura, tais como: carne, couro, lã, chifre, peixes e fibra vegetal, estivessem disponíveis em abundância, pela estratégia previdente da administração de Ur-Nanše para atender um reino que abrangia mais de 17 cidades e 40 vilas que se estendiam em um território de 1.600km², havia a necessidade de exportar o excedente da produção visando obter matérias-primas imprescindíveis e escassas na região, tais como: a madeira, o estanho, cobre, pedras para construção urbana, especiarias, plantas aromáticas, essências, azeite, marfim, resinas, e principalmente, a intensão exploração do betume para a impermeabilização de construções e navegação, produzido nas cidades de Der, na região fronteiriça com o Elão, e de Hit (eHet, próximo a Bagdah), às margens do Eufrates.

O porto de Gu'abba se tornou uma rota comercial importante não só para Lagaš, como também um ponto de transbordo dos produtos vindos dos países da Península Arábica para atender as cidades do norte da Mesopotâmia, a Anatólia, e as regiões do Cáucaso, onde cruzavam várias rotas comerciais indianas e centro-asiáticas, principalmente, as caravanas e mercadores vindos da China rumo à Europa, trilhando o que, mais tarde, se costumou chamar a Rota da Seda.

Umma não permitia que Lagaš tivesse acesso a estas regiões através de suas terras, muito menos destas para o Golfo Pérsico, além de cobiçar o controle do porto de Gu'aba e da planície suméria de Gu'edina ("*Borda da Planície"*) e, constantemente, empreendia campanhas militares, que se estenderam por um período de mais de dois séculos, causadas por rivalidades territoriais.

Outra região de permanente conflito com Lagaš foram as terras dominadas pelos elamitas, situada ao oeste da Mesopotâmia, que controlava as rotas comerciais através das montanhas Zagros para a região do Vale do Indo (Marhaši e Melukhkha), onde se localizavam os povos harappeanos (atual Paquistão), que dominavam as técnicas de metalúrgicas do bronze, cobre e estanho, para a confecção de armamento; da ourivesaria, na confecção de joias e adornos pessoais; cerâmica; gravuras; selos cilíndricos; e produção têxtil de estamparia de algodão para a indumentária da aristocracia.

Akurgal teve um reinado muito curto de, apenas, nove anos, no qual teve tempo apenas para, dando continuidade ao legado de seu pai Ur-Nanše, construir o Templo de Antasurra (*"Aquele que brilha desde o Céu"*), nas proximidades de Girsu, dedicado ao deus Ninĝirsu. Possivelmente, morreu na batalha buscando rechaçar a invasão de Lagaš pelo ummaíta Ush, em 2.455 aEC, e foi substituído pelo seu filho mais velho Eannatum.

> Mesilim, Lugal de Kiš, ao comando de Ištaran,
> mediu o campo e montou uma estela lá.
> Uš, ensi de Umma, agiu indizivelmente,
> ele arrancou aquela estela e
> marchou em direção à planície de Lagaš. [...]
> Ele diminuiu os campos de abastecimento
> e ainda impôs o correspondente tributo de cevada.
> O rei de Lagaš [...]
> O homem de Umma reagiu arrogantemente.
> e rejeitou Lagaš.
> Embora Akurgal, rei de Lagaš,
> filho de Ur-Nanše [rei de Lagaš} [...],
> [o homem de Umma] tenha reagido altivamente,
> opondo-se a Lagaš, pela posse dos seus campos de abastecimento.
> O [triplo] Leão de Gimunshaga dirigiu-se, então,
> cheio de raiva a Nin-Ĝirsu (dizendo):
> «Umma [...] o meu abastecimento
> e as minhas possessões
> e os campos agrícolas da Gu'edenna»
> (Extrato do Cilindro Líquido de Enmetana)
> (SALLABERGER, 2015, p. 74-76).

Eannatum era neto do Lugal Ur-Nanše e, conforme alguns versículos descritos na Estela dos Abutres, nascido do casamento sagrado (*"hieros gamos"*) entre Akurgal, o ensi de Lagaš, (governante e sacerdote do Templo de E-Ninnu dedicado ao deus Ninĝirsu) e sua divina esposa Baba (suma-sacerdotisa do Templo de E-Sirara dedicado *à* deusa Nanše), e amamentado pela deusa Ninhursaĝ, deusa da fertilidade, do Templo de I-bgal, construído por Ur-Nanše na ala sul do Templo de E-ninnu, considerado pelos mesopotâmios como um nascimento real divino, dando prosseguimento *à* monarquia sagrada, agora por *"concupiscência divina"* sem a necessidade de ser ungida pelos *"deuses"* (sacerdotes).

> [O senhor Ni] n-ĝirsu, [o he] rói [de En] lil,
> Declarou na formosa cela o desejo.
> Nin-ĝirsu verteu [o sémen] de E-Anna-tum
> [no útero de Baba] e Baba deu à luz.
> A mãe [Baba] alegrou-se com ele [(=Eannatum)]
> Inanna colheu-o nos braços e
> nomeou-o como: E-Anna-Inanna-Ib-gal-kaka-tum
> «Aquele que é digno para o E-Anna de Inanna do I-bgal»
> E depositou-o sobre os sagrados joelhos de Ninhursag
> Nin-hursaĝ pô-lo no seu peito direito, e Nin-hursaĝ o amamentou.
> Nin-ĝirsu regozijou-se por Eannatum,
> cujo sémen tinha sido vertido no ventre por Nin-ĝirsu.
> Nin-ĝirsu mediu-o segundo o seu palmo:
> cinco côvados de largura, o mediu segundo o seu côvado:
> (No total) cinco côvados (e) um palmo!
> Nin-ĝirsu [(então) concedeu-lhe] com grande alegria
> [o reinado sobre Lagaš].
> (Fragmento da Estela dos Abutres – CDLI P222399).

É possível afirmar, através dos referidos registros, que na região de Lagaš, havia uma grande disputa de poder entre os sacerdotes e, entre eles e os governantes, e que, pelo menos os reis da dinastia de Ur-Nanše assentiam com os desígnios dos seus deuses, ora da deusa Nanše, ora de Ninĝirsu, ao ponto de, ao ascenderem ao trono, prescindirem da designação secular autoproclamada de *"lugal"* e adotarem o título de *"ensi"*, subordinado ao deus ou a deusa protetora da cidade, através de seus sacerdotes, como o verdadeiro Lugal.

Os historiadores admitem que, a decisão dos soberanos lagashitas, a partir de Eannatum neto de Ur-Nanše, passarem a adotar o título de "ensi" (governante político e religioso) ao invés de "lugal" (rei ou soberano), seria uma subserviência ao poder do sacerdócio, na luta do templo com o trono.

No meu entendimento, julgo que esta decisão se trata de uma hábil manobra política de governo para perpetuar a sua dinastia, pois a autoridade máxima de uma cidade-Estado regida por uma monarquia sagrada era obtida em decorrência da unção pelos "deuses", isto é, a ascensão ao trono era, inevitavelmente, reconhecida por todos os membros dos grupos sociais que compunham estas cidades, quando tinha a anuência da classe sacerdotal.

Para Ur-Nanše, nada melhor como um governante demandante, que estar no topo da hierarquia dos templos, com ascendência sobre eles (os sacerdotes), e melhor ainda, se, cada um investido desta autoridade tivesse seu próprio deus; templo, com devoções independentes do deus-patrono da cidade; e fosse nele seu sumo-sacerdote (sumério = "nin.digir"), pois, desta forma, ele mesmo seria o pleiteante, o intercessor, e o próprio juiz, sem a necessidade de depender de terceiros para a sua sagração. Este procedimento foi habilmente adotado por toda a dinastia para alcançar seus objetivos e interesses políticos.

Figura 47 – Eannatum (reconstituição de um fragmento da Estela dos Abutres)

Além do fato de que, na Mesopotâmia Antiga, se um soberano, lugal ou ensi, se autodenominasse "um servo de uma divindade", ele estaria anunciando, publicamente, para todos os seus súditos, sua renúncia aos privilégios do seu status ou hierarquia absolutista, e manifestando sua condescendência e subserviência àquele deus ou deusa; e que sua autoridade está submissa, única e exclusivamente a eles, e por sua vez, que não respondia a mais ninguém, muito menos, à algum ser humano (quer fosse nobre ou não), ou mesmo a um grupo de reles mortais (classe sacerdotal).

Fonte: Museu do Louvre, Paris (AO 351)

Figura 48 – Estacas de Fundação de Ur-Nanše dedicadas a deusa Shul-utula

Fonte: Harvard Semitic Museum, Cambridge, Massachusetts

No caso de Eannatum e seu filho e sucessor Enannatum, tanto um quanto outro adotou a deusa Shul-utula como protetora pessoal da sua dinastia, cujo local de devoção foi descoberto na ala sul do Templo I-bgal dedicado *à* Inanna, em Girsu, embora não se tenha, até o momento, encontrado nenhum registro dos atributos desta divindade.

Julgo que, devido a indignação da classe sacerdotal associada ao deus Ninĝirsu, padroeiro da cidade de Lagaš, como forma de mediação e conciliação, o ardiloso Eannatum se autoproclama como o *"Lugal que Ninĝirsu ama".*

Grande parte desta abundante documentação foi redigida em estelas de pedra ou estatuetas de cobre ou estanho, que registravam a posse das terras produtivas, ambas fabricadas com materiais raros, caros e pouco disponíveis na Baixa Mesopotâmia, que torna os registros oficiais, expostos em lugar público, que poderiam ser consultados a qualquer momento, em caso de dúvida com relação ao seu proprietário, as condições de aquisição, as dimensões e os limites dos campos destinados ao cultivo de cereais, e o nome da divindade que administrava as transações econômicas envolvidas.

Através de um extenso compendio de informações contidas nas tábuas encontradas em Girsu, podemos afirmar que grande parte da literacia obtida na formação dos soberanos da dinastia de Ur-Nanše, embora associada a uma concepção de conflito contraditória, que mais tarde, se convencionou chamar argúcias da dialética, foi direcionada não só para a defesa e proteção do estado de Lagaš, ao restabelecer suas fronteiras violadas durante o reinado do seu pai Akurgal, e retornar à vassalagem algumas cidades sumérias rebeldes; mas também para reprimir quaisquer futuras intenções expansionista de povos de territórios vizinhos, através de uma estrutura e disciplina militares aplicadas às práticas da guerra, que possibilitaram eficientes estratégias de batalha e desenvolvimento de armamento, tais como: lanças, escudos, machados, capacetes de cobre, *gaunacas* de couro com capas, carros de combate puxados por onagros[46] etc.

A Estela dos Abutres é um monumento demarcatório de 1,50mts de altura contendo inscrições e relatos esculpidos em calcário, com duas faces, uma descrevendo o evento como fato histórico, e a outra, como mitológico, no qual o deus Ninĝirsu interveio a favor da cidade de Lagaš.

Seu nome foi dado em função de uma cena em que é retratada, em um dos pedaços remanescentes, os abutres devorando as entranhas dos soldados ummaítas mortos e largados no campo de batalha.

Figura 49 – Transcrição da Estela dos Abutres - Vitória de Eannatum de Lagaš sobre Umma

Fonte: Museu Britânico, Londres (AO16 IO9)

A Estela dos Abutres, além do caráter demarcatório associado; de ser um documento oficial de um tratado público, com seus acordos e cláusulas penais pactuadas; *é* um registro político-militar e mitológico, com vista a eternizar as façanhas de um monarca com pretensões a Grande Conquistador.

---

[46] **Onagros** = subespécie de jumento selvagem, da família dos equinos, encontrados nos desertos da Ásia, de difícil adestramento, usados como animais de tração na lavoura e nos carros de combate na Antiga Mesopotâmia.

Foi, também, um instrumento midiático de uma cultura de violência e terror, com altos índices de barbárie, como forma de proliferação do medo, utilizando-se de estórias, narrando um crime, em circunstâncias não muito claras, e suas consequências míticas, que alimentariam a imaginação dos futuros pretensos insurgentes, e que não só infundiriam a sensação de insegurança e incerteza pelo temor ao delito, como uma ameaça constante que deveria pairar sobre a mente daqueles conquistados que, ainda pudessem ter sonhos de retaliação, de como agirem perante ao novo governante e seus representantes.

Em um dos pedaços que compõem a Estela dos Abutres, é possível reconhecer uma cena de batalha, onde Eannatum, sobre um carro de combate, lidera um ataque de infantaria, no qual adota pela primeira vez que se tem registrado na História da humanidade, uma disciplina militar aplicada a um exército, através do uso de falanges compactas, de guerreiros lagashitas, armados com lanças compridas e enormes escudos, constituindo uma forte força de choque, de modo que o inimigo *é* empurrado pelos escudos e perfurado pelas lanças, caso tente qualquer ataque frontal, e ainda, atropelado pelas rodas dos carros e pisoteado pelos animais, em frenéticas investidas.

Durante o ataque à cidade de Umma, Eannatum, que pelos relatos transcritos dos Cones de Entemena, o liderou, pessoalmente, à frente de suas tropas, foi ferido por uma flecha inimiga, porém, conforme descrito por Thorkild Jacobsen (CDLI P222461 Yale University Press, 1976), *"a quebrou e, rugindo como o Leão de Gimunshaga, a arrancou do peito, e, Eannatam em Umma, como uma tempestade destrutiva deixou para trás um dilúvio"*.

Os ummaítas, comandados por Uš, sucumbiram às tropas lagashitas de Eannatum na carnificina registrada na Estela dos Abutres, onde 3.600 de seus homens foram mortos e seus cadáveres deixados ao relento para serem devorados pelos abutres. Uš, no entanto, consegue fugir e, covardemente, refugiou-se em sua cidade, onde seu próprio povo indignado com tal derrota, o destrona e o executa.

Enakelle, sucessor de Uš no trono de Umma, foi obrigado por Eannatum a se comprometer com um novo tratado, devolvendo as planícies férteis do Gu'edenna, de Emah, Bara, Gesugga e outras, restaurando as fronteiras originais e estabelecendo uma faixa de segurança não cultivável entre os terrenos de plantio de lagashitas e ummaítas, bem como, definindo o pagamento de tributos em grãos por cada habitante de Umma, pelo uso destas terras e da água dos canais hídricos da região, imprescindíveis para a agricultura de irrigação, base econômica das cidades-Estado mesopotâmicas.

Um aspecto que define as monarquias sagradas é o caráter teocrático de que é revestido o poder neste sistema de governo, o qual é exercido, em toda a sua plenitude, exclusivamente pelos *"deuses"*, e que estes elegem seus representantes, cabendo a eles manterem a harmonia e o equilíbrio do Cosmos, quer seja ou não pela força das armas ou pelo absolutismo.

Para os povos mesopotâmicos, quando uma colheita de uma safra não tinha sido produtiva ou as lavouras foram afetadas por uma seca ou por chuvas torrenciais; quando as galinhas paravam de botar ovos ou as vacas de darem leite; quando as cabras ficavam doentes ou algum jumento começava a mancar; tudo era por vontade de deuses caprichosos que os estavam castigando, sem que ninguém soubesse a razão de terem merecido tal punição (a saúde era uma dádiva, e a doença, um castigo dos deuses).

Vivia-se sobressaltado e temeroso por não saber, com certeza, se a sua atitude diária era meritória ou condenável.

Como na mitologia mesopotâmica todo o Cosmos tinha sido criado pelos deuses; como eles sabiam de tudo que acontecia, que nada fugia ao controle deles, inclusive, ninguém poderia escapar de sua justiça, e no caso de em um determinado momento alguém cometer alguma falta, no dia em que a ira dos deuses fosse derramada, nada, nem ninguém, seria esquecido, muito menos não ser castigado pela transgressão aos seus preceitos.

Esta sensação de ameaça instintiva constante que fazia parte da vida dos povos mesopotâmicos, e serviu como instrumento de dominação, tanto pelos templos como pelos tronos, é o temor contido no conceito equivocado de *"onisciência divina"*, que foi muito utilizado pelas religiões ao longo do processo evolutivo dos seres humanos e, inclusive, deu sustentabilidade às crenças e às seitas místico-ocultistas e pseudo-iniciáticas, que proliferaram a partir da segunda metade do século XVIII.

Uma forma tergiversada do imperativo categórico kantiano, que requer que a conduta de quem exerce a ação tenha uma preocupação moral intrínseca, a conduta do homem mesopotâmico era sempre insegura e temerária, pois estava sempre dependente dos valores que configuravam um ser humano bom e os conceitos do que seja fazer o bem, definidos pelos representantes dos deuses: os soberanos ungidos e a classe sacerdotal, isto é, ora atendendo aos interesses de uns, ora de outros, sempre sujeita a punições ou vantagens iminentes, por eles ditadas.

A sensação de culpa era constante, que, mais tarde, propiciou a criação da instituição do pecado.

Fazendo uso deste temor, o conquistador lagashita ameaça o conquistado ummaíta, construindo o canal de irrigação fronteiriço de Idnun na planície de Gu'edenna, e, ao longo dele, instalando várias estelas de demarcação, inclusive, restaurando a Estela dos Abutres em sua posição original; e edificando o Namnunga-kigarra, o Templo dedicado a Ninĝirsu, e nele o altar para Utu; bem como os santuários de Enlil e Ninhursaĝ; tudo para validar e proteger o tratado acordado entre os dois monarcas.

Para garantir o cumprimento das condições acordadas, existem registros, no anverso mitológico da Estela, dos juramentos feitos pelo monarca ummaíta Enakelle, repetidos seis vezes, perante os deuses Enlil, Ninhursaĝ, Enki, Suen, Utu, e Ninki, acompanhados de sacrifícios e oferendas em honra a eles, bem como de sua concordância com as severas penalidades que estaria sujeito, e todos os ummaítas, caso estes acordos não fossem respeitados.

> Eannatum, aquele nomeado por Ninĝirsu,
> ele devolveu para ele.
> Para o governante de Umma *{Enakelle é agora o novo rei de Umma}*
> Eannatum, a grande rede de lançamento de Enlil que
> ele deu a ele, e fez com que ele jurasse por ela.
> O governante de Umma para Eannatum jura:
> "Pela vida de Enlil, rei do céu e da terra,
> os campos de Ninĝirsu explorarei como um empréstimo com juros.
> Devo operar os diques até a nascente,
> e para todo o sempre (?)
> Sobre o território de fronteira de Ninĝirsu, não devo cruzar.
> Para seus diques e valas de irrigação
> Não vou fazer alterações.
> Suas estelas não vou quebrar em pedaços.
> Em um dia em que eu possa cruzá-la,
> a grande rede de lançamento (*"shush-gal"*) de Enlil,
> rei do céu e da terra,
> pela qual jurei, ela pode cair do céu sobre Umma!"
> *{Na sua perspicácia, Eannatum buscou firmar um compromisso de Enakelle com os deuses, através de oferendas e juramentos.}*
> Eram duas pombas, ele colocou *"kohl"* em seus olhos
> e espalhou cedro (resina) em suas cabeças.
> Para Enlil, rei do céu e da terra, em
> direção a Nippur, no Ekur, ele os libertou.
> *(para levar as promessas a Enlil)*
> *{Eannatum não acredita no juramento do rei, então ele o faz jurar novamente para outros deuses.}*

{Muitas linhas repetitivas omitidas,
como o juramento é repetido para os deuses:
Ninhursaĝ, Enki, Suen, Utu e Ninki}
(Fragmentos da Estela dos Abutres – CDIL P222399 Reverso).

Vale ressaltar que, caso algum pesquisador necessite aprofundar mais suas investigações sobre a Estela dos Abutres, torna-se imprescindível conhecer o *"Monolito de Eannatum"*, uma escultura em pedra polida, contendo uma exposição elucidativa sobre o conflito armado ocorrido entre a cidade de Lagaš e Umma, e é uma base para captar os fatos e entender as circunstâncias descritas nas partes que não foram encontradas ou estão danificadas na referida Estela.

Estão relatadas, também, a campanha militar realizada pelo monarca na conquista da Suméria, Acádia, Elão e de outras regiões circunvizinhas, ao norte e nordeste da Mesopotâmia, e as respectivas obras construídas e restauradas em homenagem aos deuses Ninĝirsu e Inanna, a quem Eannatum atribuiu a vitória nas guerras.

Figura 50 – Monolito de Eannatum contendo inscrição sobre a batalha entre Lagaš e Umma

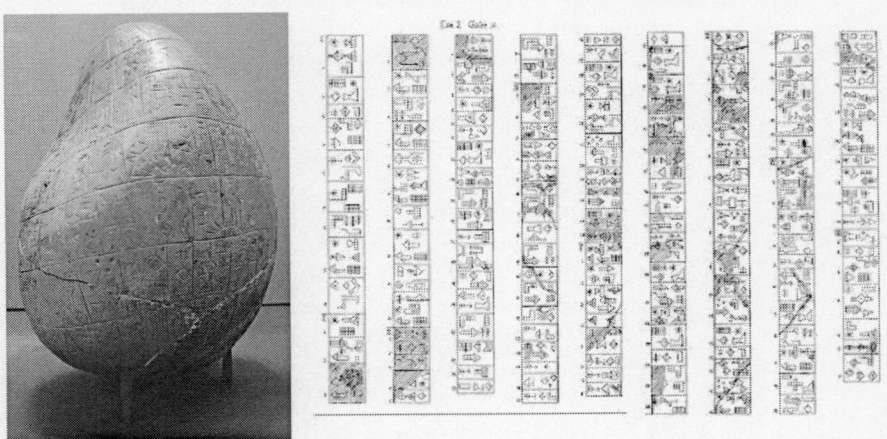

Fonte: Museu do Louvre, Paris (Trevor Eccles)

Dando prosseguimento à sua geopolítica expansionista, Eannatum buscou ter acesso e controle a um importante complexo de estradas que, no que tange ao comércio de sua época, vinculava, por via terrestre, partindo da região dos povos habitantes do Vale do Indo, toda a rede de cidades da Mesopotâmia com a Eurásia.

Eannatum empreendeu uma campanha militar estratégica em direção à Anatólia e ao Cáucaso, visando aumentar seu poderio político e econômico. Para tanto, buscou uma rota menos abrupta e severa, através das savanas aluviais do Crescente Fértil, margeando os rios Eufrates e o Tigres.

As planícies mesopotâmicas possuem um arco de montanhas circundante ao leste e ao norte, formado por duas cordilheiras que se fundem, o Elburz e os Zagros, com picos altos, em torno dos 5.000 metros acima do nível do mar (Kuh-i Taftan, Savalan, Ararat e Demavand); e os desertos arábico e sírio inóspitos a oeste, impediam a progressão dos exércitos lagashitas nestas dire*ções*.

Mapa 10 – Campanha militar de Eannatum para conquistar a Anatólia e o Cáucaso

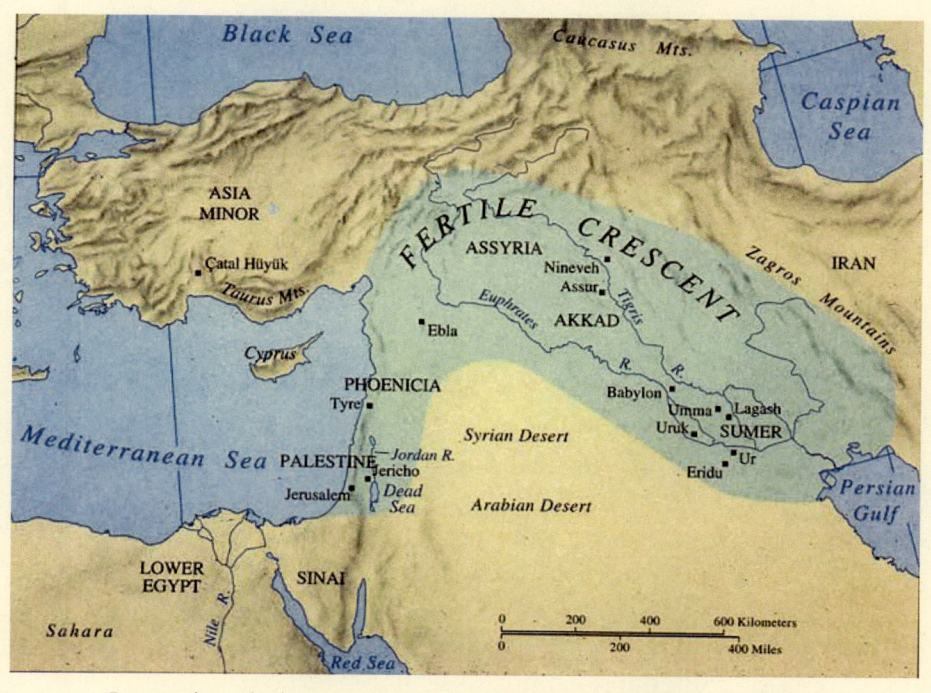

Fonte: adaptado da Super História (Imagens disponíveis no Google Maps)

Eannatum demonstrou ser um habilidoso estrategista militar, restaurando a Estela dos Abutres que demarcava os limites dos campos fronteiriços entre Lagaš e Umma, arbitrados por Mesilim de Uruk durante o período do reinado do seu avô Ur-Nanše; restabelecendo a condição de vassalagem dos ummaítas, com intuito de proteger o flanco oriental dos seus territórios contra possíveis ataques de antigos inimigos e desafetos centenários, bem como para garantir o livre acesso às mercadorias manufaturadas do Vale do rio Indo (Mohenjo Darro e Harappa) e de matérias-primas produzidas na margem leste do Golfo Pérsico, dos quais a cidade de Lagaš, em muito, dependia.

Após consolidar esta conquista, Eannatum voltou seus exércitos para a região Susiana, para conquistar a cidade de Suša, que mais tarde ao incorporar-se às regiões circunvizinhas de Awan, Anshan e outras, vieram a constituir-se no Reino do Elão.

Uma das consequências do processo de literacia dos soberanos mesopotâmicos foi a elaboração do pensamento estratégico, que denota a capacidade de analisar a viabilidade de alguma ideia e considerar o potencial de realização que ela trará para o futuro do seu reinado, em contraposição ao comportamento emocional agressivo e impulsivo que caracterizava os governantes sumérios nos primeiros tempos, normalmente motivados por reações instintivas dominando o campo mental, e por um sistema sensível pouco desenvolvido.

Pela primeira vez nas sociedades primitivas, após terem verificado a eficiência da organização militar adotada por Eannatum, ficou demonstrada a necessidade de aumentar a distância de comunicação entre o monarca, o líder político, e o líder militar, para assegurar o fiel cumprimento das estratégias e táticas militares elaboradas previamente, ou mesmo, adaptá-las a uma infinita variedade de circunstâncias que pudessem se apresentar durante as batalhas, para garantir o sucesso final de uma guerra.

A vitória no campo de batalha não se traduz em uma paz de longa duração e, muito menos, em segurança. Suša não quis se render às tropas de Eannatum, e, portanto, foi saqueada e destruída. Esta estratégia acabou por demonstrar sua pouca eficiência, pois, se por um lado a violência e a crueldade adotadas neste método de dominação atemorizava os inimigos, pelo outro fomentava o ódio e o ressentimento dos derrotados contra os vencedores, dificultando a administração dos territórios conquistados, com uma contraposição velada dos submetidos à autoridade estabelecida e a insurgência constante seguida de rebeliões.

Com o aumento da produção agrícola de Lagaš, obtido através, tanto do legado do sistema de governo, da política previdente e da boa administração dos processos econômicos, deixados pelo seu avô Ur-Nanše; quanto do espólio dos saques e pilhagens da conquista da cidade de Suša, bem como dos tributos por vassalagem pagos por Umma, Eannatum precisava buscar novos mercados consumidores em terras distantes, para comercializar o excedente, e assim, tornar sua performance mais eficiente, garantir o desenvolvimento de sua economia, e consolidar o seu poder e domínio regionais.

Para obter êxito em uma campanha militar de tal envergadura, Eannatum precisava desenvolver um planejamento baseado em estratégias e táticas de batalha sólidas, que permitissem não apenas conquistar sucessivamente os territórios, mas também, mantê-los submissos e explorá-los.

Tornava-se imprescindível aplicar seu poder de organização e a capacidade de mobilização sustentável e disciplinada de suas tropas. Embora seu objetivo fosse subjugar o exército inimigo sem lutar, as vitórias sobre as cidades de Umma e Suša foram suficientes para demonstrar a supremacia bélica lagashita perante as cidades sitiadas e obter delas a rendição.

Eannatum para obter êxito em sua campanha, adotou duas *táticas, uma interação "diplomática"*, já mencionada, e uma agressiva, através da conquista sucessiva dos territórios vizinhos para destruir as alianças e, em seguida, atacar os exércitos e conquistar as cidades, como no caso de Iriaz, Arua, Ki-utu, Šuruppak, Nippur e Pašime; e, principalmente, evitar despender energia e recursos nos ataques a cidades fortificadas, deixando as cidades de Uruk, Ur e Kiš para o ato final, como parte de uma *"propaganda persuasiva de intimidação"*, na qual conquistou as cidades-Estado e amontou os corpos dos derrotados em piras funerárias, conforme descrito no monolito de Eannatum.

> Eannatum conquered Elam, the lofty mountain, (and)
> heaped up their (that is, the elamites') burial mounds.
> He conquered the ensí of Urua, who had planted the
> standard of the city (Urua) at their head (that is,
> at the head of the people of Urua), (and)
> heaped up their burial mounds.
> He conquered Umma (and) heaped up their twenty burial mounds;
> returned Guedinna, his beloved field, to Ninĝirsu.
> He conquered Erech (Uruk);
> conquered Ur; conquered Kiutu;
> laid waste to Uruaz (and) killed its ensí;
> laid waste to Pašime;
> he destroyed Adua.
> (Transcrição de um trecho do Monolito de Eannatum)
> (KRAMER, 1963, p. 309-310).

Para o domínio dos territórios conquistados, foi adotado o confisco de provisões, que serviam de reabastecimento para o deslocamento das tropas; a arregimentação de novos combatentes, com o recrutamento de cativos das cidades dominadas, que buscavam fugir do pesado jugo lagashita, com vistas ao crescimento do exército, sobretudo da infantaria, garantindo a sua capacidade militar para continuar invadindo.

O estabelecimento de assentamentos estratégicos ao longo da sua campanha, como postos militares avançados, para justificar a posse e o direito das terras conquistadas; e a construção de novas colônias para fomentar o comércio regional (cidade de Nina próxima ao Porto de Gu'abba); foram soluções adotadas por Eannatum para manter e consolidar suas conquistas, bem como a destruição dos templos dedicados aos deuses patronos das cidades invadidas e a construção de novos palácios e templos dedicados aos seus deuses da guerra Ninĝirsu e Inanna, submetendo os monarcas derrotados à subserviência deles, ao força-los a cumprir rituais de oferendas e sacrifícios perante estas divindades.

Acordos formais de submissão e alianças militares com as cidades-Estado conquistada, autenticados por promessas e juramentos aos deuses, e tendo oferendas e maldições como cláusulas cominatórias, foram firmados com o rei Enšakušana de Uruk e, por conseguinte, com as cidades de Bad-Tibira, Eridu, Larsa, e, finalmente, Ur, com quem mantinham relação de vassalagem com Uruk.

Daí Eannatum movimentou seus exércitos na direção da cidade de Kiš para subjugá-la. Seu avanço foi interrompido pelas tropas do rei Zuzu, da cidade vizinha de Akšak que, aproveitando a situação de uma revolta interna, tinha dominado e retomado a cidade de Kiš, que tinha sido invadida pelos urartus[47] chefiados pelo rei Khataniš da cidade-Estado de Khamazi, situada na região montanhosa oriental de Kirkuk, nos Montes Zagros. Porém, Zuzu não teve sucesso em seu intento, sendo derrotado em batalha e exilado.

Eannatum, indignado com a presunção de Zuzu, como represália, não só invadiu Kiš, como atacou e destruiu a cidade de Akšak.

Com o domínio de Kiš, Eannatum se autoproclamou *"Aquele que Submeteu Todas as Terras"* e reivindicou o título de *"Rei de Kiš"*, que para os mesopotâmicos, era o *"soberano de toda a Suméria"*.

---

[47] **Urartus** = povos de origem hurrita, considerada proto-curdos, ou por eles influenciados, que se estabeleceu na região sul da Anatólia, no atual Curdistão oriental, na cordilheira de Zagros, por volta de 4.000 aEC, em uniões políticas organizadas em confederações de tribos, e habitavam todo o planalto da atual Armênia, do leste do rio Eufrates até os Montes Zagros, do Norte até a região de Kirkuk, próxima a atual Sulaimaniyah.

Existem registros que o exército de Eannatum derrotou o rei Iblul-Il de Mari, em batalha campal, inclusive, invadindo a cidade e, em seguida, atacou e destruiu Ebla, no noroeste da Mesopotâmia, na Síria, próximas ao Mediterrâneo; e as cidades de Aššur e Subar no nordeste assírio, estendendo seu campo de atuação em regiões fora da Suméria, Acádia e Babilônia.

Figura 51 – Tijolo de Eannatum registrando suas vitórias sobre as demais cidades-Estado

Ele (Eannatum) derrotou Zuzu, o rei de Akšak, desde o Antasurra de Ninĝirsu até Akšak e o destruiu. O rei de Akšak correu de volta para sua terra. Ele derrotou Kish, Akšak e Mari da Antasurra de Ninĝirsu. Para Eannatum, o governante de Lagaš, Inanna deu a realeza de Kish, além da ensi-nave de Lagash, porque ela o amava." (Extrato do Tijolo de Eannatum) (MADEA, 1981, p. 7).

Fonte: Museu do Louvre, Paris (AO 351)

Esta foi a primeira experiência na história da humanidade em que um soberano tentou construir uma nação, a partir da conquista de diversos povos que possuíam os mesmos traços socioculturais e políticos, mesmas tradições, mesmo sistema de crenças e religiosidade, embora os elamitas da região Susiana, os semitas levantinos de Mari e Ebla, os hurritas (neoassírios) de Aššur e os urartus de Subar, que estavam fora da sua área de influência, seriam assimilados através de uma aliança política regida pelas mesmas leis e governo, encarnados na figura de Eannatum de Lagaš.

É claro que a pretensa união de regiões que viviam em constantes enfrentamentos, na defesa de interesses próprios de independência e crescimento, em sua maioria, conflitantes, em uma única nação mesopotâmica unificada, teve muito mais um caráter utópico de um projeto de difícil realização, idealizado por um monarca sonhador, do que um plano de governo elaborado através de políticas públicas de desenvolvimento mul-titerritorial, para atender as necessidades de todos, e vir a ser executado nas formas de satisfazê-los, a partir da vontade de um soberano, pela impossibilidade deles, em conjunto, atingirem uma vontade comum.

A falta de uma identidade e dos sentimentos de pertencimento a uma mesma etnia, a ambição para a assumpção ao poder das aristocracias regionais, os interesses da classe sacerdotal de manter o domínio dos seus "*deuses*" sobre a vida pessoal e social das cidades-Estado, e a descentralização das tomadas de decisão, dificultaram a criação de um sistema político autônomo que reunisse os membros da sociedade em torno de um mesmo conjunto de intenções.

Então, para o imperador Eannatum, cabia-lhe, apenas, exercer seu poder de suserania através da força dos tratados, amparados nos juramentos às divindades do fiel cumprimento dos reis conquistados às condições estabelecidas, devidamente testemunhados, baseando-se no temor ao abstrato poder onímodo e vingativo dos "*deuses*".

Durante um certo período, o projeto de ocupação e dominação das cidades conquistadas, que se resumia em edificar e/ou restaurar templos, santuários, grandes canais de irrigação e armazéns nestas cidades, teve êxito, pois a construção de estruturas arquitetônicas, em caráter monumental, não somente tinha como objetivo ser traduzido pelos povos subjugados como um instrumento de legitimação do poder de um soberano com uma grande habilidade em planejar, recrutar e gerir as forças de trabalho, bem como ressaltar a imagem de um guerreiro vitorioso, sacerdote e um governante com capacidade para promover uma integração e um desenvolvimento multirregional.

Esta capacidade também envolvia a sua liderança para motivar os habitantes dos territórios conquistados em realizarem as atividades de construção, ainda que com remuneração pouco satisfatória às suas necessidades diárias de subsistência, logicamente.

Eannatum, para exaurir os cofres das cidades dominadas, aplicava severos tributos para não permitir excedentes na produção, que pudessem ser, de algum modo, utilizados para promover insurgências e revoltas pelas classes aristocráticas e sacerdotais dos territórios conquistados, destituídas de seus privilégios, e incorporadas ao crescente Estado lagashita.

Outra atividade que contribuiu para aplacar, momentaneamente, o possível surgimento de um revanchismo, e que mobilizou um grande contingente de lavradores, degredados em sua maioria, tanto lagashita como dos territórios dominados, que foram desviados da agricultura para o trabalho de construção, em caráter de semiescravidão, foi a substituição de comerciantes e sacerdotes ligados ao controle da produção agrícola por membros da nobreza lagashita.

A criação de novas cidades fluviais, às margens do Eufrates e do Tigres, nas rotas das caravanas de mercadores, conhecidas por Rotas da Seda; e nas estradas que cruzavam o deserto da Síria, nos Montes Zagros e no Taurus, que vinculavam as cidades da Eurásia, que tinham a função expansionista de servirem como entrepostos comerciais.

As cidades, essencialmente agropastoris do Crescente Fértil, agora, passaram a exportar, em maior quantidade e sem restrições político-regionais, a sua produção, como por exemplo, cereais tipo trigo, cevada, milho, além de linho, legumes, gado, sebo, lã, queijo e unguentos, que passaram a ser enviados para comercialização na cidade fronteiriça de Der ao norte.

A campanha militar de Eannatum, de um certo modo, propiciou um incremento na comercialização de matérias-primas e artigos manufaturados entre as cidades mesopotâmicas, e entre elas e os territórios circunvizinhos, através de um intenso intercâmbio de mercadorias e de serviços especializados.

Em contrapartida, as cidades mesopotâmicas do Norte, através de Lagaš, podiam ter acesso às madeiras importadas de Dilmun, pedras para a construção, artigos de luxo, ouro, prata e escravas que desembarcavam no Porto de Gu'abba oriundos do Golfo Pérsico.

Produtos manufaturados importados do Elão e através dele, tais como, essências, azeite, resinas, gergelim, animais (*cachorros e onagros*), carroças, tecidos e plantas aromáticas, se espalharam por toda a Mesopotâmia, que, por não possuir, ainda, um padrão monetário, as negociações eram feitas a partir da troca de barras de ouro e prata.

Artesões dos territórios conquistados também foram colocados à disposição e à serviço de Eannatum. Existem registros de remessas de estanho de Lagaš para a cidade de Urua, subjugada por Eannatum, para a fabricação do bronze, devido à capacitação metalúrgica dos elamitas; bem como de envios de cevada ou de "*emmer*" (uma espécie antiga de trigo) para as cidades elamitas de Pašime e de Godin Tepe, na Rota da Seda nos Montes Zagros, ambas, também, sob o domínio de Lagaš, para a fabricação de "*sikaru*" (um tipo de cerveja).

Estas atividades serviram para Eannatum manter a maioria dos estados mesopotâmicos beligerantes ocupados em sua reestruturação que, a partir de então, viram na dinâmica dos golpes e das invasões, a ideia de institucionalizar a guerra como um meio para se obter recursos, e principalmente, manter o controle e o domínio armado, normalmente de facções, políticas ou religiosas, sobre o uso e aproveitamento da água, escassa na região.

Podemos perceber que as razões que, até os dias de hoje, têm sido o combustível para insuflar as guerras que ocorrem, não só no Oriente Médio, mas em escala mundial, são pensamentos milenares, tais como a ambição, o egoísmo e a soberba, de grande poder sugestivo, inoculados desde tempos imemoriais na psicologia humana, com raízes fincadas nos lodaçais do instinto de defesa e de conservação, denunciando condições caracterológicas identitárias da hipocrisia.

Para afirmarem os interesses de soberania do monarca absolutista, estas condições psicológicas se apresentavam sob a égide da necessidade do controle das terras, das riquezas petrolíferas e dos recursos hídricos: canais, portos e rios que entrecortavam a região da Mesopotâmia, que eram as bases dos fatores de soberania e independência geopolíticos dos recursos naturais estratégicos para a hegemonia das cidades-Estado sumérias.

A garantia não só da produção agrícola extensiva de subsistência, mas também do constante fluxo de escoamento das mercadorias produzidas para a sua comercialização; associado aos conflitos étnico-religiosos existentes entre as diversas monarquias teocráticas e fundamentalistas territoriais, isto é, uma guerra santa com conotações sectárias ufanistas, promovida pelas dinastias sagradas das cidades-Estado com ideologias totalitárias, tendo à frente dos seus exércitos os reluzentes estandartes dos seus *deuses patronos*.

Pode-se afirmar que Eannatum foi um dos primeiros estadistas da humanidade, pois tentou unir a Mesopotâmia sob a proteção dos mesmos deuses e um mesmo soberano. Porém, o breve período de paz não durou muito, sequer as obras de restauração e os projetos de construção de templos e canais de irrigação tiveram tempo de serem concluídos, e *não* foram suficientes para manterem a população dos territórios conquistados em condição de submissão.

Os primeiros ressentidos foram os elamitas que, chefiados por Enakelle, empreenderam em 2.430 aEC um violento e intensivo ataque contra a cidade de Lagaš, que durante um certo tempo, teve uma grande dificuldade de resistir-lhes, porém, ao final, foram derrotados e repelidos por Eannatum.

Os elamitas recuaram estrategicamente para os seus territórios, e mesmo antes que o monarca lagashita viesse a promover um contra-ataque para exterminar quaisquer anseios ummaítas de possíveis insurgências futuras, os exércitos das cidades-Estado sumérias de Kiš e Akšak se uniram sob o comando do rei Zuzu e, aproveitando o momento de aparente fragilidade das tropas lagashitas que estavam se reorganizando, marcharam com todo seu poderio bélico contra as muralhas de Lagaš, porém, sem sucesso, pois Eannatum derrotou todos eles em batalha campais em Asuhur e Antasurra, nas fronteiras leste e norte, respectivamente.

E assim, após sucessivos ataques e contra-ataques, alternados, por ummaitas e elamitas, estes últimos aliados aos acadianos e aos mariotas para fazerem frente ao poderio militar dos exércitos lagashitas organizados, foram sempre repelidos, finalmente, por volta de 2.425 aEC, ao derrotar todos os seus oponentes, Eannatum foi ferido em batalha, vindo logo a falecer, sendo sucedido pelo seu irmão Enannatum.

Com a sua morte, a influência de Lagaš voltou ao estado anterior a sua ascensão ao trono e nunca mais teve uma posição de domínio no tabuleiro da Mesopotâmia. Após a morte de Eannatum, deveria ter ascendido ao trono de Lagaš seu jovem filho Kulikiaki, porém, julgo que, em função das condições de beligerância em que a cidade-Estado estava sujeita, optou-se pela senioridade de Enannatum.

Os poucos registros encontrados nas escavações em Lagaš revelam que Enannatum era casado com Ašumeëren e pai de pelo menos três filhos chamados Meannesi, Lummatur e Enmetena (ou Entemena), e que, no início do seu reinado, teve um período de paz no qual ele pode empenhar-se nas atividades que marcaram as dinastias literatas, isto é, na ampliação do templo Ibgal dedicado à deusa Inanna, com a construção de um santuário para Šulutula e de dez depósitos para a deusa Nanše, deusa dos Armazéns, conforme as inscrições encontradas nas pedras de fundação destes depósitos.

> Para Inanna, deusa de todas as terras,
> Enannatum, o governador de Lagaš,
> aquele que foi escolhido no coração de (a deusa) Nanše,
> o grande governador de (o deus) Ninĝirsu,
> aquele que recebeu um bom nome por Inanna,
> o filho gerado por (o deus) Lugal -...,
> o filho de Akurgal, o governador de Lagaš, o
> irmão amado de Eannatum, o governador de Lagaš
> para Inanna ele construiu o oval do templo (Ibgal);
> para ela ele fez (o recinto do templo) Eanna

melhor (do que qualquer outro) em todas as terras;
ele o forneceu com ouro e prata;
ele colocou (isso) no lugar para que seu deus, Shulutula,
pudesse orar para sempre a Inanna no Ibgal
pelo bem-estar de Enannatum,
aquele com quem Inanna se comunica,
o governador de Lagaš.
O governador que o mantiver permanentemente
em boas condições será meu amigo.
(BAUER, 2007, p. 467).

Com a morte de Enakelle na batalha contra Eannatum, nos campos próximos ao dique de Antasura em 2.430 aEC, o príncipe Ur-Lumma, seu filho, assumiu o trono de Umma. Durante quase quarenta anos, desde a derrota de Enakalle, que os ummaítas pagaram um tributo anual de um silo de cevada para os lagashitas como parte dos compromissos de suserania firmada com Lagaš.

Por volta de 2.400 aEC, após a colheita dos campos cultivados, os ummaítas liderados por Ur-Lumma, como forma de afirmarem a sua emancipação e independência perante a cidade-Estado de Lagaš, consumiram o equivalente a um depósito inteiro de grãos dos campos cerealistas que deveriam ser pagos como tributos. Então, Enannatum os penalizou a pagarem 43.200m³ (*"equivalente a 144.000 gur sumérios"*) de grãos, como compensação pela usurpação da safra.

Figura 52 – Tijolo de Enannatum – Restaurações dos templos de Ninĝirsu e Hendursaĝ

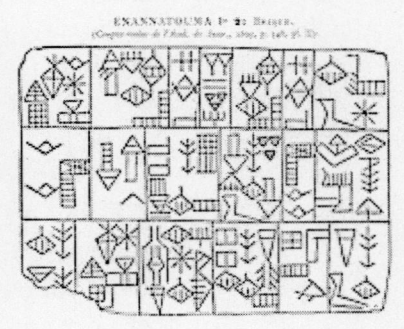

Fonte: Museu do Louvre, Paris (AO 351)

Em retaliação às penalidades impostas, Ur-Lumma não só se negou a pagar a multa sobre os grãos usurpados, como também se recusou a pagar o tributo de vassalagem, e ainda, contratou um exército de mercenários vindos do norte da Suméria, possivelmente os mesmos acadianos e amoritas que os ajudaram nas batalhas contra Eannatum, para drenarem os canais que irrigavam os campos de Enlil, Ninhursaĝ, e Utu; deslocarem as estelas de demarcação; destruírem os santuários próximos do dique de Namnunda--Kigara; para consumirem a cevada dos campos cultivados de Ninĝirsu e Nanše; e para invadirem a planície de Gu'edina, desde o Templo de Antasura.

Enannatum não tinha a mesma habilidade que seu irmão Eannatum na elaboração de estratégicas e manobras táticas militares, portanto, as tropas lagashitas foram comandadas por seu filho Entemena, um líder militar nato, muito jovem, instruído nos princípios da arte da guerra, e da política, que aos 25 anos, assumiu o trono de Lagaš, em condições não muito claras, dado a falta de registros confiáveis. Entemena deteve a invasão ummaíta chefiada por Ur-Lumma na *"Colina do Cachorro Negro"* (sumério: DU6.UR.GE6), nos campos de Gana-ugigga, próximo a Girsu.

Figura 53 – Akurgal antecessor de Eannatum

Como resultado desta batalha, sessenta soldados do destacamento de elite ummaíta foram mortos e seus corpos deixados empilhados junto ao canal fronteiriço de Luma--girnunta. Derrotado, Ur-Lumma demovido em seus propósitos, foge de volta para Umma, onde é encurralado e morto.

Enannatum restabelece a condição de vassalagem de Umma, que passou a ser governada por Il, filho de Eandamu, neto do Enakelle, que foi um *ensi* de Umma derrotado por Eanatum, que estava como sumo-sacerdote (sumério: *"saĝĝa"*) do templo Gigunna, dedicado a Inanna, em Zabalam (atual Tell- Ibzeikh, distrito de Dhi Qar, Iraque).

Fonte: Museu Britânico, Londres

A maioria dos registros da dinastia de Lagaš estão distribuídos entre vários artefatos encontrados em Girsu. Em dois cilindros de barro estão imortalizadas as reformas sociais promovidas no reinado de Entemena; seus projetos de restauração de templos; construção de novos santuários e açudes com grande capacidade de armazenamento para a época; descrevendo sua história de guerras e vitórias, e ainda, sobre a primeira aplicação na história da humanidade de estratégias políticas de alianças no emprego de forças militares, diretamente nos campos de batalha ou visando obliterar quaisquer intenções beligerantes inimigas.

Na antiga Mesopotâmia, os objetivos fundamentais da cidade-Estado eram estabelecidos pelos soberanos e representavam as suas aspirações e os seus interesses, embora, as elites palacianas e os sacerdotes conspiravam, o tempo todo, para ter atendido as suas necessidades individuais, que, na maioria das vezes, estavam voltadas para a concentração fundiária, subjugação dos trabalhadores rurais, exploração da mão-de-obra camponesa em regime de semiescravidão (embora este conceito ainda não tivesse estabelecido) como principal força de trabalho, e a arrecadação exorbitante de impostos, todos inspirados pela usura e pelo egoísmo, como frutos da relação de poder existente naquela sociedade.

Através de vinte e sete inscrições em tábuas de argila, seixos e estelas encontrados neste sítio arqueológico, pode-se perceber que, na dinastia dos reis literatos, as aspirações destes governantes, envolviam problemas complexos, e não se limitavam a definir o que produzir; quais deveriam ser os padrões de consumo e de bem-estar geral; quais as melhores técnicas de cultivo (uso de blocos de calcário para garantir a estanqueidade das obras de irrigação) e estocagem (torração dos grãos e uso da cerâmica) para garantir o consumo e um excedente como forma de poupança, que seria revertida em investimentos e em transações comerciais visando suprir a carência de certos produtos na região; mas também, como produzir o necessário para alimentar as diversas camadas sociais das cidades que compunham o Estado lagashita; e como promover a distribuição *equalitária*, eficiente e eficaz, dos recursos produzidos.

Para controlar a produção, Entemena promoveu a primeira reforma social da História com o propósito de transformar a sociedade lagashita mediante a introdução de mudanças nas instituições existentes, palácios e templos, a fim de torná-las mais justas e equânimes.

Levando em consideração de que o solo das cidades-Estado mesopotâmicas pertencia ao deus patrono de cada uma daquelas cidades, deu-se início a uma reforma agrária estrutural, com a desapropriação e a reorganização dos campos cultiváveis, com a divisão e a distribuição de pequenas porções de terras que não cumpriam com a sua função social e que pertenciam à classe sacerdotal e alguns oligarcas, para outros donos, até então impossibilitados do acesso à terra, isto é, oriundo da população mais pobre, com a responsabilidade e o compromisso de, eles mesmos, conduzirem seus próprios negócios, esforçando-se para garantir a produção necessária de forma a atender à demanda da sociedade lagashita, para seu consumo.

Como a captação, distribuição, manutenção e o fornecimento da água é um fator essencial para a produção agrícola, todo o sistema de irrigação ficava sob a gestão do Estado, isto é, sob o controle de Entemena, de forma a garantir o interesse comum dos agricultores, pecuaristas, barqueiros, pescadores, mercadores e artesãos, assegurando a liberdade de ação e decisão nas atividades econômicas, o suprimento das necessidades humanas fundamentais (alimentação e trabalho) e o atendimento às aspirações sociais, visto que este sistema estava orientado para o bem comum.

Esta preocupação com o bem-estar da população lagashita se defrontava com os mecanismos legais de coerção que se concentrava na figura de um monarca absolutista, necessários para a defesa, proteção e a manutenção da ordem e segurança nas cidades que compunham o Estado lagashita. Como forma de garantir os objetivos que norteavam todo o planejamento do processo de mudança sociocultural que este soberano literato pretendia implantar, principalmente, quando suas decisões viessem a contrariar uma série de abusos predominantes na sociedade mesopotâmica, caracterizados por uma exploração sombria e sinistra, econômica, política e psicológica, das classes mais pobres, imposta pelas oligarquias palacianas e pela classe sacerdotal.

Este dilema exigia de Entemena, por um lado, a atitude de um estadista ético e justo na condução dos objetivos fundamentais, e por outro, um soberano forte e impiedoso, para dissuadir o revanchismo dos ressentidos das cidades-Estado vizinhas, e superar todos os obstáculos que se antepusessem aos interesses e o bem comum da sociedade lagashita. Em suma, Liverani (2016, p. 113-114)[48], ao traduzir uma inscrição encontrada em Girsu, na qual Entemena, com intuito de exaltar suas qualidades benevolentes, proclama que *"ele fez o filho voltar para a mãe, ele fez a mãe voltar*

---

[48] **LIVERANI**, Mário = Professor italiano de História do Antigo Oriente Próximo na Universidade de Roma La Sapienza. Membro de várias instituições, como a American Oriental Society, Accademia delle Scienze di Torino, e doutor Honoris Causa da Universidade de Copenhagen e da Universidade Autônoma de Madrid. Agraciado com o Prêmio Sheikh Zayed Livro de 2014 na categoria *"Cultura Árabe em Outras Línguas"*.

para o filho", resgatando os juros das dívidas e *"restabelecendo a liberdade não só em Lagaš, mas também em Uruk, Larsa e Bad-tibira"*, cidades vizinhas em que ele detinha um certo controle.

Político habilidoso com características herdadas do seu tio Eannatum, Entemena não só pactuou uma aliança militar com Lugal-Kiniše-dudu, rei de Uruk, Ur e Kish, mediante a construção dos templos de E-mush, em Bad-Tibira, do E-anna em Uruk, ambos dedicados à deusa Inanna e seu consorte Dumuzi, que lhe possibilitou uma vitória sobre o soberano Il de Umma. Esta vitória foi tão expressiva ao ponto de afastar todo e qualquer intento de insurgência dos ummaitas, durante um grande período, que possibilitou a Entemena implementar seus projetos de combate às injustiças sociais, a partir da mobilização de grandes setores da população lagashita para a execução de obras públicas, ao invés de ter de convocá-los para exercer seu poder coercitivo de forma a garantir sua autoridade sobre os territórios sob seu domínio.

Um vaso de prata com pernas fabricadas em cobre, dedicado por Entemena ao seu deus Ninĝirsu, foi encontrado nas escavações no sítio arqueológico de Teló (antiga Lagaš). Datado de, aproximadamente, 2.400 aEC, foi considerado um dos exemplos mais antigos do alto grau de excelência de gravura em metal alcançado pela ourivesaria suméria. Na superfície do vaso levemente gravado, encontra-se um friso com a imagem de Anzu (demônio mesopotâmio representado por um pássaro enorme com cabeça de leão, cujas asas batendo causavam redemoinhos e tempestades de areia) devorando ibexes (cabra selvagem de pelagem escura e grandes chifres recurvos, que habitavam as regiões montanhosas da Europa) e veados, gravado com grande habilidade artística, enquanto a crista da águia de Lagash adorna a parte globular. Corre ao redor do pescoço, na região do gargalo do vaso, a seguinte inscrição cuneiforme:

"Para Ninĝirsu, o principal guerreiro de Enlil, Entemena, patesi de Lagaš,

a quem Nanše havia escolhido em seu coração, o grande ensi de Ninĝirsu,

o filho de Enanatum, patesi de Lagaš, feito para Ninĝirsu, o rei que o amava,

um vaso de prata pura e pedra (?), do qual Ninĝirsu bebe,

e o trouxe para o Ninĝirsu dos Eninu, para salvar sua vida.

Naquela época, Dudu era o sanga de Ninĝirsu.".

Figura 54 – Vaso de Entemena, em prata e cobre, dedicado ao deus Ninĝirsu

Fonte: Museu do Louvre, Paris (A02674)

E mesmo quando Il suspendeu o pagamento dos tributos a Lagaš e invadiu os campos de Gu'edinna, Entemena buscou amparar-se em uma *"arbitragem"* de terceiros, através do seu forte aliado de Uruk, dissuadindo Il de Umma a renunciar a seus planos de invasão e inadimplência, e retornar as fronteiras à sua posição original, demarcada com a mediação de Mesilim. Não se têm registros de quaisquer retaliações por parte de Entemena, sequer cobrando alguma indenização compensatória, nem mesmo o dever de reconstruir os canais de irrigação dos campos cultiváveis lagashitas que foram destruídos durante a frustrada tentativa de invasão ummaita.

Durante a maioria do tempo dos vinte e nove anos do reinado de Entemena, ele sempre adotou uma postura diplomática que envolvia a manutenção da paz através da construção de templos em diversas cidades-Estado vizinhas, entre eles o E-anna em Uruk, E-Aššur em Nippur, e altares dedicados às deusas Gatumdug e Ninursaĝ no Templo E-engurra (Casa de Apsu) construído em homenagem a Enki em Eridu, e outros, mencionados anteriormente.

Seu reinado foi próspero devido a sua forma pacífica e conciliadora de lidar com posições antagônicas e comportamentos agressivos que, muitas vezes, as cidades vizinhas adotavam para dirimir conflitos de interesses no uso de terras cultiváveis ou canais de irrigação, contíguos a Lagaš.

Existem registros de safras em partes dos campos cultiváveis de Lagaš que foram plantadas e colhidas por cidades vizinhas, sem que houvesse quaisquer menções a guerras ou conflitos entre as partes, ou mesmo pagamento de indenização pelo uso das terras e do sistema de irrigação lagashita.

Ainda que houvesse abundância e fatura de alimentos durante o reinado de Entemena, desfrutada por todos os indivíduos do estamento social lagashita, havia um descontentamento por parte dos sacerdotes que conspiravam constantemente contra o trono, ressentidos por terem perdido parte das suas propriedades durante a reforma agrária, bem como o poder ideológico do ponto de vista religioso, que determinava a sua ascendência moral e espiritual sobre os membros das demais classes da sociedade, bem como a necessidade fundamental de apoio e manutenção do *status quo* do poder real da monarquia sagrada, pois na dinastia de Ur-Nanše era exercida pelos próprios governantes, com assessoramento exclusivo da divindade patronal Šulutula.

A própria substituição no trono de Lagaš foi arquitetado pelos sacerdotes que buscaram influenciar a sucessão forçada de Entemena aos cinquenta e quatro anos, apoiando a ascensão ao trono de Enannatum II, seu filho, em 2.374 aEC, que, após um reinado de curta duração de pouco mais de oito anos, acabou por ser o último soberano da dinastia de Ur-Nanše.

> Por Ninĝirsu, o principal guerreiro de Enlil.
> Enannatum II, o ensi de Lagaš,
> que Nanše criado escolhido em seu coração,
> o grande ensi de Ninĝirsu,
> filho de Entemena, o ensi de Lagaš,
> restaurou para Ninĝirsu sua cervejaria.
> O deus de Enannatum II,
> o homem que restaurou a cervejaria,
> é Shulutula.
> (Extrato do Soquete de Porta – Templo de Ninĝirsu)
> (KRAMER, 1971, p. 316).

Figura 55 – Enannatum II: Cabeça de maçã e soquete de porta do Templo de Ninĝirsu

Fonte: Museu Britânico, Londres (Sala 56 – Artefatos 21162542886)

Desviando o nosso olhar para os vestígios evolutivos deixados na psicologia humana, percebe-se que nas sociedades mesopotâmicas em que não haviam, ainda, o surgimento da escrita, e que possuíam uma evolução tecnológica pouco desenvolvida, as relações de convívio tribal eram reguladas de forma intuitivas: quer seja por tradição, por costumes, por decisões tomadas anteriormente (jurisprudência) ou definidas pelo poder de referência dos chefes (Lugal), e portanto, assumiam características abstratas, nem sempre homogêneas ou imparciais, na grande maioria impregnadas de uma mítica-religiosidade, e associadas a um grau de parentesco.

O conceito de civilização estabelecido no Período Dinástico Antigo (2.950 a 2.350 aEC) estava relacionado a um conjunto de valores morais, normas de conduta, atitudes, regras que estabeleciam o que cada indivíduo poderia ou não fazer no universo social, obedecendo, principalmente, as determinações religiosas, os costumes e as tradições de cada povo, onde os sacerdotes determinavam o que era correto e o que era errado, o que significava ser culto e ser educado, e o que era ser bárbaro e inculto. E, para tanto, havia um anseio generalizado, embora velado, de se criarem leis para organizar a sociedade e estabelecer estas condições culturais.

Não temos intenção de diminuir a relevância das lutas encarniçadas empreendidas pelo soberano Entemena para manter-se no trono de Lagaš, pois temos conhecimento de que inúmeros historiadores já o fizerem com primazia e o honraram para a posteridade descrevendo com fidelidade suas façanhas, porém, nos interessa ressaltar uma visão historiográfica, fundamentada na lógica e na sensatez de alguns fatos e circunstâncias deste período da História, relatados pela maioria dos historiadores, que distorceram o que realmente ocorreu neste período, como por exemplo, que o conhecimento, o saber e as artes eram unicamente dons dos deuses, e que somente os seus sacerdotes tinham acesso, os únicos iniciados nestes mistérios, dos quais não se tem registro dos princípios, das premissas e postulados, ou mesmo, dos métodos de pesquisa por eles utilizados. Como o uso da observação e da especulação investigativa necessária para a obtenção de uma capacidade de abstração, estava ausente nas primeiras civilizações, o seu desenvolvimento, tinha ficado restrito somente à classe sacerdotal.

Estes representantes privilegiados das divindades, que possuíam a custódia do saber, para não perderem a ascendência religiosa, cultural, política e, principalmente, econômica, sobre os demais grupos sociais, não transmitiam o seu *"sagrado"* conhecimento, proibido para o homem comum, pois estariam revestidos de um caráter e um significado divinos, somente a eles revelados. Daí o desenvolvimento da capacidade de observar, entender, meditar, refletir, discernir, julgar, compreender, pensar e explicar ficou obstruído pelos dogmas e pelas crenças, e portanto, a evolução dos seres humanos ficou estagnada pela inibição da participação do seu espírito na elaboração de um pensamento crítico e analítico.

> El progreso de las ciencias no era para ellos más que un fin secundario, un medio de perpetuar o de extender su poder. No buscaban la verdad más que para difundir errores; no hay que asombrarse de que la hayan encontrado tan pocas veces. [...] Como su finalidad no era la de instruir, sino la de dominar, elos solo no comunicaban al pueblo todos sus conocimientos, sino que adulteraban con errores las que estaban dispuestos a revelarle; enseñaban al pueblo, no lo que ellos creían verdadero, sino lo que a ellos les convenía.
> No le enseñaban nada, sin alguna mezcla de sobrenatural, de sagrado, de celestial, con el fin de que el pueblo les considerase como superiores a la humanidad, como revestidos de un carácter divino, como si hubieran recibido del cielo mismo unos conocimientos vedados al resto de los hombres. (CONDORCET, 1980, p. 110-111).

A primeira vez que, na história da humanidade, uma dinastia de monarcas se *"infiltrou"* em uma *e'dubba*, na qual os sacerdotes custodiavam o saber, para buscar uma capacitação literária e utilizá-la, primeiro para promover o bem-estar dos seus súditos, para que, mais tarde, mesmo sem que estes soberanos tivessem uma consciência clara de que estavam realizando algo de tamanha transcendência para a espécie humana, possibilitassem que os próprios concidadãos pudessem vir a promover os seus próprios processos evolutivos, transformando, assim, todo o cotidiano da sociedade mesopotâmica, tanto nos aspectos do seu *modus operandi* como do seu *modus vivendi*, de forma que, possibilitasse, entre outros:

a. A gestão das atividades da agricultura, desde o controle da irrigação, passando pela administração dos campos cerealíferos, pela distribuição e delimitação das terras cultiváveis entre os governantes, os templos, os particulares, e a aristocracia; a escolha das melhores sementes; a definição da sazonalidade da produção agrícola, e a correspondente quantidade e padrão da mão-de-obra utilizada no plantio e na colheita, inclusive nos momentos de vacância; o local de estocagem; e a logística de distribuição dos alimentos compatíveis com as necessidades de subsistência das populações locais e dos nômades, que na busca de melhores pastagens se tornavam sedentários e se estabeleciam nas regiões circunvizinhas das cidades-Estado; o mesmo ocorrendo com a produção da lã, a criação de animais, a pescaria, e os respectivos tributos;

b. Os mesopotâmios cultivavam a aveia para o mingau, o trigo para o pão, a cevada para a cerveja e o gergelim, do qual extraiam um óleo para a cozinha e para a iluminação, e eram a base da sua alimentação, e passaram a consumir, também, o milho, o centeio, o grão-de-bico, o trigo-vermelho, a ervilha, as favas, a alfafa, a lentilha, o alho-poró, o pepino, vindos das regiões do mediterrâneo; as frutas como os figos, as uvas, ou mesmo o vinho, as romãs, o pêssego, pera, cravo, canela, noz-moscada e a pimenta, trazidos pelas caravanas oriundas da Índia, Assíria, Arábia, Pérsia e Etiópia, que se somaram às tâmaras, aos cítricos, e às azeitonas de Ebla. As plantas odoríferas, como as roseiras, sândalo, almíscar, cânfora, mirra, alecrim e outras, vindas do Vale do Indo, abriram na sociedade mesopotâmica um novo hábito na classe aristocrática e clerical: o da limpeza e asseio como valores importantes, convertidos em rituais do banho e de cuidados pessoais, ou na fabricação de perfumes e incensos que eram queimados durante as celebrações religiosas e nas casas para afastarem os maus espíritos. Junto a estas matérias-primas se seguiram toda uma série de produtos de higiene pessoal, tais como: cosméticos, escovas de cabelo, escovas de dente, pentes, espelhos, sabonetes e outros artigos para banho;

c. Durante muitos anos, a *"gaunaca"* feita da pele de animais, principalmente de ovelhas e carneiros, fez parte do vestuário dos mesopotâmicos, que consistia basicamente de túnicas, e poucas mudanças ocorreram em 3.000 anos no seu modo de vestir, com o plantio do linho nas regiões alagadiças, os tecidos passaram a ser fabricados a partir da fibra natural vegetal, porém era extremamente raro e caro, e somente usado pelas classes mais abastadas, e em contacto com as culturas orientais, através de mercadores oriundos da China, Rússia, Índia, Afeganistão, Paquistão, Iraque, Irã, Síria, Turquia e Armênia, começaram utilizar a lã para produzir tecidos de algodão, porém, ainda de uma forma grosseira. A aristocracia podia utilizar uma lã um pouco melhor, que era amassada, desfiada e trançada, que passou a ser um símbolo de poder e riqueza. Porém, foi em contato com mercadores indianos e etíopes que os mesopotâmicos passaram a usar tecidos fabricados com o algodão conhecido como "*lã de madeira*" ou "*ouro branco*", que mais tarde, se tornou a fibra mais usada no mundo. Sem falar nas plantas tintoriais oriundas do Vale do Indo, pois a cor das roupas passou a ser um privilégio de uma classe aristocrática, enquanto a realeza passou a ser identificada pelo roxo e pelo índigo, extremamente caros, importados das regiões de Elba, onde hoje fica o Líbano, a elite passou a vestir roupas tingidas com todo tipo de cores e matizes, e os pobres coube-lhes continuar vestindo o algodão creme sem tingimento;

d. O contato com a civilização do Vale do rio Indo ou Harappeana lançou as bases de uma arquitetura urbana que passou a ser adotada na construção das habitações, palácios e templos, primeiro nas cidades sumérias, depois se espalhou por toda a Mesopotâmia, nos três milênios seguintes, criando o que se costumou denominar, na Antiguidade, uma "*onda de urbanização*";

e. Na engenharia e arquitetura, a importação da madeira de Dilmun, através do porto de Gu'abba, tornou-se mais atrativa, comercialmente, que o cedro do Líbano, adquiridos através de Uruk e dos seus entrepostos da expansão urukiana. Com os quais os palácios passaram a ser construídos separadamente dos templos, e com maior pompa e esplendor. Os blocos de pedras calcárias transportadas nos barcos "*megilum*", inclusive desenvolvendo tecnologia para sua construção, permitiram esculpir estátuas monumentais nas entradas dos templos de Ninmar, Nin-saĝ, Kindazi, Lam-ma, Shul-saĝ, Nin-eš, Guš-udu e Lugal-ur-tur, além da edificação de estelas de demarcações de fronteiras territoriais; e da construção dos canais de irrigação longos e profundos, revestidos de pedras calafetadas com betume (sumério = "*esir*" – acadiano = "*iddû*" ou "*duddul*"), trazidos da cidade de Der, na fronteira com o Elão ou das regiões de Hit (émHét, nas cercanias de Bagdah), ou de barco através do Golfo Pérsico, oriundos das montanhas de Magan, ao invés de escavados na terra; que, mais tarde, tal técnica foi aplicada na impermeabilização dos famosos jardins suspensos da cidade de Babilônia;

f. A definição e a padronização de unidades de volume, peso, comprimento e distância, bem como um certo ordenamento e uma prudente e temente atitude honesta perante a deusa Nanše nas negociações comerciais nos mercados, usando como moeda de troca, metais e pedras preciosas, que substituíram o escambo; e a solução dos conflitos de terras pela possibilidade de se poder determinar uma agrimensura ou a produção de uma safra; a pesagem de uma tributação destinada ao palácio ou uma oferenda ao templo;

g. Os hinos em louvor *à* deusa Nanše, encontrados nas escavações dos sítios arqueológicos de Girsu, descrevem que no seu templo de Sirara, na cidade de Nina (atual Zurghul), em Lagaš, empregava em torno de 180 sacerdotisas, principalmente na moagem da farinha, na indústria têxtil e na alimentação dos pobres, cuidando dos doentes, dos órfãos, das viúvas e dos desvalidos. Estas ações exemplares de desprendimento, caridade e comiseração, embora estes conceitos humanitários ainda estivessem em estágios embrionários, muitas vezes beirando a hipocrisia, se espalharam na sociedade mesopotâmica, e, de um certo modo, tornando o *óbolo* um hábito, que liberava os penitentes das camadas sociais superiores, a elite, de se submeterem à Provação do Calvário, uma vez ao ano, de se prostrarem como puros de coração perante a deusa no culto de adoração no grande festival no primeiro dia do ano novo;

h. No pensamento beligerante, a adoção de uma disciplina, e uma estratégia militar, o equacionamento tático, técnicas e estratagemas na condução de uma guerra ou preparação de uma defesa no campo de batalha ou da cidadela, em contrapartida aos combates individuais caóticos, corpo-a-corpo, típicos dos bárbaros guerreiros;

i. Uma monarquia dinástica, que, de forma ardilosa, se estabeleceu, primeiro, no trono de Lagaš, engendrando uma estrutura de poder com prescindência da participação do templo nas decisões políticas, substituindo, inteligentemente, a submissão dogmática às divindades por uma pseudo-religiosidade, para não afrontar a classe sacerdotal; e canalizando a avareza dos comerciantes para a possibilidade de expansão de mercado e lucros decorrentes, para depois, simplesmente, organizar uma das maiores campanhas militares, que se tem conhecimento, de domínio e integração das cidades-Estado de toda a Mesopotâmia.

Então, por determinação do *status quo* dominante por milênios na Mesopotâmia, berço da civilização, personificado pela oligarquia de uma monarquia sagrada dinástica, cercada por uma classe sacerdotal templária e por uma classe aristocrática palaciana, ambas nababescamente privilegiadas, constituídas de militares, integrantes da nobreza, ricos comerciantes, e a alta administração pública, não poderiam continuar permitindo que estes soberanos literatas pudessem continuar implementando mecanismos de efetivação de justiça social, isto é, inculcando a ideia de um *"preço justo"* para a terra e para o trabalho, bem como para os produtos de primeira necessidade, cujas flutuações colocavam em risco a subsistência dos mais pobres.

Teriam que se destituídos do poder, a qualquer custo, e teriam que ser retirados os benefícios sociais e a remuneração justa, facultados às classes mais baixas, que constituíam a grande maioria da população mesopotâmica, onde estavam reunidos os camponeses, pastores, pescadores, artesãos, trabalhadores braçais que prestavam serviços à comunidade e a mão-de-obra para a fabricação dos produtos manufaturados – e foi o que aconteceu.

A partir da morte de Eannaturm, o império lagashita entrou em declínio e perdeu em muito o seu brilhantismo, com os sucessivos ataques alternados das cidades-Estado sumérias e dos territórios elamitas, a dinastia de Ur-Nanše durou pouco mais de 60 anos, passando de pai para filho, até que, em 2.364 aEC, Enannatum II, sobrinho-neto de Eannatum, a partir de uma trama palaciana foi deposto por Enentarzi, filho do sumo-sacerdote Dudu do templo de E-Ninnu, da cidade de Girsu, dedicado a Ninĝirsu.

Nos doze anos seguintes, cooptado com seu filho, Lugalanda, também sacerdote, ambos fracos e corruptos, governaram o trono de Lagaš, devastando a economia da cidade com confisco de terras, distribuição de propriedades para familiares, apadrinhados e para a camarilha palaciana, transformando os templos em um balcão de negócios, a partir de um crescimento exagerado e caótico da carga tributária, visando uma recuperação rápida das perdas que a classe sacerdotal teve com a política adotada pela dinastia de Ur-Nanše, aliada a usura da classe aristocrática e de funcionários parasitários da alta administração, que se amparavam no aparato burocrático monstruosamente expandido para criar impostos, e a população cada vez mais empobrecida e a desagregação social instalada nas camadas mais inferiores.

O inspetor dos barqueiros revistou os barcos. O inspetor de gado requisitou o gado grande e pequeno. O inspetor de pesca requisitou o produto da pescaria. Quando um cidadão trazia uma ovelha coberta de lã para o palácio para tosar, ele tinha que pagar 5 siclos se a lã fosse branca. Se um homem se divorciou, o ishakku recebia 5 siclos e o vizir um. Se um perfumista compôs uma pomada, o ishakku recebia 5 siclos, o vizir, um e o prefeito do palácio, outro. Quanto ao Templo e seus bens, o ishakku se apropriara deles para sempre. "Os bois dos deuses araram os quadros de cebolas no ishakku; os quadrados ishakku de cebolas e pepinos ocuparam as melhores terras do deus. Os mais veneráveis dignitários do Templo, incluindo os Sangas. Eles foram vistos confiscando um grande número de seus burros e bois e uma grande quantidade de seus grãos. A própria morte estava sujeita a taxas e impostos. Quando um morto era levado ao cemitério, um enxame de funcionários e outros parasitas estavam sempre lá, prontos para extrair da família enlutada tudo o que pudessem de cevada, pão, cerveja e móveis de todos os tipos. De uma fronteira de Estado a outra, nosso cronista observa com amargura, "havia cobradores de impostos". Nessas condições, não é de se estranhar que o Palácio prosperasse de maneira opulenta. As terras e bens de que o palácio se apropriara formavam uma imensa propriedade ininterrupta. O texto a que nos referimos diz, palavra por palavra: «As casas do ishakku e os campos do ishakku, as casas do harém do palácio e os campos do harém do palácio, as casas da família do palácio e os campos da família do palácio, pressionados uns contra os outros. (KRAMER, 1985, p. 54-55).

O enriquecimento ilícito de Lugalanda e sua esposa Baranamtarra levou o casal de monarcas a se tornaram os maiores proprietários de terra da região. Convém mencionar o papel relevante de Baranamtarra, que, como filha de um grande fazendeiro lagashita, foi instruída com conhecimentos contábeis, que lhe valeram a administração do Templo da deusa Bau.

A corrupção envolvia o sequestro dos bens existentes nos templos de Ninĝirsu e da deusa Bau[49], para servir aos seus interesses pessoais, como, por exemplo, utilizar os bois sagrados dos templos para arar seus próprios

---

[49] **Bau** (sumério = "e2-DBa-ba") = deusa da fertilidade e da colheita, dotada de poder regenerativo que restaurava todo o fragmenta-do, que tinha o poder de criar vida na terra, e curar as doenças, desempenhando um papel proeminente em rituais de encantamentos destinados a aliviar aqueles que sofrem.

campos, o uso do estoque dos celeiros para beneficiar os membros de sua família, ou ainda, destituir os sacerdotes da administração dos zigurates e nomear um apaniguado desonesto, que aceitava subornos e cobrava tributos onerosos sobre os rituais litúrgicos, que depois era dividido com o *ensi*.

Enquanto seu marido fazia jus a reputação de ganância e corrupção da sua dinastia, na administração dos templos, prescindindo da tutela dos deuses, ela, em contrapartida, com suas habilidades comerciais, e utilizando os bens usurpados como excedentes, obtidos de modo fraudulento pelo seu marido, buscava manter relações diplomáticas com estados vizinhos, comprando e vendendo animais e produtos derivados, como: tecidos, tapetes, laticínios, vestuário etc., em transações mercantis hipocritamente realizadas sob a égide da deusa Nanše, para ampliar o ganho pessoal e ostentar o poder do reinado.

Figura 56 – Obelisco de Maništušu

Fonte: Museu do Louvre, Paris

Por volta de 2.352 aEC, em circunstâncias não claramente definidas, ao invés de Urtarsirsira, filho de Lugalanda, ascender ao trono de Lagaš, assume a coroa Urukagina, que não possuía sangue-real, nem pertencia a linhagem dinástica de Enentarzi, que prematuramente foi identificado pelos historiadores como sendo, apenas um usurpador de origem desconhecida.

A partir das traduções feitas no Obelisco de Ma-ništušu, soberano de Acádia, que reinou entre o período de 2.269 até 2.255 aEC, encontrado no sítio arqueológico de Girsu, Urukagina *é* identificado como um comandante de alto escalão (sumério = "*gal-ug$_3$*") do exército lagashita, casado com Šuša, irmã de Lugalanda, seu predecessor.

Os registros encontrados durante as escavações francesas no sítio arqueológico de Susã, não fazem referência a qualquer resistência armada por parte dos militares à sucessão anômala, justamente por ter sido devida por legitimação dinástica através das relações familiares.

A transição de governo entre Lugalanda e Urukagina, analisada com base nos relatos descritos em 1.200 tábuas de argila encontradas nas escavações em Girsu, parece-nos que ocorreu de forma gradual e suave, sem conflitos entre facções, visto que Lugalanda veio a falecer dois anos após a ascensão de Urukagina ao trono de Lagaš, supostamente, dado as condições descritas, por razões de doença, pois toda rebelião ou usurpação de tronos na Mesopotâmia sempre vieram acompanhadas de muita luta e muito sangue.

Aparentemente, os atributos administrativos de Baranamtarra não foram desprezados no governo de Urukagina. Como as cresceram expressivamente as atividades da Casa das Mulheres, centro econômico estatal dos governos de Enentarzi e Lugalanda, dirigidos por suas esposas, Dimtur e Baranamtarra, respectivamente, que foi convertida no governo de Urukagina no templo da deusa Bau sob a gestão da sua esposa Šaša,, necessitava da participação de quase 1.000 trabalhadores, no qual, possivelmente, a colaboração da viúva de Lugalanda foi extremamente importante, ao ponto de que, o seu pomposo e espetacular ritual fúnebre, organizado pela rainha Šaša, ocorrido no terceiro ano do reinado, contou com a participação de, pelo menos, 617 pessoas, entre 164 cantoras e 118 carpideiras.

Urukagina, embora criado nos corredores palacianos e instruído com os conhecimentos ministrados nas *e-ddubas*, como militar, era diplomado na legitimidade da ordem política do direito, no campo experimental da vida consuetudinária, das vielas, dos mercados e dos campos de batalha, na qual se desenvolve o senso comum de todos os seres humanos que são explorados, oprimidos e humilhados, e, portanto, estava pronto e preparado, física e intelectualmente, para lutar e obter a liberdade, a igualdade e o respeito, há muito ausente na sociedade lagashita.

Com a conjunção das condições históricas e sociais que lhes foram favoráveis, Urukagina deu vazão a um conjunto de ideias inovadoras e revolucionárias, que permeavam os corações e as mentes de uma explorada e exaurida classe social lagashita, na maioria formados por homens e mulheres, mercadores, pescadores, barqueiros, pedreiros, carpinteiros, artesãos, pastores, agricultores, pecuaristas, camponeses, isto é, a base econômica da estrutura social da cidade-Estado, dispostos a colocá-las em prática para promover as mudanças pretendidas, mesmo correndo risco de morte, para vencerem as possíveis confrontações que poderiam surgir por parte dos beneficiários da corrupção que haviam nos meandros e no aulicismo palaciano e nas câmaras dos zigurates de Lagaš.

Havia na sociedade lagashita duas posições antagônicas dos grupos sociais que reclamavam por uma melhor distribuição de propriedades, da produção e taxação de impostos: por um lado uma legião de trabalhadores, operários, artesões etc., com capacidade intelectiva limitada, imposta por questões de uma identidade sociocultural, que os mantinham impossibilitados de ascender, desde os reis sumérios *"pós-diluvianos"*, remunerados na medida do que cada um produzia como esforço pessoal; e por outro lado uma aristocracia formada nas *e-dubbas*, com uma inteligência pervertida, desenvolvida exclusivamente para o lucro, obcecados pela cobiça e pela ambição, uma expressão da usura e da pilhagem, que buscavam implantar seu reinado de domínio econômico, de opressão e tirania.

Urukagina, um homem do povo, tinha conhecimento da relação que os mesopotâmicos mantinham de total subserviência à vontade dos deuses, bem como, da sua assumida *"impureza"* perante suas divindades, expressa através dos salmos de penitencia que os lagashitas eram obrigados a entoar diariamente para santificar o dia, para desenvolver a força, imunidade e proteção contra qualquer mal, bem como, para atrair sorte, riqueza, abundância e prosperidade; ou para implorar o perdão dos *"deuses"* pelas possíveis faltas cometidas.

Os mesopotâmicos procuravam obter as graças divinas por meio de sacrifícios regulares de animais, muitas vezes, com oferendas diárias de alimentos e bebidas, através de rituais complexos, realizados pelos sacerdotes nos templos, que eram considerados a morada dos deuses na Terra

A prática comum na Mesopotâmia e as razões para a adoção, de um deus pessoal eleito para proteger os soberanos da dinastia Ur-Nanše, também foram utilizadas por Enentarzi e Lugalanda.

Conforme uma relação das listas de oferendas aos deuses, encontradas nas escavações em Girsu, Urukagina, até se desvencilhar do poder político de Lugalanda e Baranamtarra, manteve Mesandu e Shulutula, as mesmas deidades que seus predecessores, como deuses pessoais, nesta ordem de importância, embora tenha elegido, no início do seu reinado, Ninšubur como sua/seu deusa/deus patronal, uma entidade ctônica, guarda-costas de Inanna.

Após a morte de Lugalanda, ele mudou a ordem das oferendas e adotou a mesma divindade protetora pessoal da dinastia de Ur-Nanše, a deusa

Šulutula, seguida por Ninšubur, e, por último Mesandu, conforme descrito nas inscrições encontradas no soquete de porta do Templo de Ninĝirsu.

Uma das primeiras ações de Urukagina, para não confrontar diretamente o clero, foi ser empossado como *"ensi"*, tal qual os demais reis literatos da dinastia Nanše, e devolver ao deus Ninĝirsu as terras que estavam sob a posse do trono, que seus predecessores subsequentes usurparam.

Nem todos os sacripantas seguiram seu exemplo, voluntária e espontaneamente, principalmente os sacerdotes, que usavam os campos de ração (GÁN.šukura), que lhes foram "concedidos" pelos deuses para remunerar os funcionários do templo, e, portanto, não podiam, *a priori*, ser vendidos, nem herdados, nem usados para benefício próprio.

Como as terras e os bens dos templos eram propriedades da divindade patronal da cidade, e eram administradas pelo *"ensi"*, para implementar ações de combate à opressão pelo poder e pela tirania, Urukagina, um ano após assumir o trono de Lagaš, rompe com sua condição *"sacerdotal"* e se autodenomina *"Lugal"*, assumindo as terras cultiváveis, os canais de irrigação, os estoques cerealistas dos armazéns e o gado da classe sacerdotal, dos funcionários parasitas da alta administração pública e de alguns proprietários, sabidamente escroques, que tinham usurpado dos cidadãos lagashitas, para estabelecer mecanismos concretos de equilíbrio do bem-estar público e justiça social.

E, quando, Urukagina, vendo que tanto os sacerdotes com os demais usurpadores não o fariam por bem, passou a legislar, promulgando leis, reformas tributárias, restringindo o poder de funcionários corruptos, governando os templos em nome dos deuses, e criando o primeiro registro histórico que se tem conhecimento, um conjunto de normas de combate à tirania, ao autoritarismo, à arbitrariedade e à opressão do poder de uma monarquia absolutista na Mesopotâmia.

Assim sendo, retomou o usufruto das terras confiscadas anteriormente pelos sacerdotes. E daí, Urukagina deles só ouviu reclamações, protestos, ofensas sacrílegas e blasfêmias. Em contrapartida, para compensar a sua vida monástica, aboliu os impostos sobre o oráculo e o divórcio, taxou os casamentos e reduziu para a metade a taxa cobrada para celebrar um funeral.

Embora não possa se comparada com as Constituições atuais, por não guardar as características principais de uma legislação, que é reger um ordenamento jurídico de um país, estabelecendo regras que regulem e pacifiquem conflitos de interesse dos grupos que integram a sociedade que o compõe, o Código de Urukagina, como ficou conhecido, têm uma importância histórica relevante, como um legado para as gerações futuras, por implementar os princípios embrionários que fundamentaram os conceitos de liberdade e de justiça, e estabelecer a primeira reforma social e administrativa tributária que se tem registro, como um triunfo da civilização sobre a barbárie.

"Desde tempos remotos, quando a vida começou, naqueles dias,
o oficial dos barcos se apropriava dos barcos,
o oficial dos mantimentos se apropriava dos burros e carneiros.
Os pastores pagavam uma quantia de prata por cada ovelha.
Tais eram os costumes daqueles tempos.
Quando Ningirsu, guerreiro de Enlil,
deu o reino de Lagaš para Urukagina,
escolhendo-o dentre uma miríade de guerreiros,
ele restaurou os costumes de tempos antigos,
obedecendo às ordens de seu mestre Ningirsu.
Urukagina tirou o barco do oficial de barcos.
Tirou os animais do oficial de mantimentos.
Tirou do supervisor dos silos o controle dos impostos sobre os grãos. Eliminou o imposto pago pelos pastores.
Os administradores, graças ao grande Urukagina,
não mais pilhavam os pomares dos pobres.
Quando um pobre adquire uma mula, e um rico deseja comprá-la,
o pobre pode pedir o preço que desejar
ou até mesmo não vender seu animal,
pois o rico não mais terá poder de mandar sobre o pobre.
Urukagina perdoa as dívidas dos cidadãos de Lagaš.
Urukagina protege os desamparados.
A viúva e o órfão não mais estarão à mercê dos poderosos."
(KRAMER, 1985, p. 50-51).

Conforme Pecotche (1937, p. 13), *"tanto na História como em qualquer outro dos ramos do saber, o investigador sincero não se deixa surpreender jamais pelas aparências [...]. Seu pudor científico o impede e, será sempre visto buscando o que constituiu o motivo de seus afãs nas próprias origens das coisas que investiga"*.

Penso que a leitura consciente das ações promovidas por Urukagina para estabelecer uma justiça social na cidade-Estado de Lagaš e em toda Mesopotâmia, bem como os meios por ele utilizados, levando-se em consideração as circunstâncias envolvidas, são tão importantes quanto outras chaves espalhadas pela Criação, para ampliar nossa compreensão a respeito de todo conhecido sobre o que é o humanismo, e permitir ter uma visão ampla dos inexoráveis preceitos ultracientíficos que regem o conceito de misericórdia e o alto senso de justiça.

Sob o célebre lema de que a liberdade é uma expressão de um mundo civilizado e que todos os povos a definem como o maior de seus anelos e de suas aspirações para o futuro, os regimes totalitários sempre, desde que se tem registro dos processos que os humanos empreenderam para alcançar uma organização social mais complexa que a estruturação tribal que reunia os caçadores-coletores, utilizaram-se da arbitrariedade dos seus poderes ilimitados, das argucias da dialética, da retórica da persuasão e da manipulação, das artimanhas da demagogia e das disjunções falaciosas, para implantar, sorrateiramente, na psicologia de indivíduos débeis, ingênuos, crentes e inconscientes, que se encontram sob os seus domínios e influência despótica; uma opressão, uma escravidão e a inclemência de ideias.

Este agrilhoamento das prerrogativas individuais, que, tem feito os progressos, alcançados em cada uma das etapas civilizatórias, retrocederem séculos, como em um movimento cíclico ininterrupto, uma maré de posicionamento político autoritário.

A presença de um militarismo e de preceitos religiosos como formas de controle e manipulação da população, através dos quais a ignorância impõe à mente humana, à medida que o indivíduo se propõe a buscar, neste processo de acercamento ao conhecimento, transcender as suas perspectivas intraindividuais, um sucessivo retardamento, que impede o avanço do processo evolutivo da humanidade.

Para que a liberdade exista como doutrina político-econômica civilizatória, o indivíduo deve primeiramente cultivar sua inteligência; elevar seu moral, vinculando-o estreitamente à sua responsabilidade individual; e ter uma consciência plena do equilíbrio que deve existir entre seus deveres e seus direitos; sobretudo ter uma união plena entre os conceitos de liberdade e de justiça, que são produtos de uma manifestação que transcende o foro interno dos seres humanos.

Em nossos dias, ante as poderosas correntes do despotismo de grupos oligárquicos que tanto corpo ganharam na Inglaterra e França do século XIX, e que, depois, nos anos dourados, influenciaram os americanos, japoneses e alemães para estabelecer, como uma forma de sociabilidade do capitalismo, vínculos econômicos formados em alianças militares e usando estratégias do tipo *"Welfare State"* para harmonizar a contradição entre o capital e o trabalho, vem repetindo reiteradamente, em ondas sucessivas, desde a antiga Mesopotâmia, os mesmos modelos políticos que, disfarçados pelos instrumentos de controle social, visam manter sua estrutura de poder arbitrária e a preservação da sua hegemonia sobre as demais doutrinas.

Este falso poder seduz grande parte da humanidade, perverte os verdadeiros conceitos de autoridade e liberdade, e conduz o homem às mais vergonhosas manifestações de egoísmo, egolatria e ânsias sinistras de dominar o semelhante.

A liberdade é para o ser humano uma necessidade lógica e uma prerrogativa natural da espécie, que, ao transcender o foro íntimo, torna-se imprescindível para que as faculdades mentais e sensíveis do indivíduo encontrem o terreno propício para seu funcionamento, cultivo e desenvolvimento dos valores de caráter inviolável, intemporal e universal, que estão vinculados à dignidade humana.

O Código de Urukagina plantou a semente do conceito de liberdade na sociedade mesopotâmica fundamentada na essência do direito e do dever, que é a síntese da responsabilidade humana, como parâmetro para permitir uma vida humana mais digna das classes menos abastadas, principalmente, porque cortou os trâmites burocráticos no sistema organizacional e nos procedimentos administrativos da cidade-Estado de Lagaš e estabeleceu mecanismos normativos que limitava os poderes dos sacerdotes, aristocratas, funcionários públicos, cobradores de impostos e inspetores fiscais inescrupulosos, de explorarem, por meio de tributos extorsivos, agiotagem, roubos, assassinatos, semiescravidão forçada, e usurpação de terras e bens, dos mais débeis, dos desvalidos, os pobres, os cegos, as viúvas e outros.

A importância histórica do Código de Urukagina deve-se ao fato de tratar-se de um mecanismo legislativo humanista, intuitivo, de construção ética, moral e política baseado na solidariedade coletiva, que muito se aproximou do conceito atual de igualdade de direitos e deveres, adaptado às características dos indivíduos que compunham a estrutura estamental da sociedade mesopotâmica, para compensar a degradação social, a servidão coletiva, o temor pela violência e pela repressão política e religiosa, a pobreza e a fome a que foi submetida a população de Lagaš pelas oligarquias que o antecederam.

Figura 57 – Transcrição dos *"Cones da Liberdade"* sobre as reformas sociais de Urukagina

Fonte: Museu do Louvre, Paris (AO 3278)

Acima de tudo teve o proposito político de, ao registrar uma série de atitudes éticas que deviam reger a relação dos governantes, quer fossem reis, aristocratas ou sacerdotes, com seus súditos; e garantir que a ideia da soberania era um direito divino, cujo poder era exercido pela vontade dos deuses; além de tentar evitar a implementação do absolutismo para o qual tendia a monarquia na sociedade mesopotâmica, e configurar que a justiça era um desejo e um princípio divinos.

> O ideal de justiça de Urukagina, como fundamento da sociedade, assegurava o desejo dos deuses: um governo justo. A justiça buscava a ordem da sociedade frente ao caos, assim que o governante eleito devia ser um rei justo, já que, do contrário, seria castigado. (FRANKFORT, 1981, p. 258).

As reformas introduzidas por Urukagina para estabelecer os direitos legais básicos dos cidadãos lagashitas ficaram registradas em três cones de argila, ao que se convencionou chamar de *"Cones da Liberdade"*, que podem ser comparados, na história da humanidade, como tão importantes quanto os códigos de Ur-Nammu, Hamurabi, a Carta Magna ou mesmo a própria

225

Declaração Universal dos Direitos Humanos, não só pela questão da justiça social, na defesa dos mais necessitados, mas também pelo conceito estabelecido pelo soberano Urukagina da obrigatoriedade da oligarquia mesopotâmica se preocupar em buscar produzir o bem-estar dos seus súditos, através de um instrumento que retirava o poder clerical e o da nobreza, e, ainda mais, o de uma classe embrionária que começava a se desenvolver, a qual, a partir do crescente fluxo do comércio e sua importância na vida dos povos, passaria, mais tarde, a dominar sociopolítica e economicamente as demais classes.

As reformas sociais introduzidas por Urukagina, registradas nos "*Cones da Liberdade*", foram compiladas em quatro seções, dispostas em dois cones:

a. Uma introdutória em louvor ao deus Ninĝirsu apresentando a capacitação do governante, como construtor e legislador, e buscando obter dele suas bênçãos;

b. Uma lista de "abusos de poder e de autoridade" cometidos pelos soberanos que o antecederam, bem como pelos sacerdotes e funcionários corruptos da administração destes governos;

c. Uma relação de soluções de cunho comportamental e tributária contra estes abusos, elaborada por Urukagina, a ser impingida a sociedade lagashita;

d. Uma exaltação do monarca deste arauto de emancipação da população mais pobre e de proteção dos órfãos e viúvas, bem como as penas disciplinares a serem aplicadas aos inadimplentes e infratores, conforme sua transgressão.

Pela primeira vez no processo evolutivo da humanidade, se buscou definir um modelo das condições mínimas que deveriam configurar os direitos e os deveres sobre as acepções de liberdade e igualdade que os pobres e menos favorecidos deveriam ter, já que a aristocracia tinha todos os privilégios, e, também, não por merecimento da sua função como membro de uma comunidade, mas pela compreensão vigente na época, do que era o ser humano, em todos os seus aspectos morais, éticos e sociais, e, assim estabelecer um sistema legal formalizado, de forma a salvaguardar e restabelecer uma ordenação correta e verdadeira, que garantisse o bem-comum de todos os componentes da sociedade.

Todo intento de reforma e/ou superação das qualidades intrínsecas que surgiram, surgem e surgirão nos oprimidos e agrilhoados por entraves mentais, pela intolerância, opressão e impostura, inspirado pelo espírito humano, rebelde por excelência, promove na vida dos seres que anima, o anseio de emancipar-se das travas psicológicas da ignorância e da inconsciência. É uma luta constante que está presente em todos os atos da vida humana, desde tempos imemoriais, que se resume na prerrogativa de definir os caminhos a serem tomados e na possibilidade de redenção dos erros cometidos.

> Kant destaca o caráter racional do ser humano que o diferencia de todas as outras coisas (incluindo os animais não-humanos), por disporem de desejos e objetivos autoconscientes. Em outras palavras, os seres humanos são agentes racionais, ou seja, agentes livres capazes de tomar suas próprias decisões, estabelecer seus próprios objetivos e guiar suas condutas por meio da razão. (RACHELS, 2006, p. 132).

Em contrapartida aqueles que, durante toda a história da humanidade, julgaram e julgam que podiam beneficiar-se com os resultados da exploração do trabalho escravo, que coisificaram e objetificaram todas as atividades inerentes à vida dos demais, transformando-as em mercadoria, portanto, passíveis de serem comercializadas, manipuladas, descartadas, em suma, escravizadas; sempre ofereceram resistência ferrenha a todo melhoramento do homem, que o permitisse romper o estamento social e ascender na sua escala evolutiva, pois não têm uma consciência enriquecida com conhecimentos superiores, que pudessem distingui-los, diferencia-los e torna-los dignos, como sendo um elemento pertencente à espécie, são arremedos de humanos em um pretenso processo de evolução – um espelhismo.

Podemos caracterizar esta relação mercantil que se desenvolveu nas autarquias lagashitas, como sendo as raízes de um modelo de racionalidade, um embrião da materialização da astúcia, do engendro e da habilidade, que, mais tarde, se convencionou chamar de capitalismo, concretando os fatores que constituem os pilares que sustentam a apologética da sociedade dominante – a burguesia.

Muitos historiadores, filósofos, economistas, professores renomados de grandes instituições de ensino, dedicados pesquisadores da História Antiga, se referem a Urukagina usando palavras ofensivas e ultrajantes, como "*um Lugal usurpador e tirano*"; "um fanático que levou o Estado lagashita à desorganização"; "*um causador de grandes danos às terras de Lagaš*"; "*um golpista, de origem desconhecida, que derrubou uma dinastia monárquica legalmente estabelecida*" – mesmo que este governo fosse de oligarcas fracos e corruptos; "um socialista teocrático"; "*um populista anticlerical*"; "um golpista que, para legitimar seu poder, realizou reformas sociais"; e, de forma pejorativa, associando-o a "um governante comparado a Jimmy Carter" ou a um "Donald Trump mesopotâmico" (BAUER, 2007, p. 92-93).

Todos têm, em sua psicologia, características com forte conotação ideológicas-partidárias-religiosas, que comprometem uma investigação historiográfica dos eventos históricos, pois analisam os fatos e as circunstâncias baseados nos seus conceitos fundamentais formados, nas religiões que ardentemente professam, como cristianismo, judaísmo, islamismo, zoroastrismo, ou nas doutrinas econômicas liberalistas do tipo hayekiana, ou ainda, reverentes adeptos da Monarquia, simpáticos à vassalagem moral (contrária a equidade natural) e à empáfia da soberania.

Com base no exposto acima, penso que tais insultos proferidos contra Urukagina tiveram o propósito de desmerecer o ineditismo histórico das reformas sociais e tributárias promovidas em Lagaš, por este monarca, pois contrapunham às visões analítico-comportamentais daqueles historiadores, baseadas nas crenças, tradições, princípios, dogmas e mitos que sustentavam as correntes filosóficas que professavam, que, a meu entender, torna o indivíduo mais, ou menos empático, aos fatores que compõem um fato histórico, ideologicamente observado, independentemente da necessidade do observador ter ou não uma consciência do que seria necessário para julgar esta ou aquela circunstância. Bastando crer que assim fosse!

Pode-se denominar Ideologia toda crença usada para o controle dos comportamentos coletivos, entendendo-se o termo crença, em seu significado mais amplo, como noção de compromisso da conduta, que pode ter ou não validade objetiva. Entendido neste sentido, o conceito de Ideologia é puramente formal, uma vez que pode ser vista como Ideologia tanto uma crença fundada em elementos objetivos quanto uma crença totalmente infundada, tanto crença realizável quanto uma crença irrealizável. O que transforma uma crença em Ideologia não é sua validade ou falta de validade, mas unicamente sua capacidade de controlar os comportamentos em determinadas situações. (Dicionário de Filosofia de Abbagnano, 2007, p. 531).

Porém, não foi somente a trama palaciana e dos templos que Urukagina teve que enfrentar durante seu governo. Os conflitos entre as cidades-Estado da Mesopotâmia continuavam intensos, principalmente com Umma, contra a qual Lagaš vinha mantendo uma guerra por mais de sete gerações.

Reis Sumérios – Dinastia de Umma

O comércio com as demais cidades-Estado sumerianas e territórios circunvizinhos, nos dois primeiros anos do reinado, foram mantidos sob o controle de Šaša e o apoio de Baranamturra, porém, no terceiro ano, Urukagina tomou conhecimento da ameaça ummaíta e urukiana, que, aliados, rondavam o trono de Lagaš, e, como um monarca pacífico que era, tentou evitar uma guerra iminente enviando sucessivas missões diplomáticas com oferendas para os deuses patronos de Umma e Nippur, inclusive, em algumas delas, com a presença da sua própria rainha Šaša.

As exigências para a manutenção da paz proposta pelos respectivos soberanos Lugalzagesi e Enshakushana, das cidades de Umma e Uruk, foram tão abusivas, que fizeram com que Urukagina suspendesse suas relações diplomáticas com estas cidades, principalmente, para fazer frente ao bloqueio das rotas comerciais que atendiam a cidade de Lagaš, imposto pelos ummaítas.

E Urukagina estava sozinho, no trono de Lagaš. As reformas sociais por ele promovidas, as quais dedicava a maioria do seu tempo, trouxeram impactos financeiros e de autoridade para a aristocracia e para o clérigo, que, ressentidos pela redução das seus privilégios autocráticos, do seu poder político, absoluto e despótico, não apoiaram o soberano na defesa do reinado, pois sendo normalmente os proprietários de terra, a base da classe militar, em revanchismo, estes não cederam os camponeses que lhes prestavam serviços, em caráter de manso servil, para compor os exércitos de Urukagina.

Embora alguns nobres tenham se disposto, o fizeram mediante o pagamento de subornos, obrigando o soberano emitir um édito de convocação em caráter de urgência, para assegurar a defesa do povo da cidade, contra a desordem provocada pela nobreza que se somava à heresia dos sacerdotes, e fazer frente as tropas ummaítas, que marchavam contra as muralhas de Lagaš, cercando e ameaçando destruí-las.

Os ummaítas chefiados por Lugalzagesi, um soberano descendente da casa real de Umma, atacaram por três vezes consecutivas, durante dois anos, a cidade de Lagaš, porém, sem sucesso. A expertise militar de Urukagina valeu-lhe uma resistência destes ataques mantendo as muralhas intactas até o sétimo ano do seu governo, mesmo privado do apoio de sua aristocracia, que o deixaram em condições exíguas dos recursos de pessoal, subsistência, e de materiais bélicos.

Em 2.340 aEC, as muralhas de Lagaš sucumbem às tropas de Lugalza-gesi, que, impiedosas destroem a cidade, profanando os templos, queimando, saqueando e matando todos, com tamanha crueldade, que, conforme as inscrições, beirou as raias da barbárie e da selvageria, que não poupou nem os nobres, nem os plebeus.

(Anverso da Placa – Frente)
O Homem de Umma {Lugalzagesi}
ao dique do território de fronteira ele ateou fogo.
Para o {templo} Antasura ele ateou fogo,
e sua prata e lápis-lazúli ele empacotou.
O palácio de Tirash ele saqueou,
o Abzu Menor ele saqueou,
o estrado de Enlil e o estrado de Utu ele saqueou,
o Ahush ele saqueou
e sua prata e lápis-lazúli ele empacotou.
O Ebabbar ele saqueou,
e sua prata e lápis-lazúli ele empacotou.
O terraço do templo de Ninmah
do bosque sagrado que ele saqueou,
e sua prata e lápis-lazúli ele empacotou.
O Bagara ele saqueou,
e sua prata e lápis-lazúli ele empacotou.
Para o Dugru ele ateou fogo,
e sua prata e lápis-lazúli ele empacotou.
O Abzu do Levee ele saqueou.
No templo de Gatumdu ele ateou fogo,
sua prata e lápis-lazúli ele empacotou,
e suas estátuas ele demoliu.
Para o templo oval de Ib-eanna de Inanna ele ateou fogo,
sua prata e lápis-lazúli ele empacotou,
e suas estátuas ele demoliu.
O Escolhido pelo Coração (templo) ele saqueou,
e sua prata e lápis-lazúli ele empacotou.
Em Henda, ele derrubou os pastores (?).
Em Ki'esh, o templo de Nindar ele saqueou,
e sua prata e lápis-lazúli ele empacotou.
Em Kinunir, no templo de Dumuziabzu ele ateou fogo,
e sua prata e lápis-lazúli

Reverso da Placa (Atrás):
ele se livrou.
No templo de Lugalurub ele ateou fogo,
e sua prata e lápis-lazúli ele empacotou.
O templo E'engura de Nanshe ele saqueou,
e sua prata e lápis-lazúli ele empacotou.
Em Sagub, o templo de Amageshtina ele saqueou,
e da (estátua de) Amageshtina
sua prata e lápis-lazúli ele empacotou
e jogou (a estátua) em seu poço.
Nos campos de Ninĝirsu, tantos quantos foram cultivados,
sua cevada ele arrancou.
O Homem de Umma, depois de destruir Lagaš,
é um pecado que ele cometeu contra Ninĝirsu.
A mão que ele trouxe contra ele,
ele (Ninĝirsu) vai cortar!
Um pecado de Urukagina, rei de Girsu, não é!
Lugalzagesi, o governante de Umma,
por sua deusa Nisaba,
deixou que o pecado fosse carregado em seu pescoço!
Lamento da queda de Lagaš
Tábua de argila de Lugalzagesi (CDLI 222618).

Figura 58 – Transcrição do canto fúnebre *"Lamento da queda de Lagaš"*

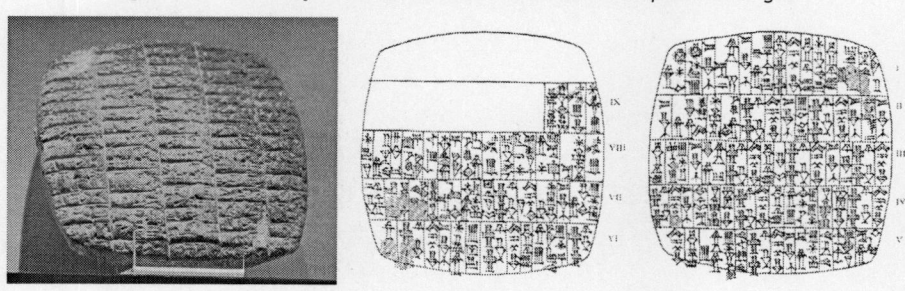

Fonte: Museu Britânico, Londres

Lagaš sucumbe após o terceiro ataque ummaíta, comandado diretamente por Lugalzagesi. Urukagina sobreviveu fugindo com suas duas filhas Amattar-Sirsirra e Gemesila-Sisirra, e com sua esposa Šaša, e se refugiando na cidade lagashiana de Girsu. Infelizmente, Aneragin, um dos seus três filhos é morto em batalha.

Durante mais dois anos, e mais duas investidas das tropas ummaítas, que Urukagina conseguiu rechaçar, não foram suficientes para que, ao final, o último dos soberanos sumérios literatas caísse sob o domínio do *"Homem de Umma"*, porém, as condições de sua morte não estão claramente definidas nos registros históricos, mas a sua decepção e tristeza estão estampadas em um cone de fundação, encontrados no Templo de Ninĝirsu, na cidade de Girsu.

> [...]
> *n linhas faltando*
> "De minha parte, o que eu tenho disso?" Eu disse a ele:
> "Eu não fiz nenhum ato violento,
> mas os cachorros {o inimigo}
> hoje são ... minha cidade (?)"
> [...]
> *n linhas faltantes*
> Girsu foi cercado por ela {o exército inimigo},
> e Urukagina
> trocou golpes com ele com armas.
> Uma parede que ele {Lugalzagesi} fez crescer lá,
> e os cães que ele fez viver lá.
> Ele foi embora para sua cidade,
> mas uma segunda vez
> ele veio ...
> *resto da coluna faltando*
> Cone de Fundação de Urukagina (CDLI P222617).

Os ataques impiedosos de Lugalzagesi demonstraram que não foram inspirados pelo poder, ou pela expansão de território, ou ainda pela busca de terras cultiváveis que lhe permitiria aumentar os seus recursos de subsistência, mas sim pela vingança.

Uma represália pelas dezenas de anos em que a cidade de Umma sofreu derrotas sucessivas nas batalhas pelo controle dos campos fronteiriços de Gu'edenna; uma retaliação pelo tempo em que, humilhados, tiveram que se desfazer de parte da sua produção para pagar tributos aos lagashitas; uma desforra pelo sangue derramado por milhares de ummaítas nos campos de Antasura, Emah, Bara, Gesugga, Uggiga, em Namnunda-Kigara e em Lummagirnunta.

> Lugal-zagesi, Rei de Uruk, Rei da Terra,
> sacerdote de Ana,
> profeta de Nidaba;
> o filho de Ukuš, o patesi de Umma,
> o profeta de Nidaba;
> aquele que era considerado,

> favoravelmente, por Ana,
> como o Rei das terras;
> o grande patesi de Enlil;
> dotado de compreensão por Enki;
> cujo nome foi falado
> por Babbar (o Deus do Sol),
> o ministro-chefe de Enzu (o deus da Lua),
> o representante de Babbar,
> o patrono de Ninni, filho de Nidaba,
> que foi alimentado com o leite sagrado por Ninkharsaĝ, o servo
> do deus Mes,
> que é o sacerdote de Uruk,
> o aluno de Ninabukkhadu,
> a sacerdotisa de Uruk,
> a Grande Ministra dos Deuses.
> Transliteração do Vaso de Nippur de Lugalzagesi (CDLI P431232)
> (SALLABERGER; SCHRAKAMP, 2015, p. 80-81).

É claro que os custos despendidos com a mobilização e a logística para abastecer as tropas durante o cerco às muralhas de Lagaš, ao grande número de baixas sofridas pelos ummaítas nos ataques, a *"presunção"* de Urukagina, que, pela sua empatia social, era considerado fraco, e que ofereceu anos de resistência às suas ambições, foram as pretensas justificativas na decisão de Lugalzagesi para impingir aos lagashitas um tratamento severo. Embora, também, tenha um contexto psicológico midiático destinado às demais cidades da Suméria que, porventura, tivessem alguma intenção de oferecer-lhe resistência, induzindo-as a aceitar uma rápida rendição.

Lugalzagesi, filho do rei Ukuš, Ušurdu ou U'u (sumério = "u_2-kuš$_3$" ou "u_2-u_2") da cidade suméria de Umma, bisneto de Il, o sobrinho de Enakalle, aquele que havia usurpado o trono da filha de Ur-Lumma, Bara-innun, após a sua derrota para Entemena, na Batalha do Campo de Ganna-Uggiga, em Lagaš; assumiu o trono de Umma a partir de 2.342 aEC, com pouco mais de 25 anos de idade.

Vale ressaltar que, após a deposição de Enakalle e a morte do seu sucessor e filho Ur-Lumma, possivelmente, em função de que este teve apenas uma filha, Bara-irnum, como herdeira ao trono de Umma, Il, o sobrinho de Enakalle, que, embora não tivesse uma titularidade real, era primo de primeiro grau de Ur-Lumma, assumiu o reinado e foi coroado soberano daquela cidade-Estado.

Quando Il foi sucedido pelo seu filho Gisha-kidu, o casamento com Bara-irnum, foi providencial, pois uniram as propriedades da família real por meio de aliança conjugal, restabelecendo a dinastia de Enakalle no trono de Umma, e ainda, dando continuidade, através do seu filho Ukuš, e, sucessivamente, ao do filho dele, Lugalzagesi.

Esta genealogia é confirmada pelas inscrições em uma placa volitiva de ouro na qual a rainha Bara-irnum descreve, em detalhes, a ordem cronológica da dinastia de Enakalle.

> Para (o deus) Shara, senhor do E-mah:
> quando Bara-irnum,
> esposa de Gishakidu, rei de Umma;
> filha de Ur-Lumma, rei de Umma;
> neta de Ena-kalle, rei de Umma,
> filha de lei (sobrinha) de Il, rei de Umma;
> tornou Shara resplandecente e
> construiu para ele um trono sagrado,
> por sua vida, para Shara, no E-Mah,
> ela ofereceu (este ornamento).
> Inscrição volitiva de Bara-Irnum de Umma
> (THOMAS; POTTS, 2020, p. 108).

Figura 59 – Texto reconstruído a partir de fragmentos do Vaso de Nippur sobre Lugalzagesi

Fonte: Museu do Louvre, Paris

De acordo com as inscrições encontradas no Vaso de Nippur, aparentemente, Lugalzagesi empreendeu em seu reinado uma política expansionista beligerante, na qual, a partir do sétimo ano do seu governo, começou por implementá-la com a mobilização dos seus exércitos para atacarem a cidade de Lagaš.

Apesar de o reinado de Ukuš ter sido de pequena duração (2.367 a 2.359 aEC), ele deixou para Lugalzagesi um reino estruturado, com seus armazéns provisionados, e um forte e poderoso exército treinado e equipado, que lhe valeram a vitória na guerra travada com seu centenário inimigo, a cidade-Estado de Lagaš, embora os registros existentes não possuam indicações precisas da participação militar de Uruk nesta conquista, ao ponto de torná-la esmagadora sobre um oponente que sempre lhe foi superior nas batalhas anteriores.

As relações de poder mantidas com o soberano da cidade de Uruk, Enšakuša-Anna, que era neto de A'na-ne-pad-da[50] de Ur, não são claras nos registros encontrados.

Seu reinado longevo de 60 anos foi marcado por intensas campanhas militares contra as cidades de Hamari, Akkad, Kiš e Nippur, e suas vitórias levaram-no a reivindicar o título de *"Lugal ki-engi ki-uri"* (sumério = "Senhor da Suméria e de Acádia"), que, por conseguinte, ao ser destronado, em condições incertas, foi passado para Lugalzagesi.

Alguns historiadores sugerem que esta relação era de submissão pela conquista de Uruk em batalha; outras descrevem indícios de uma íntima relação desde sua infância, dado ao caráter de pupilo (aluno) da sacerdotisa Ninabukkhadu desta cidade.

Outros ainda, advertem para os registros contidos na Epopeia de Gilgámeš sobre as atividades docentes das sacerdotisas nos templos, que incluíam o adestramento social e sexual dos soberanos jovens e adolescentes, e em alguns casos, inclusive, o casamento das sumo-sacerdotisas, filhas das oligarquias locais, com os reis das cidades-Estado, através do ritual do *"hiero gamos"*, assumindo cargos e funções públicas na sociedade mesopotâmica.

Ainda que fosse o bisneto de um insurgente, ele era um filho de um monarca por hereditariedade e sumo-sacerdote do Templo de É-zigun dedicado à deusa Nisaba, em Uruk (deusa do aprendizado, patrona da escrita,

---

[50] Alguns historiadores relacionam o rei E-lulu de Ur, filho de A'annepada, como sendo o pai de En-shakusha-Anna, rei de Uruk, devido a transliteração de uma inscrição nas tábuas de argila encontradas no sítio arqueológico de Nippur descrevendo E-lilina, podendo ser E-lulu, como soberano de Kiš e Ur, e pai daquele monarca. (Ver State Hermitage Museum, São Petesburgo – ERM 14375).

da matemática e da astronomia, e guardiã do conhecimento), conforme inscrições de um sacerdote nas tábuas de argila, suas ações tiveram a anuência e a conivência de Enlil (chefe dos deuses) – mais um registro histórico de uma mudança da posição hierárquica da classe sacerdotal interferindo na hegemonia política sobre uma região ou cidade-Estado, não apenas na estrutura social dos povos sumérios, mas de todas as civilizações que haveriam de advir, ou seja, abdicando do papel de coadjuvante dos rituais apotropaicos mágicos de sacrifícios, de exorcismo ou de cura, e oferendas às divindades, para assumirem a posição de porta-vozes, interpretes ou intermediários dos deuses com os demais seres humanos, através dos quais as deidades manifestavam os seus desejos e as suas vontades.

> Quando Enlil (o alto deus),
> rei de todas as terras,
> deu a Lugal-zagesi a realeza de toda a nação (Suméria),
> (Enlil) dirigiu todos os olhos [dos outros governantes]
> do país em direção a ele Lugalzagesi (em obediência),
> colocou todas as terras aos seus pés [em submissão],
> de Leste a Oeste os fez subjugados a ele.
> Então, do Mar Inferior (Golfo Pérsico),
> junto do Tigre e Eufrates,
> para o Mar superior (Mediterrâneo),
> ele (o deus Enlil) colocou suas rotas em boa ordem
> para os exércitos de Lugalzagesi marcharem
> e para comunicação e comércio.
> Do Leste para Oeste Enlil consentiu-o rival algum;
> sob ele as terras repousaram contentemente,
> o povo fez festa,
> e os suseranos da Suméria,
> e os governantes de outras terras
> concederam suserania a ele (Lugalzagesi) em Uruk.
> Transliteração do Vaso de Nippur de Lugal-zagesi (CDLI P431232)
> (HAMBLIN, 2006, p. 65-66).

Lugalzagesi estabeleceu seu trono em Uruk, e com as riquezas e escravos obtidos na tomada das cidades de Lagaš e Girsu, fortaleceu seu exército e conquistou a cidade-Estado de Acádia, proclamando-se Rei de Uruk e Alto Rei de Kiš. Empreendeu uma série de expedições militares a outras cidades sumérias da região, até que, por volta de 2.320 aEC conquistou as últimas das cidades-Estado independentes do vale do rio Diyālā: Akšak, Adab, Zabala, Cidinguir e Nipur.

Mapa 11 – Território conquistado por Lugalzagesi no fim do século XXIII aEC

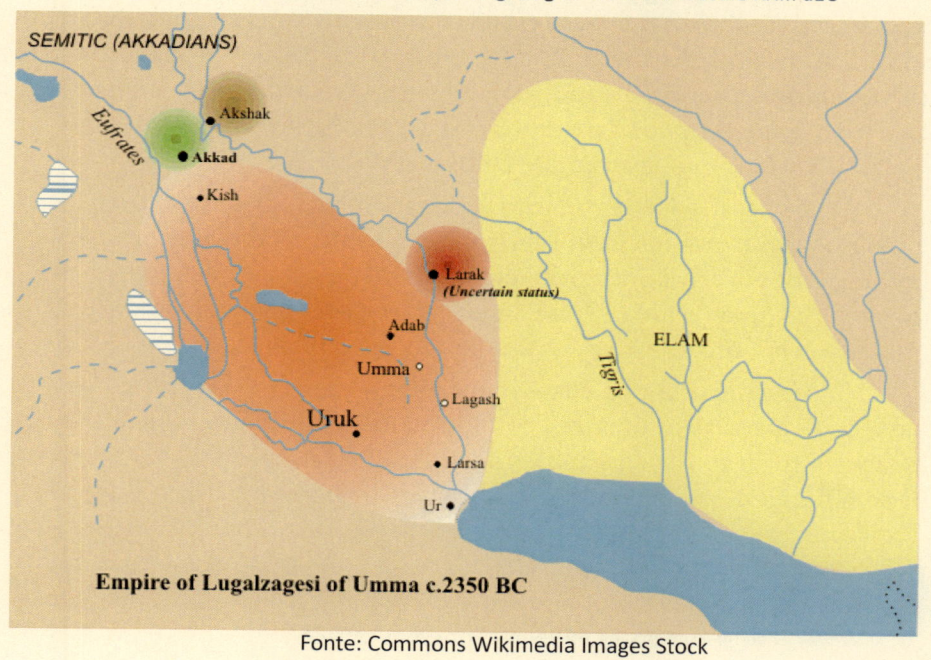

Fonte: Commons Wikimedia Images Stock

Unificado o governo das cidades sumérias e monopolizado o poder político sobre elas, Lugalzagesi estabeleceu com os governadores locais uma relação de suserania e vassalagem em troca de fidelidade e auxílio militar.

Com a Suméria conquistada e unida em torno de um governo absolutista, que procurou, de forma inteligente, salvaguardar os interesses individuais e as autonomias das cidades-Estado dominadas, Lugalzagesi parte para a conquista de terras estrangeiras; as vizinhas planícies do Elão aos pés dos Montes Zagros: Bašime, Zahara, Hidali, Susiana e Simurrum; e os territórios semitas de Mari e Ebla, situados no Norte da Síria, à noroeste da Suméria, atacando e derrotando o soberano mariota Išqi-Mari (2.350 – 2.330 aEC) e o eblaíta Išar-Damu (2.320 – 2.284 aEC), respectivamente; além de incorporar ao seu império a cidade de Nagar, suserana de Mari, e as regiões até as margens do *"mar superior"*, o Mediterrâneo.

As cidades-Estado sumérias sempre estiveram administradas por um poder dinástico de um guerreiro (*Lugal*) ou líder militar com autóctone local, em uma concepção política e social fundamentada na formação dos grupos tribais e/ou clânicos, caracterizado como Período Dinástico Antigo.

237

A conquista dos povos mesopotâmicos, através de campanhas militares, inspiradas por sonhos de se estabelecer um império, sempre buscaram administrar as cidades invadidas, mantendo os soberanos locais sob o jugo da vassalagem, pseudo-custodiada pelos deuses, *"patronos dos vencedores"*, que, supostamente, poderiam desferir sua ira inexorável contra o monarca inadimplente, que não cumprisse com os acordos firmados.

Lugalzagesi, com o propósito de monopolizar o poder político, social e religioso sobre as terras conquistadas, buscou estabelecer, através da nomeação de governadores correligionários e da territorialidade demarcada, uma relação de suserania e vassalagem em troca de sua fidelidade e auxílio, militar e econômico, que se convencionou denominar de "proto-estados".

O controle que Lugalgazesi buscou exercer sobre os povos destas cidades, dispersas em uma região muito ampla, multiétnicas e multiculturais, foi utilizar de campanhas ideológicas e doutrinárias, bem como a disseminação de propaganda psicológica de intimidação, para combater a desordem e a anarquia, de forma a manter as estruturas e os mecanismos de regulação social, para que as atividades desenvolvidas fossem organizadas e produtivas, sob o domínio do poder central, assentado em Uruk, com a coroa e o cetro sobre a sua cabeça e em suas mãos.

> Os impérios são estados expansionistas que mantém a dominação sob vários sistemas políticos de âmbito variável e complexo, e que estes estados estão em grande parte envolvidos com a canalização de recursos dos territórios sujeitos à política central, para o benefício econômico e a perpetuação política de um segmento limitado da população. (PARKER, 2001, p. 259).

Segundo Rogoff e Chavajay (1995), um aspecto enfatizado pela abordagem sociocultural é o de que a investigação do desenvolvimento humano deve considerar a inter-relação entre as dimensões individual, social e cultural. O desenvolvimento deve ser pensado como, incluindo, necessariamente, diferentes níveis de análise: microgenética, ontogenética, sociogênica e filogenética.

Podemos afirmar que o governo de Lugalzagesi é um ponto de inflexão no continuado processo de evolução sociocultural no tronco de formação dos grupos humanos, na medida que o sistema de significação, ou seja, as normas de conduta, os princípios éticos e o juízo dos valores, que compõem uma cultura, ou um sistema cultural, que se encontra constantemente induzindo o indivíduo a superar suas qualidades intrínsecas, regendo e definindo o comportamento humano, ganharam um novo curso.

No caso de Urukagina, era o governante que se preocupava em buscar superar o problema de uma distribuição equanimidade frente a uma escassez dos recursos, em face das necessidades crescentes, quebrando as desigualdades entre a produção e o consumo; o excedente: poupança ou investimentos; a sazonalidade, os períodos de excesso e outros de escassez, que estão presentes em todo processo produtivo.

Com Lugalzagesi reacendeu a vertente de buscar obter os mesmos resultados desejados, através de habilidades tipificadas como sendo de uso da violência, da aplicação da força, da intimidação, da coerção, da dissuasão e punição, e consequentemente, da percepção da legitimidade e do caráter absolutista que os súditos deveriam ter dos seus soberanos, através destes métodos de gestão de conflitos de interesses, que, ainda hoje, são extremamente comuns como modalidades de tomada de decisão, que Lugalzagesi passou a exercer com poder e autoridade política, excepcionalmente religiosa, no controle central, não só dos territórios, mais ou menos unificados, mas também, de cada cidade-Estado conquistada.

Lugalzagesi governou a Suméria durante 20 anos, ampliando a visão de mundo (sumério: *"kalam"*) dos povos sumérios pela expansão das fronteiras, e principalmente, a criação de um conceito de domínio sobre terras estrangeiras (sumério = *"kur-kur"*), legado para os monarcas futuros, ao unir os territórios mesopotâmicos, desde o Mediterrâneo até o Golfo Pérsico, isto é, do nascente ao poente, conforme relatos deixados por ele, o mesmo conceito que permitiu que, em 2.316 aEC, ele fosse confrontado e derrotado pelo violento rei acadiano Sargão I, que incorporou as terras dos eblaítas, dos mariotas, hutitas e dos elamitas ao império de Acádia.

> Sargão, rei da Acádia, camareiro da deusa Ištar,
> rei do mundo,
> sacerdote anunciado do deus Anum, senhor da terra,
> governador [sobre a Terra] para o deus Enlil,
> foi vitorioso sobre Uruk em batalha,
> conquistou 50 governadores com a divina maça do deus Ilaba,
> bem como a cidade de Uruk, e destruiu as muralhas [de Uruk].
> Capturou Lugalzagesi, rei de Uruk,
> em batalha [e]
> levou-o ao portão do deus Enlil numa parelha.
> (HAMBLIN, 2006, p. 74).

Após desentronizar a dinastia dos reis literatos na Mesopotâmia, penso que o reinado de Lugalzagesi foi um ponto de reversão no desenvolvimento dos seres humanos, isto é, em que o pêndulo do bem e do mal que representa os processos evolutivos da espécie, ao buscar restabelecer o equilíbrio divino da existência humana, pela perspectiva dos indivíduos poderem superar seus estados de consciência, ingressa no quadrante do mal, em que impera a barbárie, a violência, as guerras, os saques, a injustiça, o separatismo etc., com o propósito dos seres humanos tomarem conhecimento das verdades que estavam vivendo no seu cotidiano e/ou descobrissem as suas deficiências psicológicas, que tantos erros e desvios provocaram na sua vida de relação com os demais, e que, através de uma superação das suas qualidades intrínsecas, pudessem eliminar os efeitos das causas deste mal para sempre.

Como este processo evolutivo se faz de forma lenta e gradual, este pêndulo oscila constantemente na medida em que cada um seja capaz de restabelecer o equilíbrio, corrigindo o mal que existe dentro de si mesmo e colaborando para que ele, também, seja eliminado em toda a humanidade, *"até os homens alcançarem a figura máxima da sua evolução"* (PECOTCHE, 1958, §20).

Todas las leyes físicas han sido inspiradas por las leyes universales; pero no alcanzan su perfección y siempre tienden a aproximarse a aquellas, perfeccionándose. Las Leyes Universales se cumplen con el rigor de la exactitud y puntualidad; las leyes físicas tienen fallas originadas en las debilidades de los hombres.

Hay una ley desconocida; [...] Esa Ley es la Ley del Bien y del Mal. Es justamente esa ley la que rige todos los actos de la vida humana; estos deben regirse por esa Ley. Esta ley actúa como el péndulo de un reloj, oscilando entre el bien y el mal. Es la Ley de Equilibrio, porque cuando el ser tome conciencia de lo que representa para su existencia, la existencia de todas sus vidas puede lograr que el péndulo oscile para el bien. Pero cuando oscila para el mal — y esto acontece como consecuencia de sus faltas, errores, desvíos, — debe luchar para que oscile para el bien. Pero en esa oscilación debe llegar al equilibrio, de manera que toda falta o error sea inmediatamente absorbido por el bien. Y así llega, por esa línea de conducta, al bien infinito, porque toda falta es absorbida por el bien. Entonces, conscientemente se libera... Si inconscientemente o por cualquier circunstancia comete un error, sabe que puede repararlo llevando el péndulo para el bien. Como todas las leyes, ésta también es grandiosa, generosa y inexorable. Y llega a la razón e ilumina la inteligencia para percibir el beneficio que representa. (PECOTCHE, 1958, §12, 14).

Recordando sobre tudo que foi apresentado a respeito do comportamento antropomórfico dos deuses sumérios na Epopeia de Gilgámeš, isto é, possuíam temperamento e idiossincrasias humanas, podiam ser irascíveis, suscetíveis, presunçosos, petulantes, teimosos, soberbos, vaidosos, egoístas e cobiçosos, mas também, alegres, caridosos, temperantes e perseverantes.

Analisando os muitos registros encontrados no sítio arqueológico de Girsu, sobre as divindades lagašitas, podemos afirmar que, excluindo-se os deuses primordiais relacionados com a cosmogonia mesopotâmica; os siderais iconograficamente representados por símbolos (Sol, Lua, Vênus etc.); os mitológicos relacionados com as forças da Natureza (vento, tempestade, trovão etc.); e os ctônicos e os numinosos, nascidos do temor reverencial inculcado no imaginário dos seres humanos. Todos os demais correspondiam à figura dos próprios sacerdotes dos templos ou mesmo dos membros da aristocracia local, que, devido à sua formação literária, detinham algum conhecimento científico e/ou habilidades técnicas específicas, que os destacavam da plebe ignara ou do conhecimento empírico de lavradores, pescadores e criadores de gado.

> O panteão sumério, em particular, não desapareceu ao mesmo tempo que a independência política das cidades. Muito ao contrário, foi assimilado com facilidade tanto maior, na medida em que integrava a herança cultural a que eram sensíveis os soberanos de Akkad, e em que o politeísmo tolerava, havia muito, um vasto sincretismo. Numerosas divindades semíticas encontraram suas correspondentes sumérias, e algumas figuras mais originais, tanto sumérias como semitas, impuseram-se à sensibilidade religiosa de ambas as populações. [...]. No máximo, observa-se sob seus reinados, um aumento da popularidade de certas figuras, como Shamash e, sobretudo Ishtar, mas, no conjunto, a simbiose mesopotâmica já se consumara no campo do pensamento religioso. (GARELLI, 1982, p. 92).

Ao imiscuírem as atitudes antropomórficas conferidas às divindades na convivência delas com os seres humanos, os pesquisadores perderam a sensatez em suas análises historiográficas e misturaram a fantasia com a realidade, provavelmente, devido à psiquiálise[51], provocada por séculos de inculcação de dogmas religiosos, recheados de milagres, fatos fenomênicos, inexplicáveis, superstições, idolatrias e fanatismo fundamentado em concepções inverossímeis, abstrações quiméricas, além das graças especiais e exclusivas para benefício próprio procedente de santos, demônios, mártires, da divina Providência ou do próprio Criador.

---

[51] **Psiquiálise** = neologismo criado pela ciência logosófica para definir a paralisação de uma zona mental que, influenciada por preconceitos impostos como dogmas, impede o uso consciente da razão, do discernimento ou da maneira de entender a realidade.

O Homem Servil

Ainda que o leitor tenha a oportunidade de reafirmar nas próximas publicações que a esta seguirão, com o asseverado sobre a história da humanidade até aqui descrita, no que se refere à cosmovisão suméria que foi difundida por toda a Mesopotâmia, sobre a origem dos seres humanos como sendo uma criação deliberada por deuses com a intenção de lhes servir no cumprimento de tarefas que exigiam grande esforço físico, pouco conhecimento técnico e científico, e nenhum trabalho intelectual, podemos afirmar o quão prejudicial tem sido tal concepção, vigente até os dias atuais, para o processo evolutivo do homem comum.

Na atualidade, na medida em que uma pessoa, por incapacidade de formular um plano realizável, proveitoso e lícito, com probabilidade de *êxito*, ou mesmo ordenar as ideias de forma que fossem consideradas viáveis e de substancial importância para sua formação psíquica ou espiritual, concentrando seus fatores volitivos, tais como o empenho, o esforço e a constância, na realização deste propósito; e, ao não alcançar seus objetivos, prostra-se vitimado alegando uma fraqueza corporal e mental, próprias da concepção existencial criada nos templos, que caracteriza antropologicamente a espécie humana: como transgressora, desobediente, dependente, corruptível, moralmente vulnerável, pecaminosa e peremptória.

Ao invés de reconhecer a sua incompetência, a negligência na persecução das suas metas, a volubilidade do seu querer, a postergação das suas obrigações, ou ainda, sua abstração assistida por uma confiança fundamentada em uma fé cega ou evocação imagética imerecida; o indivíduo atribui o seu fracasso ao incontestável desejo e à potestade do Criador, que não atendeu aos seus pedidos, rogos ou súplicas, e não lhe proporcionou a oportunidade para alcançar seus propósitos, nem concedido suas graças, quer por não ser digno de recebê-las, quer por razões que transcendam o seu entendimento.

Seguindo este vetor, podemos perceber que houve um período na história da humanidade que surgiu uma classe de seres humanos que pretenderam assenhorear-se do conhecimento, com o objetivo de tirar partido da fragilidade que se estabeleceu nas mentes de quase todos os seres humanos, para o seu próprio benefício e o de uma elite privilegiada, inculcando crenças e dogmas, estabelecendo proibições absurdas para acesso direto dos demais aos pensamentos essenciais que animam a Criação, e, com isso, convertendo-se em intermediários e implantando um grande misticismo, que levou os homens a viverem em um mundo quimérico, fora da realidade.

Constituíram-se, eles mesmos, em uma grande impostura, que, além de eclipsarem os entendimentos com conceitos equivocados e inocularem preconceitos, atrasaram o processo evolutivo dos seus infectados, fazendo perder nos labirintos dos templos, a palavra que desde tempos remotos os homens têm buscado para descobrir os segredos dos segredos, pois ocultaram a luz da estrela flamejante com uma grande mentira, quebrando em pedaços a pedra cúbica.

A postura passiva, o estado de acabrunhamento físico e psíquico, que se traduz por imobilidade total ou ausência de reações, que o ato de crer provoca dentro da psicologia humana, ali onde se resume e palpita a vida de relação consigo mesmo, com os demais semelhantes e com tudo que o cerca, paralisa todo intento de reforma e superação das qualidades intrínsecas dos seres humanos.

Este letargo mental bloqueia as nossas emoções, impressões, inquietudes, os nossos sentimentos, pensamentos, e a própria vontade, que, para o nosso processo evolutivo são imprescindíveis, inclusive, para compreender até que ponto os pensamentos engendrados pelas mentes destes impostores políticos e religiosos foram capazes de atrofiar a inteligência humana, interpondo-se ardilosamente a uma observação criteriosa, intumescendo grande parte do entendimento, prejudicando a reflexão, insuflando negativamente a imaginação, eliminando a capacidade de razoar, imobilizando a função de pensar, afetando a sensibilidade e impedindo que o indivíduo possa vir a alcançar uma compreensão clara das verdades contidas na Criação.

ARDIL 22[52]

No que se refere à nossa sociedade atual, pode-se verificar que muitos destes conceitos encontram-se equivocados, corrompidos e deturpados, ao ponto de que, em alguns casos, o indivíduo se comporta de forma tão vazia e desorientada, que destoa frontalmente do patamar do progresso tecnológico alcançado.

O homem como expressão máxima desta cultura, e quando digo cultura me refiro tanto à ocidental quanto à oriental, ao estabelecer o seu processo formativo do caráter, tem-se preocupado, na maior parte do tempo, em buscar uma formação acadêmica, unicamente voltada para o propósito de alcançar seu progresso material, sem realizar uma real superação das qualidades intrínsecas, um melhoramento da sua condição humana, ou seja, sem objetivar uma real evolução.

Atualmente, ainda que os indivíduos se inspirem em suas inquietudes ou nos anelos de se superarem, enfrentam toda uma série de empecilhos para que promovam, sem interrupções, um estudo, sério, detalhado e profundo, que irá proporcionar-lhe um processo formativo das suas qualidades intrínsecas, pois, quão difícil tem sido para o jovem profissional se capacitar de forma a atender as qualificações requeridas pelo mercado de trabalho.

Para as centenas de candidatos a uma vaga nas empresas, seus Departamentos de Recursos Humanos requerem, a cada dia, mais qualificações, que, cada vez mais, mergulham os pretendentes em uma maratona ensandecida para obtenção de diplomas que pudessem lhes proporcionar uma vantagem nesta disputa encarnecida.

Cada candidato deve ter um perfil diferenciado, com aptidões específicas para atrair os olhos dos "*headhunters*" ou recrutadores, tais como habilidades comportamentais e interpessoais, resolução, resiliência, sinergia,

---

[52] **Ardil 22** = é uma expressão cunhada pelo escritor Joseph Heller, que descreve uma situação paradoxal, na qual uma pessoa não pode evitar um problema por causa de restrições, procedimentos ou regras contraditórias aos quais um indivíduo se submete, mas não pode controlar. Essas situações são tais que solucionar uma parte do problema só cria outro problema, o qual acaba levando ao problema original.
Os pilotos de aviões americanos da Força Aérea na Segunda Guerra Mundial, que estivessem fisicamente aptos, eram obrigados a cumprir as missões designadas. A única exceção prevista no regulamento era a comprovação de que o piloto estava com problemas psicológicos. Só que, para ser enquadrado nessa exceção, era necessário que o piloto fizesse um requerimento formal. O "Ardil" consistia na análise desse pedido: como a vontade de não se arriscar nas missões era tida como um "ato racional", a própria formulação do requerimento era considerada como prova de que o piloto não estava com problemas psicológicos. Assim, com ou sem requerimento, o piloto teria que voar. Trata-se de elemento narrativo tragicômico, mas que se tornou uma expressão da língua inglesa (Catch-22).

oratória, comunicação escrita, liderança de equipes, análise e interpretação de dados, delegação de tarefas, conhecimento de novas tecnologias, tais como: habilidades digitais, computação cognitiva, impressão 3D, robótica, "*storytelling*", "*chatterbots*", videoconferência etc., etc., etc...

As empresas têm requerido pessoal que possa apresentar um caleidoscópio de especializações, alegando a necessidade premente de colaboradores eficazes e eficientes para enfrentarem as "*incertezas do mercado*".

Durante o processo seletivo, se o candidato tem uma formação técnica é necessária ter uma graduação. Se é graduado... ter uma pós-graduação. Se tem um MBA – bom mesmo é ter dois. Se fala duas línguas – por que não fala alemão, árabe, russo, ou ainda, mandarim? – pois o mercado internacional é amplo e competitivo – e, a qualquer momento, pode ameaçar a posição monopolista e dominante da empresa e "*comprometer o seu futuro cargo*".

Se após sua contratação o empregado trabalha 44 horas semanais, conforme seu contrato de trabalho, ele "*não veste a camisa da empresa*", tem que trabalhar até às 22:00 horas, todos os dias, aos sábados e os domingos, também. Daí a vida consuetudinária fica comprometida com o trabalho, exclusivamente com ele, e qualquer processo de melhoramento empreendido é voltado para o externo e dedicado apenas à sua formação profissional.

> "Treine enquanto eles dormem, estude enquanto eles se divertem, persista enquanto eles descansam, e então, viva o que eles sonham."
> Provérbio japonês.

Excetuando os "*workaholics*", cuja dificuldade de controlarem os seus impulsos e suas impotências perante o vício em trabalho, denotando distúrbios psicológicos obsessivo-compulsivos, algumas pessoas alegam não disporem de tempo por excesso de trabalho ou por seu comprometimento com suas escolhas, que demandam esforços incansáveis e sacrifícios voluntários, que elas mesmas se predispõem a pagar o preço de realizar "*os seus sonhos*", imolando sua saúde física e mental, a convivência familiar e social, e o seu desenvolvimento espiritual – até porque "*Não existe sucesso sem sacrifício!*" Será? – em prol das pretensas conquistas profissionais, que, mediante uma alta remuneração salarial dos elevados cargos na hierarquia empresarial, lhe possibilitaria uma ascensão social e uma condição econômica confortável, com consumo de bens e serviços exclusivos, um modo de vida cobiçado por muitos, com acesso a mansões, carros, jatos, iates, joias, roupas de grife, viagens internacionais, alta gastronomia, e, até mesmo, a aquisição de obras de arte.

Pecotche (2007, p. 136) descreve em seu livro *O Senhor de Sándara* sobre a *"doença do vazio"*, caracterizada pela *"falta de uma razão ou força superior que, tirando as pessoas do ceticismo em que caíram, pudessem conduzi-las por caminhos que lhes garantissem a reintegração dos valores do espírito humano"*, que, a meu entender, descreve os esforços das pessoas em buscarem em todas as partes do mundo os elementos morais e éticos que irão libertá-las das suas angústias, dúvidas e incertezas existenciais, que envolvem o propósito da vida e o motivo delas estarem aqui, isto é, se deparam com um cheio que não têm como esvaziar e um vazio que não sabem como encher.

E o resto dos aspectos proeminentes da sua psicologia fica sacrificado no altar da vaidade, do egoísmo e da ambição, por prescindirem de mudar para melhor a sua forma de ser, de pensar e de agir; de cultivarem princípios éticos imprescindíveis para a vida de relação entre os membros da família e da sociedade, como forma de criar e consolidar um pensamento conciliador; e para adquirir uma integridade moral e espiritual, que irá lhes permitir a condução da própria vida e ser dono do seu próprio destino.

Em todos esses casos, descritos anteriormente, os indivíduos, sem possibilidades de promover estudos intraindividuais para absorver conhecimentos de ordem superior, transcendentes, que visam o processo formativo e evolutivo da espécie, estabelecem no seio da sociedade uma condição estamental, tal qual o sistema de castas indianas ou o sistema feudal da Idade Média, que predominou na Europa Ocidental e no Japão, baseados em uma estratificação rígida, onde não existe uma mobilidade social, ou seja, quem nasceu servo, morrerá servo; produzindo, assim, uma multidão de *"dálites"* e de *"barakumins"*, párias preenchendo postos de trabalho análogo à escravidão, próprio das classes subalternas, considerados como inferiores, que terão que cumprir jornadas excessivas ou que atuem em ambientes árduos e insalubres; indigentes mentais dos quais foi usurpada a maior das prerrogativas da espécie humana, a de evoluir conscientemente, através do uso da sua função de pensar.

Cortella (2002, s/p)[53] afirma que "é necessário fazer outras perguntas, ir atrás das indagações que produzem o novo saber, observar com outros olhares através da história pessoal e coletiva, evitando a empáfia daqueles e daquelas que supõem já estar de posse do conhecimento e da certeza". Dentro do meu entendimento buscar evoluir através de ensinamentos e

---

[53] **CORTELLA, Mário Sergio** = filósofo, escritor, educador, e professor universitário brasileiro, cujas palestras e livros visam promover o pensamento crítico e a reflexão sobre questões fundamentais que nos afetam, convidando as pessoas a questionarem suas próprias crenças e valores, fomentando uma postura mais analítica e reflexiva.

métodos enunciados a cinco ou sete mil anos atrás, impregnados de práticas miméticas desfiguradas, seria negar a evolução, visto que para isso teríamos que admitir, implicitamente, que durante todo este tempo os conceitos fundamentais sobre o homem, a Natureza e Deus não expandiram, nem se estenderam em seus limites antropo-filosóficos e científicos, em suas acepções mentais, dimensionais e primordiais, sem mencionar, em seus conteúdos, a abrangência e a ampliação do estoque de conhecimento, isto é o ser humano perante um progresso estupendo não teria evoluído nada.

A contemplação, a observação, a meditação e o estudo de cada uma das maravilhas que compõem essa Criação, em todas as suas dimensões, nos é permitido assimilar apenas uma parte do essencial, aquela que corresponde a nossa vida psíquica e mental. Ao ver uma aurora boreal, um *pôr-do-sol, muitas vezes*, a sensibilidade é comovida por brilhante espetáculo de cores, formas, luzes e sombras, porém, o máximo que conseguimos entender do conteúdo ali expresso, se traduz em uma expressão que demonstra apenas o vislumbre da potencialidade do Criador: Que gran-***dios***-idade!!!!

A sensibilidade encontra-se tão afetada em sua pristina pureza, que, o homem comum atua com o sentimentalismo, além de não reconhecer que permeando tudo e todos está o fluxo vital, sútil em sua essência, que flui através da Criação e anima e sustem a vida. Esta substância mental extracósmica na qual foram plasmadas todas as imagens da concepção divina universal é *"o amor, que surge do fundo mesmo da natureza para nos dar alento, impulsionar-nos e comover-nos ante a imanência de tudo o que nos é dado contemplar no Universo"* (PECOTCHE, 2008, p. 45).

Mesmo os sentimentos de alta hierarquia na escala evolutiva dos humanos, como os que compõem fortemente o amor a Deus, ao próximo, à vida, à humanidade, e aos amores maternal, filial, fraternal e conjugal tiveram seus vínculos simpáticos existenciais rompidos, pois os conceitos de civilização e família foram maculados e ofendidos em sua acepção mais pura, que estabelece uma razão para o amor e para o respeito mútuo e universal que deve existir entre os seres humanos, como decorrência da força genésica que nos une e garante a nossa condição de ser superior no plano racional e social.

Nos tempos atuais, os olhos humanos se acham endurecidos pela visão das coisas externas, pois no curso dos séculos, o homem esqueceu quase que totalmente o cultivo de sua vida interna, despreocupando-se dela, focando a sua visão e a sua audição quase que exclusivamente para os aspectos que se encontram fora de si mesmo.

E foi assim que a maioria dos seres humanos esqueceu de si mesma e passou a viver à custa do externo, isto é, *"fora de si"*, no externo e para o externo.

Nem a leal e franca amizade que deveria reger as relações entre as nações, na qual se concentram as maiores esperanças de paz justa e duradoura no mundo, pois é um sentimento capaz de contrapor potentes forças do mal e unir as vidas dos homens, dos povos e das raças; na cultura vigente, os conceitos que a sustentam *estão* tergiversados e corrompidos, e resumidos a uma forma de expressão coloquial que, na convivência humana, no máximo, inspira uma postura ética de cordialidade, companheirismo, afabilidade ou ajuda sincera.

Os aspectos deste sentimento, que transcendem ao divino, colocam o homem em uma posição privilegiada perante as demais espécies, pois nos atos de abnegação, na lealdade, na sinceridade, e na caridade inteligente encontra-se a mística em sua mais pura acepção.

A evolução pessoal ocorre na medida em que os homens, impulsionados por uma atitude sensível da alma, vamos despertando a consciência para os aspectos de ordem transcendente, relacionados à criação e a existência do gênero humano, e de como o Universo é regido e está estruturado.

A evolução requer da alma uma transformação na maneira de pensar, de sentir e de conceber a vida – uma substituição dos conceitos morais, uma metamorfose do caráter, mediante um processo de assimilação de princípios éticos, juízos de valores superiores e conceitos transcendentes, que formam as bases da Criação, visível e invisível.

É importante que se tenha uma percepção clara da transcendência de que estão revestidos os dois dos mais importantes momentos da vida humana, o nascer e o morrer, pois se em um se encerra a dádiva divina da perpetuidade, que garante a todos os seres humanos a possibilidade de redenção; no outro, os câmbios, que a condição finita da natureza material humana impõe, definem o cumprimento de ciclos de evolução pela renovação constante de tudo que se encontra vivo, que garante a todos o alto senso de justiça.

A meu entender, nestes momentos reside o mistério da vida.

Quem conscientemente expressaria: que conhecimento (idade) possui este Grande Deus para manifestar-se com tamanha exuberância e lucidez neste evento cósmico (crepúsculo)! É necessário que voltemos a ouvir a palavra da Natureza e compreendê-la!

Trata-se de câmbios permanentes e integrais, pois abarcam o conhecimento da constituição tríplice: física, psicológica e espiritual do ser humano, e por tanto, sua absorção ocorre no mais profundo do nosso ser.

Duas Naturezas, Tríplice Configuração

Se promovermos uma investigação mais aprofundada da configuração biopsíquica-espiritual do ser humano, verificaremos que ela foi dotada pelo Criador de um mecanismo mental, cujas prerrogativas inestimáveis permitem-no observar, imaginar, recordar, entender, refletir, meditar, pensar, razoar, julgar, intuir, e compreender, entre outras prerrogativas, para alcançar em um breve tempo conhecimentos de imponderável valor para a sua vida e a evolução de sua consciência.

Foi dotado, também, de uma sensibilidade que, sustentada por profundas convicções e conhecimentos, permite ao homem valorar o grau de afetividade que cada ser ou coisa lhe mereça, através das faculdades de sentir, querer, amar, sofrer, compadecer, agradecer, consentir e perdoar. E, um sistema instintivo, que preservou sua integridade física desde os rigores das primeiras épocas e o incita a cumprir sua função genésica como fator determinante para a conservação da espécie. Juntos, a sensibilidade, a mente e o instinto, configuram as três partes em que se dividem as energias psicológicas do indivíduo, todos estes sistemas associados às suas respectivas prerrogativas, de forma que, operando harmonicamente e em conjunto, capacitam-no para promover, por si mesmo, sem intermediários, seu processo evolutivo, e cumprir com êxito a missão de defini-Lo para a qual todos os humanos foram criados.

> Sobre a superfície terrestre, foram criadas múltiplas espécies. O gênero humano constitui a mais elevada, a que, por ter sido dotada de virtudes superiores, faculdades e capacidades extraordinárias de que careciam e carecem as demais, deve reinar com todas as forças de seu espírito, equilibradas pela razão e pelo sentimento, compreendendo as leis de seu Criador, para que de seus ditados surjam as provas mais evidentes de sua superioridade, pela compreensão plena dos princípios instituídos por essas mesmas leis que manifestam o Verbo Criador. (PECOTCHE, 2002, p. 82).

Invariavelmente, todas as vezes que, na história da humanidade, tentou-se estabelecer uma teurgia, ao invés de fazê-lo através do conhecimento, sempre o fizeram através das crenças, com seus dogmas e intermediários, de forma que os elos anímicos que unem o sistema à sua fonte espiritual foram rompidos.

Os planos não podem ser misturados, e, mesmo aqueles que, acreditando-se movidos pelas melhores intenções, foram, na verdade, impelidos pelo ternário demoníaco: vaidade, ambição e egoísmo, enraizados na psique humana, desde tempos imemoriais, precisamente na faculdade que o homem deve dominar para ultrapassar o portal iniciático rumo aos arcanos de sua enigmática existência.

Buscar evoluir através de ensinamentos e métodos enunciados a oito ou dez mil anos, impregnados de práticas miméticas desfiguradas, seria negar a evolução, visto que para isso teríamos que admitir, implicitamente, que durante todo este tempo os conceitos fundamentais da vida, sobre o homem, a Natureza e sobre Deus não expandiram, nem se estenderam além de seus limites antropo-filosóficos e científicos, em suas acepções mentais, dimensionais e primordiais, sem mencionar em seus conteúdos, abrangência e ampliação do estoque de conhecimento, isto é o ser humano não teria evoluído nada.

Observando o estado atual em que se encontra a humanidade podemos perceber que ela alcançou grandes avanços tecnológicos. Entretanto, ao lado dessa pujança de progresso, pode-se notar com clareza que a cultura vigente apresenta sinais inequívocos de uma grande deterioração e uma decadência dos valores morais, éticos e espirituais estabelecidos.

Quando me refiro à cultura vigente, de uma maneira geral, estou falando primeiro: dos conceitos básicos estabelecidos em um grupo social sobre o que é a vida e para que ela serve. Segundo: dos códigos de ética que regem a vida de relação que existe entre os membros deste grupo. E mais, os valores internos que integram a moral deste grupo de seres humanos; enfim estou falando dos elementos que constituem os pilares de uma civilização.

O avanço tecnológico ocorrido nas últimas décadas promoveu uma revolução nas técnicas de manipulação de material biológico humano. Tanto é assim, que documentos como Relatório BELMONT[54], que disciplina os princípios éticos e diretrizes para pesquisa envolvendo seres humanos, foi um marco na discussão quanto aos limites e os objetivos que devem nortear a prática e a pesquisa, fornecendo elementos para resolução de conflitos no campo das investigações envolvendo seres humanos.

Estes princípios – visam dar conformidade aos critérios com que os seres humanos devem ser tratados, respeito, benevolência, caridade, misericórdia e justiça – embora ciente da profundidade destes concei-

---

[54] A Comissão Nacional para Proteção de Sujeitos Humanos nas Pesquisas Biomédicas e Comportamentais, criada em 1974, apresentou no ano de 1978, o relatório dos trabalhos realizados e que foi intitulado: Relatório BELMONT: Princípios Éticos e Diretrizes para a Proteção de Sujeitos Humanos nas Pesquisas.

tos, e considerando que as acepções vigentes são um mero mergulho na superfície do saber, eles têm sido aceitos desde então como os princípios fundamentais para nortear o desenvolvimento de pesquisas éticas envolvendo seres humanos.

Um dos problemas fundamentais da metafísica e da filosofia consiste em saber o que é um Homem. A resposta a esta pergunta geralmente está associada à Taxinomia, isto é, à identificação de certas características, fisiológicas, evolutivas, anatômicas e ecológicas, atribuídas tipicamente a um ser humano, em contraste com outras formas de vida (micróbios, plantas e animais): racionalidade, domínio de linguagem, consciência de si, controle e capacidade para agir de forma ética, e valor moral ou o direito de ser tratado com respeito (BLACKBURN, 1997).

Embora essas características não sejam adotadas por todos, podemos dizer que os aspectos essenciais que dão singularidade a uma pessoa é a de um ser autônomo, logico, racional, livre, responsável, que se constrói ao longo da vida, de forma singular, única para cada indivíduo, interativa e comunicativa.

De uma forma simplista, especialistas e cientistas contemporâneos pretendem dar à expressão *"ser humano"* um significado preciso, designando-o como equivalente a um membro inteligente da espécie *"Homo sapiens sapiens"*. Os autores Peter Singer e Joseph Fletcher escrevem:

> A questão de saber se um ser pertence a determinada espécie pode ser cientificamente determinada por meio de um estudo da natureza dos cromossomas das células dos organismos vivos. Neste sentido, não há dúvida que, desde os primeiros momentos da sua existência, um embrião concebido a partir de esperma e óvulo humanos é um ser humano; [...] (SINGER, 2018, p. 62).

Singer prossegue sua justificação propondo outra definição do termo humano, atribuída a Joseph Fletcher. Conforme Singer (2000), Fletcher compilou uma lista daquilo a que chamou indicadores de humanidade, em que incluiu o seguinte:

a. Autoconsciência;

b. Autodomínio;

c. Sentido do futuro;

d. Sentido de passado;

e. Capacidade para se relacionar com os demais (interação e comunicação);

f. Altruísmo: preocupação com o bem-estar do semelhante; e

g. Curiosidade.

Vale ressaltar que, nenhum dos cientistas e estudiosos do comportamento humano, que corroboraram com tal proposição, falam sobre o indicador "*inquietudes*"; ou mesmo sobre os princípios construídos culturalmente nas relações interpessoais com a natureza e com os demais indivíduos, que servem de base para o desenvolvimento humano, tais como: a amizade, bondade, cordialidade, empatia, fraternidade, solidariedade, misericórdia, honra, justiça, entre outros; ou ainda sobre a aspiração de evoluir constante e conscientemente, inerente à própria espécie; ou mesmo sobre o aparecimento da inteligência no processo constitutivo dos seres humanos.

Sendo assim, desde então, o tema da origem do ser humano ocupou as áreas mitológica, filosófica, teológica e científica, tornando a cosmovisão um assunto de grande interesse para toda a humanidade e motivo de grandes conflitos entre as crenças formalmente institucionalizadas que visam, através do controle social e até mesmo político, exercerem uma tirania para evitar o despertar, o enriquecimento e a elevação da consciência da espécie humana.

A Origem – Uma Nova Cosmovisão

No ser humano formado na cultura comum, a ação estimulante do processo de fecundação mental é constituída pela variada série de indagações existenciais que aparecem na mente, portanto a propagação vibratória que estas indagações provocam na rede psicológica, formuladas, de um lado pelo próprio espírito, ou do outro, por agentes externos, fica obstaculizada naquela região cristalizada do entendimento, e as perguntas não conseguem comover o entendimento que deveria servir de ponte às inquietudes do pensamento para que este possa transpor os umbrais da dúvida.

Conforme Pecotche (2002, p. 81), *"a indagação é um movimento inconcluso da inteligência, que convida a completá-lo"*, portanto, um ser humano, por mais ignorante que possa ser, algum dia, abandonando a curiosidade comum e por necessidade da sua evolução natural, já se formulou uma indagação, um interrogante, sobre a razão de ser da própria vida, ou mesmo, já tenha sentido ou pressentido que a vida deve ter um algo mais, incompreensível, algo mais além, que leve ao rompimento da estreiteza física que restringe a vida humana, limitando-a entre o nascer e o morrer. *"Desde que os homens passaram a fazer uso da razão, sempre se apresentou a seu entendimento uma grande quantidade de indagações, que vem se repetindo no curso dos séculos sem uma resposta clara e definida"* (PECOTCHE, 2002, p. 81), e, por força destas inquietudes, quantas perguntas já não surgiram, no interno, que pressionaram a inteligência humana durante séculos e que se repetem de geração em geração, presentes em muitíssimos seres, quer estejam nos trópicos quer estejam nos polos, obedecendo a um perfeito plano de evolução, logicamente sincronizado entre todos os seres humanos.

> Quem conheça a fundo a história das raças humanas e tenha conseguido penetrar um tanto nas profundezas da Criação, por meio de suas múltiplas manifestações e de seus maravilhosos processos, os quais encerram inefáveis mistérios que falam de grandes e sublimes expressões do pensamento universal, haverá podido compreender, em parte, o conteúdo desse pensamento que anima a existência de tudo quanto vive, se move e vibra no espírito da Criação. (PECOTCHE, 2002, p. 81).

Neste processo de absorção de conhecimentos que nos identificam e individualizam como *"entidade humana"*, se alguma evolução foi alcançada, se assim podemos dizer, a humanidade a obteve de forma inconsciente, pois normalmente esta evolução ocorreu com o homem crendo em afirmações abstratas e absurdas a respeito dos conceitos fundamentais. Portanto, a vida do homem comum, formado na cultura vigente, desconhece a sua própria realidade interna.

As regiões de acesso ao mundo mental e os canais do entendimento ficam bloqueados por preconceitos, deficiências e conceitos equivocados, e toda imagem captada pela observação no cotidiano, vai ter dificuldades para penetrar com inteireza nos canais da compreensão e daí obter uma noção clara dos elementos que a configuram.

As palavras da inteligência, que brotam das fontes da lógica e da realidade vivente, se perdem em um espesso labirinto de pensamentos obtusos, das argúcias da dialética e da dissimulação do sofismo orientalista, culminando, muitas vezes, na desesperança, na indiferença ou no extravio.

Além destes obstáculos que impedem o livre entendimento, provocados por fatores externos, o ser humano de mediana cultura, o homem comum, dotado de conceitos fundamentais formados nos valores e princípios inculcados pela cultura vigente, tem, ainda mais, problemas no mecanismo psicológico, com sérias dificuldades para escrutinar, comparar, discernir e identificar, com certa clareza, as características dos elementos observados.

A mente despreparada para receber indagações que evidenciam aspectos de grande transcendência sobre a própria vida, nunca poderá respondê-las nem compreendê-las, pois confunde a sensibilidade com o sentimentalismo, a intuição com a premonição, a atuação sob o influxo dos pensamentos com a proveniente da força da vontade do seu espírito, e as ações promovidas por ele com as do próprio instinto, principalmente, nos casos em que este último intervém na defesa e preservação da integridade física do ser que anima.

Estes problemas que ocorrem no entendimento ficam agravados, quando, o ser humano infectado pelo vírus dogmático religioso, inoculado pelas crenças durante sua infância, tem paralisada uma zona mental que altera a faculdade de entender, provocando uma inibição e prostração espiritual, caracterizada pela cristalização da rede psicológica, precisamente nesta região onde o homem é levado a refletir sobre a necessidade de abarcar aspectos transcendentes da própria vida, debilitando e mantendo inativos, impedindo, assim, que os interrogantes tenham acesso à sua mente superior.

A ciência sempre influenciou a sociedade. Através do conhecimento, as pessoas, os povos e as raças alteraram sua forma de pensar, de sentir e de conceber a vida, uma vez que introduziu câmbios que alteraram o comportamento do ser humano, e, consequentemente, tudo o que existe na humanidade.

Os cientistas, em geral, os físicos e biólogos, em particular, com as suas teorias e descobertas experimentais, introduziram um componente importante na cultura humana para elucidar o conceito sobre os seres vivos, e como devemos proceder, de maneira proveitosa e inequívoca, no estudo deles, que irão promover avanços revolucionários no pensamento cosmogônico das espécies.

A busca de conhecer os conceitos bases, primordiais, instam a inteligência humana desde tempos imemoriais para buscar uma resposta que, emergindo das fontes da lógica e da realidade vivente, nos satisfaça, pelo menos momentaneamente, e que são imprescindíveis para que sejamos capazes de responder interrogantes do tipo:

Quem somos, de onde viemos, para onde vamos?

Qual é a razão de ser da própria vida? E da existência?

Qual é a nossa missão, qual é o nosso destino?

Dentro do meu entendimento, um dos interrogantes que deveria incitar a reflexão de todos os seres humanos, na medida real de conhecimento de cada um – é claro! – durante todos os momentos de suas vidas, foi o proposto por Cortella em um dos seus artigos[55], no qual ao afirmar que, *"tu és um indivíduo entre outros 6 bilhões e 400milhões de indivíduos compondo uma única espécie dentre outras 3 milhões de espécies já classificadas que vive em um planetinha que gira em torno de uma estrelinha que é uma entre outras 100 bilhões de estrelas compondo uma única galáxia entre outras 200 bilhões de galáxias num dos universos possíveis que de tanto se expandir um dia irá desaparecer...",* ao final indaga...

"Quem és tu?"

Julgo que esta afirmação do Cortella é uma forma inteligente e gentil de colocar o indivíduo frente à própria estultice, de imaginar que um ser com tamanha potestade estaria à disposição, a qualquer momento, em qualquer lugar, para servi-lo em seus desejos, frustações e dificuldades, tão logo surjam no cenário do seu cotidiano, e inclusive, permeável à louvores, bajulação, propinas e *às* promessas, que, normalmente, nunca são cumpridas.

A meu entender, um dos problemas fundamentais da metafísica e da filosofia consiste em saber o que é um ser humano.

Um dos problemas fundamentais da metafísica e da filosofia consiste em saber o que é um Homem. A resposta a esta pergunta geralmente está associada à Taxinomia, isto é, à identificação de certas características, fisio-

---

55 Disponível em: https://www.pensador.com/autor/mario_sergio_cortella/.

lógicas, evolutivas, anatômicas e ecológicas, atribuídas tipicamente à um ser humano, em contraste com outras formas de vida (micróbios, plantas e animais): "*racionalidade, domínio de linguagem, consciência de si, controle e capacidade para agir de forma ética, e valor moral ou o direito de ser tratado com respeito*" (BLACKBURN, 1997, p. 296).

Embora essas características não sejam adotadas por todos, podemos dizer que os aspectos essenciais que dão singularidade a uma pessoa é a de um ser autônomo, logico, racional, livre, responsável, que se constrói ao longo da vida, de forma singular, única para cada indivíduo, interativa e comunicativa.

Os povos mesopotâmicos, em especial os sumérios, os acádios, e, mais tarde, os babilônios, desenvolveram uma cosmogonia complexa com teorias, princípios, doutrinas, mitos e divindades consolidados durante o VI e o V milênios aEC.

Esses povos representavam a origem da Criação como um processo de procriação iniciado há 432.000 anos, no qual os deuses ("*aqueles que desceram dos céus*"), utilizando a manipulação da engenharia genética no hominídeo, da família taxonômica de um grande primata que aqui habitava, deram formação a trabalhadores primitivos.

Mais tarde, provocaram um "*dilúvio purgativo*" que deveria devastar a Terra em uma imensa catástrofe, pois se fazia necessário um novo começo. Porém, em virtude da benevolência de uma destas divindades, uns poucos sobreviveram, e, sendo por elas instruídos e orientados, criaram uma cultura dando formação à humanidade, transmitida em forma de uma doutrina.

De uma forma simplista, os antropólogos e os cientistas contemporâneos pretendem dar à expressão "*ser humano*" o mesmo significado dos antigos sumérios, designando-o como equivalente a um membro inteligente da ordem dos primatas "*homo de Cro-Magnon*", uma subespécie do "*homo sapiens sapiens*", surgidos há mais de 90.000 anos a partir do "*homo erectus*", com características físicas (quase sem pelos, face plana, nariz proeminente, estatura, volume da caixa craniana etc.) similares ao do homem moderno.

Vale ressaltar que, nenhum dos cientistas e estudiosos do comportamento humano, que corroboraram com tal proposição, falam sobre o indicador "*inquietudes*", ou ainda sobre a necessidade de evoluir constante e conscientemente, fatores inerentes da própria espécie, ou mesmo sobre o aparecimento da inteligência no processo constitutivo dos seres humanos.

Todos os modelos cosmogônicos conhecidos se baseiam no princípio cosmológico de que o Universo *é isotrópico e homogêneo, no qual* somente existe Força e Matéria. Pela ação da Força sobre a Matéria podem acontecer diversos fenômenos físicos e psíquicos.

Não pretendemos nos estender, ainda mais, para avaliar outras concepções sobre a criação do homem, inclusive, frente a um número considerável de afirmações heraclitianas e incongruências não-contraditórias encontradas nos estudos da genética humana e na proposição apresentada pelo naturalista Charles Darwin.

Darwin não conseguiu explicar a origem e as transmissões das adaptações ocorridas em espécies, o que gerou muita crítica a seu estudo. Nos dias atuais sabemos que não somente pela seleção natural que as espécies se evoluem, mas também por mutações gênicas e cromossômicas, por variedade genética, seleções sexuais e outras tantas.

Concordar que os seres humanos evoluem de acordo com as demais espécies (animais e plantas), a partir de uma adaptabilidade inata ou facilidade em sobreviver a determinados ambientes pela franca competição pelos recursos nele disponíveis, diversificando, deixando descendentes, e levando, inclusive, à criação de inúmeras e novas espécies a partir de uma mesma raça, seria afirmar que tudo o que ser humano pensa e faz é produto unicamente do seu aprendizado no meio em que vive, da cultura que o envolve.

Não bastaria que apenas existissem seres humanos inteligentes, seria necessário que o meio em que habitassem lhes proporcionasse uma maior carga cultural, criativa e revolucionária. Diferenças hereditárias e genéticas não teriam a importância básica das diferenças culturais e sim suas diversidades culturais e civilizatórias de vários povos e grupos étnicos.

Não iremos aprofundar para avaliar os conceitos determinísticos surgidos da concepção darwinista, visto que hoje, no que se refere a origem, desenvolvimento e perpetuação dos seres humanos, a teoria darwinista fundamentada em um processo de seleção natural, ocorrida ao acaso, aleatoriamente, contrasta com as ações inteligentes que determinam todos os processos ultracientíficos, comprovadamente experimentados, e podem ser detectados na Natureza.

> Entre o homem e o reino animal existe uma diferença tão marcante como a que aparece "in extenso" entre o reino mineral e o vegetal, e entre este e o animal. Essa diferença está determinada pelo fato de que mesmo os representantes mais avançados do reino animal não têm espírito. [...]

> Em vão se tem considerado a existência pré-histórica do *antro-popiteco* ou *pitecantropo* e, ultimamente, do *telantropo*, como possíveis antecessores ou elos perdidos da família humana. Lamentável erro da parte dos cientistas, os quais, em vez de levar a investigação dentro de si mesmos e descobrir em seus espíritos o enigma-gênese da ascendência de nossa espécie, se obstinam em buscar em espécies inferiores uma conexão, um elo desnecessário para compreender, ou pelo menos intuir, a verdadeira origem do homem. (PECOTCHE, 2008, p. 40).

Embora o homem intua que sua origem é devida a um Criador, ele, equivocadamente, se mantém empenhado em buscar um elo perdido, uma conexão hereditária, com espécies inferiores. Erro crasso cometido pelos naturalistas e filósofos, por ocasião da elaboração da hipótese principal da sua investigação sobre o mistério da origem do homem, na qual, por desconhecimento da sua configuração biopsíquica-espiritual, incluíram o gênero humano no reino animal, como parte integrante da escala zoológica, ao invés de situá-lo no reino hominal.

Neste ponto convém refletir sobre a seguinte questão: se o homem tivesse apenas uma natureza física, de ordem material, isto é, tivesse sido criado somente de *"barro"*, como tantas vezes já disseram as religiões, ou mesmo que fossemos originários dos macacos, conforme a teoria evolucionista, que a Paleontologia, Panspermia, Biognose e a cosmogonia moderna admitem – como teríamos tantas inquietudes que os seres que povoam as demais espécies não têm?

O constante e intenso querer para expressar-se, para interagir com os demais seres humanos para descobrir as causas que revelassem sua origem, o porquê de seu surgimento na terra, sua missão, e, finalmente seu futuro *"post-mortem"*, demonstram o contrário. Demonstram que o homem não é inteiramente material, que tem algo superior que anima sua vida e lhe permite pensar e sentir; é como algo que ele não vê nem pode tocar, mas cuja existência suspeita, pressente ou intui.

> A Logosofia situou o homem numa posição hierárquica mais elevada ao proclamar o quarto reino, virtualmente diferente dos demais. Sua constituição psíquica, com seus ponderáveis sistemas mental, sensível e instintivo, e, como se isso não bastasse, as excelências de seu espírito, do qual carece qualquer outra criatura vivente de reinos inferiores, colocam o homem, com justiça indiscutível, num reino à parte e superior, que chamamos de "humano". (PECOTCHE, 2008, p. 41).

Como responder sobre as suas habilidades, a sua facilidade de desenvolver aptidões, sobre as diferenças marcantes entre os filhos, sobre o aparecimento de ideias e pensamentos de alto valor em situações difíceis etc., se não tivesse o conhecimento da existência de sua natureza espiritual.

No nível de ignorância em que se encontra a humanidade fica bastante difícil um ser comum compreender que possui uma natureza espiritual, sem incluir aspectos religiosos contrários à realidade de sua existência. Explicar sobre o que é a inteligência que todos os humanos possuem; o que é a sensibilidade, que nos identifica e nos diferencia das demais espécies; sobre a existência de um mundo metafísico e transcendente, será necessário realizar um processo de evolução com consciência dos estágios alcançados para perceber que é o espírito o responsável por sua herança e perenidade.

Sob a pena de contrariar a lógica e a sensatez, ninguém descarta a possibilidade da existência de um Princípio Inteligente, ou Força Fundamental, presente e atuante em todas as coisas que compõem o Universo, quer seja, pela vontade expressa das Leis que o regem, estabelecidas por um Criador, o qual incita o ser humano a promover etapas de desenvolvimento e aprendizagem, buscando sempre a absorção de conhecimentos obtidos em experiências, habilidades e vivências, que irão capacitá-lo, gradualmente, para obter um refinamento intelectual, moral e espiritual. Sem a existência de um Criador não há possibilidade de existir um princípio inteligente.

> O acaso não existe na ordem cósmica; o que existe é a causalidade: tudo quanto existe responde a causas, o que implica uma relação permanente entre um evento e o evento anterior, em um infinito número de conexões entre um evento e seu anterior, do que se pode concluir que se temos conhecimento da causa de um evento, através dele podemos conhecer a causa que levou a ele.
> Nada no Universo é aleatório, tudo tem um mistério a ser decifrado, como que uma mensagem assinalando à mente humana a existência intrínseca de um objetivo concebido pelo Criador; mistério que, na medida em que o vamos decifrando, vai deixando de ser mistério para a mente ávida do saber. (PECOTCHE, 1944, p. 3).

No que se diz respeito aos seres humanos, ao tomar conhecimento, cada vez mais, da enorme quantidade de elementos e inúmeros detalhes que intervieram na elaboração da complexa estruturação mental, psicológica e espiritual do ser humano, manifestada em duas naturezas: uma material (física) e outra imaterial (metafísica), gradualmente vamos ampliando o nosso entendimento para o fato de que a sua criação obedeceu a um plano, a uma vontade e a uma inteligência divinos, que se cumprem com maravilhosa exatidão, e que estão plasmados nas funções, na articulação dos mecanismos e nos processos ultracientíficos que definem a configuração do homem, revelando um *"princípio inteligente"* a eles associado. Einstein (1954), um ano antes da sua morte, manifestou que *"sem Deus, o universo não é explicável satisfatoriamente[56]".*

A concepção inédita apresentada por Condorcet[57] (1795) em seu livro *"Bosquejo de un cuadro histórico de los progresos del espíritu humano"* sobre a evolução biológica e mental do gênero humano, que serviu de base ideológica para a revolução francesa, já naquela época, descartava a possibilidade da mutabilidade da matéria para melhorar tanto as ciências operativas, como as intelectuais, muito menos as morais e espirituais.

A moral, como uma filosofia integral da realidade, não depende da evolução material e intelectual, e, ao contrário do que se propaga, ela deve ser mensurada a partir da evolução das outras duas. As regras morais fundamentais são indissoluvelmente ligadas à própria natureza das coisas, ao Princípio Absoluto, que é a Origem e a Finalidade de todo o criado, e, consequentemente, a base de todas as demais formas de evolução.

Mesmo sem a capacidade momentânea para comprovar a existência de Deus, por inferência, podemos afirmar que o homem, a Natureza, o Cosmos e tudo quanto existe, são produtos de um estupendo e complexo processo universal de transmutação de tempo e espaço, promovido pela mente de um Criador, uma Mente Cósmica, sendo ela um princípio universal, criador dos seres humanos e de todas as coisas e de tudo inerentes a elas.

Porém não é fácil a tarefa de desraigar um mal que, durante milênios, vem escravizando o ser humano, mantendo-o agrilhoado a dogmas e crenças, ao mesmo tempo em que é necessário edificar, também, uma nova cosmovisão formada, através do conhecimento, por um novo e

---

[56] Trecho da carta enviada pelo célebre físico Albert Einstein enviada em 3/01/19544 para o filósofo judeu Eric B. Gutkind, expressando sua visão sobre o povo judeu, as religiões e a existência de Deus.

[57] Marie-Jean-Antonie-Nicolas de Caritat (Marquês de Condorcet) = pensador, matemático, professor, enciclopedista e político revolucionário francês. Um dos últimos representantes dos ideais iluministas do século XVIII. Criou um projeto para a nova Constituição dos revoltosos franceses, que foi rejeitado a favor de um mais radical elaborado por Robespierre. Pelas suas críticas aos jacobinos foi considerado traidor. Fugiu e ficou foragido por cinco anos, quando escreveu sua obra maior *Ensaio de um Quadro Histórico do Progresso do Espírito Humano*. Foi capturado, preso e morto em 1794, em condições misteriosas.

grande conceito de vida, de existência, de homem, de mundos possíveis, do Universo e de Deus.

Através das minhas investigações desenvolvidas ao longo da minha vida, tenho constatado que a ciência logosófica tem me ensinado com simplicidade o método, as técnicas e os conhecimentos, que correspondem à condição humana adaptada ao entendimento de nosso tempo e de nossa espécie, necessários e suficientes para arrancar os seres humanos das sombras formadas pelo desconhecimento de si próprio e levá-lo na direção das compreensões que haverão de iluminar a nossa realidade.

Neste processo formativo das características que nos individualizam como "seres humanos", por questão inerentes à nossa configuração e em função de como o nosso processo evolutivo desde as épocas mais remotas tem se desenvolvido, infelizmente, se alguma evolução foi alcançada, se assim podemos dizer, a humanidade o fez, de forma inconsciente, por força das adversidades, pois normalmente esta evolução ocorreu com o homem crendo em afirmações abstratas e absurdas a respeito dos conceitos fundamentais sobre o que é a vida.

Observando o estado atual em que se encontra a humanidade podemos perceber que ela alcançou grandes avanços tecnológicos. Entretanto, ao lado dessa pujança de progresso, pode-se notar com clareza que a cultura vigente apresenta sinais inequívocos de uma grande deterioração e uma decadência dos valores morais estabelecidos.

Pode-se verificar que muitos destes valores encontram-se equivocados, corrompidos e deturpados, ao ponto de que, em alguns casos, o indivíduo se comporta de forma tão vazia e desorientada, que destoa, frontalmente, do patamar do progresso tecnológico até então alcançado, mencionado anteriormente.

Os conhecimentos obtidos nos bancos escolares e universitários, que sustentam o nosso progresso material, embora ajudem bastante, não têm como propósito promover uma real superação das qualidades intrínsecas, um melhoramento da nossa condição humana.

Não são conhecimentos que nos capacita para viver. Não estão diretamente relacionados com as exigências internas do ser humano, com as suas inquietudes, os seus anseios, seus anelos, não contém os estímulos que o impulsionam no dia a dia para buscar um ideal maior para a própria vida. Não torna o indivíduo apto para extrair o máximo das oportunidades que surgem em seu cotidiano, que viabilizam a sua formação moral e espiritual, e lhe concedem o direito de ser dono absoluto de si mesmo, para poder realizar seus propósitos e ser o responsável direto pela construção do seu próprio destino.

De tudo que até aqui foi apresentado, fica apenas uma única questão: o leitor percebeu que sua vida tem sido regida por conceitos e princípios milenares, criados há mais de 5.000 anos atrás, cuja veracidade e validade são questionáveis?

O predomínio destes conceitos-padrões favorece o aparecimento de convencionalismos, sectarismos, separatismos, egoísmos, preconceitos e tradições, que oferecem resistência, reiteradamente, a toda independência de juízo, a toda inovação, e a toda evolução.

Com base nestes conceitos, nivela-se as atitudes por baixo, cria-se uma exaltação ao que é vulgar, ao que é corriqueiro, enaltece-se o brilho da personalidade, servindo-se dela para propagar mitos, modismos e ideologias estéreis, os quais na maioria das vezes são utilizados, para atender a interesses monstruosamente engendrados que impõem, de maneira sutil e ditatorial, costumes e ideias extremistas.

É muito comum ver as pessoas absorvidas, em um transe frenético na busca de informações, de relacionamentos. Interessadas em tomar ciência de um maior número de fatos e acontecimentos mais recentes e inusitados, ficam advertidos, comovidos e sensibilizados, porém, sem a preocupação de que estas informações, sentimentos, relacionamentos, este ineditismo, possa gerar dentro de si mesmo um processo instrutivo e formativo do próprio caráter.

Praticada de forma continuada e permanente, este culto ao imediatismo fabrica seres superficiais, criando neles o que normalmente chamamos de ignorância ilustrada ou analfabetismo funcional – uma pessoa cheia de informações e vazia de conhecimentos – dentro de si um cheio que não se deixa esvaziar e um vazio muito grande que a pessoa não sabe como encher.

Ora tudo isso cria uma atmosfera bastante peculiar – opiniões feitas, pensamentos estereotipados, frases repetitivas e slogans – tudo que puder substituir com uma vazia comodidade o nobre esforço de pensar, sentir e conceber a vida.

O produto é um homem sem a consciência do que diz, faz ou sente. Assim, vai se formando a *opinião pública*, na qual não cabem matizes nem objeções, inibindo e limitando a livre expressão do pensamento humano em todas as suas esferas de atuação.

Em tais condições, como pode melhorar essa massa de seres humanos presos a rígidas normas de comportamento, que ele mesmo, individualmente, não tem perspectiva alguma de emancipar-se para promover o seu melhoramento?

Que autoridade possui sua opinião ou palavra se a tem subordinada e dependente de outras opiniões?

Julgo que todos estes esforços fracassaram porque não constituíram uma verdadeira direção, definida, clara e imodificável, para o homem alcançar o seu aperfeiçoamento integral como entidade humana.

No meu entender, isto se deve ao fato de que o homem comum carece do adequado conhecimento de como tornar o que hoje é um sonho em uma realidade futura, conscientemente absorvida, sentida e praticada no cotidiano, de forma que, depois de aprendida, jamais possa ser esquecida.

Penso que a leitura consciente dos fatos e acontecimentos sociais é tão importante quantas outras chaves espalhadas pela Criação, para ampliar nossa compreensão a respeito do conhecido e permitir ter uma visão ampla do processo de manifestação da Vontade do Criador, que, neste estudo, em particular, se inicia com a linguagem sincrética dos símbolos e dos sinais usados pelos oráculos e hierofantes nos templos de Inanna e Enlil na Mesopotâmia, para descreverem as Verdades sobre a origem e a formação do Universo.

Inúmeras vezes tentaram descrever as Verdades sobre a origem e a formação do Universo, que a Criação apresentava aos seus olhos, e buscar transmitir uma concepção mais lúcida aos entendimentos eclipsados pelos próprios preconceitos, onde a imaginação oferecia à razão, ricamente ilustrada pelo misticismo anticientífico e supersticioso, um caleidoscópio de sugestões simbólicas e fantasiosas, que, atraídas pela volúpia e devaneios de conceitos vigentes, impressionava fortemente o ânimo, provocando uma embriaguez mental, um torpor, propício aos desvarios e desvios, afastando-os, ainda mais, das realidades metafísicas.

> Pela primeira vez se ensaia no mundo um método tão eficaz para o esclarecimento das proposições que a inteligência se tem formulado sobre os enigmas da vida e os mistérios da figura humana, tão complexa em sua estruturação psicológica e espiritual.
> E isso tem sido feito, necessariamente, com base no conhecimento de si mesmo, em seu maravilhoso conteúdo e na dimensão de suas amplas projeções. (PECOTCHE, 2006, p. 14).

Portanto, torna-se imprescindível que o leitor entenda a necessidade premente de promover, por si mesmo, sem intermediário, um processo gradual de superação das qualidades internas, um verdadeiro processo de melhoramento de suas capacidades individuais.

Em caso contrário, o leitor não deve nem desistir, nem se desesperar... outros volumes a este se seguirão, nos quais iremos, gradualmente, revendo, ampliando e hierarquizando os nossos conceitos primordiais, tais como: o conceito de pai, de filho, de marido, conceito de família, conceito de natureza masculina e natureza feminina, conceito de mundo, de mundo interno, mundo mental, mundo transcendente, metafísico, conceito de sensibilidade, sistema mental e sistema sensível, conceito de pensamento como uma entidade autônoma que independe da vontade humana, conceito de homem, conceito de espírito, conceito de vida e existência, conceito de respeito, solidariedade, caridade, conceito de bem, conceito de Natureza, de Leis Universais, e principalmente, conceito de Deus!!!

Levanta-te Homem!!! Erige desta postura genuflectora e mendicante, que o inferioriza e o desonra. Caminha sobre os dois pés, com a fronte para o alto, e assuma a posição que lhe foi designada como a espécie mais elevada criada sobre a superfície terrestre, com a firmeza na determinação de superar-se para cumprir, conscientemente, a missão que lhe foi predestinada.

Próximas Publicações

Outros Olhos – Mesopotâmia – Uma Nova Cosmovisão

Volume 2 – Acádios
Volume 3 – Babilônicos
Volume 4 – Egípcios
Volume 5 – Assírios
Volume 6 – Caldeus

"Para satisfazer a curiosidade saudável e lógica de um ser para conhecer toda a história, seria necessário levá-lo em espírito, ou seja, mentalmente, conscientemente, para cada uma das épocas, para cada um dos fatos, e explicar em detalhes as coisas que aconteceram; mas, como isso é enormemente grande no sentido total da palavra, é sempre buscado que o ser comece sabendo o que está mais próximo dele, para que ele possa então ir sabendo o que está a uma certa distância e até mesmo a uma longa distância dele. Ou seja, ao investigar a história, vá de si para o exterior e não de fora para si mesmo.

A história há uma, exclusiva, intocável, imutável. Não é o que está escrito, é o que existiu e sempre existirá; é a história cósmica ou a história integral de tudo o que existe. E assim como a história é única, o homem também é único.

Cada homem tem uma certa possibilidade humana e extra-humana. Humano é tudo o que diz respeito à vida material, intelectual e social do ser. Extra-humano é o que diz respeito ao que está dentro e fora dele, isto é, para a parte vital, para a parte consciente do organismo psicológico. Se ele fosse simplesmente humano, ele não estaria interessado na história ou no que aconteceu nesta ou naquela época, uma vez que reduzido ao limite de suas preocupações comuns – que é o que está dentro do humano – ele não estaria interessado em sair e, em seguida, entrar no que é parte de outra natureza. Ele quer ser social, não só com os seres de seu tempo, mas também quer ser social e familiarizado com outros seres, que, pode-se dizer, constituem fatos históricos, figuras históricas, que embora fisicamente não existam mais, continuam vivendo na história".

(PECOTCHE)

REFERÊNCIAS

ABRAJANO, Teofilo *et al*. Persistent Holocene Outflow from the Black Sea to the Eastern Mediterranean Contradicte Noah's Flood Hypothesis. **Geological Society of America Today**, may 2002.

ABRAMOVA, Zoya Aleksandrovna. **L'art paléolithique d'Europe orientale et de Sibérie (Lhomme des origines).** França: Editions Jérôme Millon, 1998.

ANDREASEN, Niels-Erik. **Adam and Adapa**: two anthropological characters. Michigan: Andrews University Seminary Studies, v. 19, n. 3, 1981.

ARANHA, M.L.A.; MARTINS, M.H.P. **Filosofando**: Introdução à Filosofia. 2. ed. São Paulo: Editora Moderna, 2002. ISBN-978-85-16008260.

ASSANTE, Julia. **The kar.kid/harimtu Prostitute or Single Woman?** – A Critical Review of the Evidence. Tecklenburg: Ugarit-Forschungen, Band 30, 1998. ISBN-3-927120-74-X.

BLACK, Jeremy; CUNNINGHAM, Graham; ROBSON, Eleanor; ZOLYOMI, Gabor. **The Literature of Ancient Sumer**. Oxford: Oxford University Press, 2006.

BALLARD, Robert D. Mar Negro: Luz sobre o dilúvio de Noé? **Revista National Geographic Brasil**, São Paulo, ano 2, n. 13, 2001.

BASTOS, Fernando J. R. E. M. **Os Cientistas e a Religião**: Contributos para uma Epistemologia do Sujeito Científico. 1998. Dissertação (Mestrado em Filosofia Moderna e Contemporânea). Faculdade de Letras da Universidade do Porto, 1998.

BAUER, Josef. Der vorsargonische Abschnitt der Mesopotamischen Geschichte. *In:* BAUER, Josef; ENGLUND, Robert K.; KREBERNIK, Manfred. **Mesopotamien:** Spăturuk-Zeit und Frühdynastiche Zeit. Friburgo (Suiça): Universitätsverlag, 2007 (Orbis Biblicus et Orientalis).

BERTMAN, Joshua J. Mark. **Handbook to Life in Ancient Mesopotamia**. Oxford University Press, 2005.

BIGGS, Robert D. **Inscriptions from Al-Hiba – Lagaš**. The First and Second Seasons. Bibliotheca Mesopotamian. Primary Sources and Interpretive Analyses for the Study of Mesopotamian Civilization and its Influences from Late Prehistory to the End of the Cuneiform Tradition 3. Malibu: Undena Publications, 1976.

BLACK, Jeremias; GREEN, Anthony. **Deuses, Demônios e Símbolos da Antiga Mesopotâmia. Um Dicionário Ilustrado**. 2. ed. Londres: British Museum Press. 1998. ISBN 978-0-7141-1705-8.

BLACKBURN, Simon. **Dicionário Oxford de Filosofia**. Tradução: Danilo Desidério Murcho *et al*. Rio de Janeiro: Jorge Zahar, 1997. ISBN 978-85-71104020.

BOTTÉRO, Jean; KRAMER, Samuel Noah. **Lorsque les dieux faisait l'homme** – Mythologie mésopotamienne. Paris: Éditions Gallimard, 1993. ISBN 978-2-0707-1382-0.

BOTTÉRO, Jean. **La religión más antigua**: Mesopotamia. Tradução: Maria Tabuyo y Agostín López. Madrid: Editora Trotta, 2001. ISBN: 978-84-81644528.

BOTTÉRO, Jean. **No Começo Eram os Deuses**. Rio de Janeiro: Civilização Brasileira, 2011. ISBN 978-85-20009000.

BOUZON, Emanuel. **Ensaios Babilônicos** – Sociedade, Economia e Cultura na Babilônia Pré-Cristã. Coleção História v. 19. Porto Alegre: EDIPUCRS, 1998, p.151.

SIN-LÉQI-UNNÍNNI. **Epopeia de Gilgámesh**: Ele que o abismo viu. [Tradução do acádio: Jacyntho Lins Brandão]. Belo Horizonte: Autêntica Editora. 2017. *In:* Nuntius Antiquus, versículo X, n. 2, 2014. ISBN 978-85-51302835.

BUDGE, E. A. Wallis. **A Versão Babilônica sobre o Dilúvio e a Epopeia de Gilgamesh**. São Paulo: Madras, 2004. ISBN 978-85-73748895.

BUESCU, Helena Carvalhão; VALENTE Simão. **Literatura** – Mundo Comparada, Perspectivas em português, Parte 3. Pelo Tejo vai-se para o Mundo. Tradução: CARAMELO, Francisco. v. 5. Lisboa: Tinta-da-China, 2020. ISBN 978-98-96715489.

CAGNI, Luigi. **L'Epopea di Erra** – Studi Semitici 34. Roma: Instituto di Studi del Vicino Oriente del l'Universitá. 1969, p.137.

CAMPBEL, Joseph. **O poder do mito**. São Paulo: Palas Athena, 1990. ISBN 978-85-72420082.

CAMPBEL, Joseph. **O Herói de mil Faces**. São Paulo: Pensamento, 2008. ISBN 978-85-31502941.

CAMPBEL, Joseph. **As transformações do mito através do tempo**. São Paulo: Cultrix, 2012. ISBN 978-87-00631625.

CAMPOS, Dinah. M. de Souza. **Psicologia da aprendizagem**. Monografia. Petrópolis: Vozes, 2017. ISBN 978-85-50902388.

CARAMELO, Francisco. **História das Religiões da Antiguidade**. Faculdade de Ciências Sociais e Humanas da Universidade Nova de Lisboa, 2007.

CARAMELO, Francisco. Arqueología de la muerte: el origen de las ideas bíblicas de infierno y de resurrección. *In*: MONTERO FENOLLÓS, Juan Luis (coord.). **Arqueología, Historia y Biblia**. De la torre de Babel al templo de Jerusalén. Ferrol: Sociedad de Cultura Valle-Inclán, 2008, p. 87-100.

CAVALLI-SFORZA, Francesco; LUCA, Luigi; MENOZZI, Paolo; PIAZZA, Alberto. **The history and geography of human genes**. Abridged paperback edition. Princeton: Princeton University Press, 1996.

CAVALLI-SFORZA, Francesco; LUCA, Luigi. **Quem somos? – História da diversidade humana.** São Paulo: Editora Unesp, 2002.

CAVALLI-SFORZA, Francesco; LUCA, Luigi. **Genes, povos e línguas**. São Paulo: Companhia das Letras, 2003.

CHARTIER, Roger. **A história cultural; entre práticas e representações**. Rio de Janeiro: Bertrand do Brasil, 1990.

CHARTIER, Roger. Textos. Impressão. Leituras. *In:* HUNT, Lynn. **A nova história cultural**. São Paulo: Martins Fouies, 1992.

CONDORCET, Juan Maria Antonio Nicolás de. **Bosquejo de un cuadro histórico de los progresos del espíritu humano**. Edición: Antonio Torres y Marcial Suárez. Madrid: Editora Nacional, 1980. ISBN 978-84-27605285.

CORREA, Maria Isabelle Palma Gomes. **A Água, os Deuses e o Poder na Mesopotâmia:** Reflexões sobre os Símbolos Aquáticos na versão Ninivita do Épico de Gilgamesh. UFPR – Setor de Ciências Humanas, Letras e Artes – Coordenação dos Cursos de Pós-graduação em História, Curitiba, 2003.

CORTELLA, Mário Sérgio. Sábia Consciência. Folha de São Paulo, jul. 2002.

COSGRAVE, Bronwyn. **História da indumentária e da moda – da Antiguidade aos dias atuais.** [Tradução: Ana Resende]. São Paulo: Editorial Gustavo Gíli Brasil. 2012. ISBN-978-84-25224591.

COUTINHO, Carlos Luciano Silva. A Educação Psíquica de Enkidu e a Simbologia do Templo do Amor na Epopeia de Gilgamesh. **Revista Estética e Semiótica**, v. 10, n. 1. Publicada pelo Núcleo de Estética, Hermenêutica e Semiótica da Universidade de Brasília. 2020.

CUENCA LÓPEZ, Luís Javier. **Topógrafos, arquitetos técnicos e engenheiros de construção. Uma abordagem histórica de suas responsabilidades**. Madrid: Editorial Dykinson, SL, 2013. ISBN 978-84-90318034.

D'AGOSTINO, Franco. **Gilgamesh o La Conquista de la Inmortalidad**. Madrid: Editorial Trotta, 2007. ISBN: 978-84-81649383.

DALLEY, Stephanie. **Myths from Mesopotamia**: Creation, The Flood, Gilgamesh, and others. Oxford, Oxford Univervisty Press, 1989. ISBN 978-01-92817891.

DECCA, Edgar Salvadori de. Modernidade e História. **RUA** – Revista do Núcleo de Desenvolvimento da Criatividade da UNICAMP, 1995.

DEBBIO, Marcelo D.; ARRAIS, Rafael. **O grande computador celeste**. São Paulo: Textos para Reflexão, 2016. ISBN 978-65-26603666.

DEBBIO, Marcelo D. **Enciclopédia de Mitologia**. São Paulo: Daemon, 2008. ISBN 978-85-87013668.

DUPLA, Simone Aparecida. **Construções do Imaginário Religioso no culto a Inanna na Antiga Mesopotâmia**: Símbolos e Metáforas de uma Deusa Multifacetada (3200-1600 aEC). **2016.** Dissertação (Mestrado em História, Cultura e Identidades) – UEPG, Ponta Grossa, 2016.

ELIAS, Norbert. **A Solidão dos Moribundos**: seguido de envelhecer e morrer. [Tradução: Plínio Dentzien]. Rio de Janeiro: Jorge Zahar, 2001. ISBN-978-857110616-1.

FORBES, Robert James. **Studies in Ancient Technology**. The Netherlands: Brill Archive. v. 9. George, A. 1999. 3rd. Ed. The epic of Gilgamesh. A new translation, 1961. ISBN 978-90-04006230.

FRYMER-KENSKY, Tikva. **In the Wake of the Goddesses**: women, culture, and the Biblical Transformation of Pagan Myth. NewYork: Ballantine Books, 1992. ISBN 978-00-29108000.

FRAYNE, Douglas. **Período Pré-Sargônico**: Primeiros Períodos, Volume 1 (2700-2350 AC), 2008. ISBN 978-14-42690479.

GANGE, Françoise. **Le Dieux Menteurs – Notre mémorie ensevelie**: L'humanité aux temps de la Déesse. Néerlands: Renaissance du Livre. 2002. ISBN-978-2804605940

GEORGE, Andrew R. **Shattered tablets and tangled wires**: Editing Gilgamesh, then and now. Yerevan: Armenian Journal of Near Eastern Studies (Aramazd), published by School of Oriental and African Studies of University of London, 2009.

GEORGE, Andrew R. **The Babylonian Gilgamesh Epic:** Introduction, Critical Edition and Cuneiform Texts 2. Oxford: Clarendon, 2003.

GIMBUTAS, Marija; MARLER, Joan. **The Civilization of the Goddess:** the world of Old Europe. São Francisco: Harper San Francisco, 1991. ISBN 978-00-62503688.

GIMBUTAS, Marija. **The Goddesses and Gods of Old Europe:** Myths and cult images. London: Thames and Hudson Ltd, 1982. ISBN 978-05-20253988.

GIMBUTAS, Marija. **The Language of the Goddesses**. São Francisco: Harper San Francisco, 1995. ISBN 978-00-62504180.

GLASSNER, Jean Jacques. **Mesopotamian Chronicles. Text CM7 Chronicle of Early Kings** (tradução adaptada para o inglês: A.K. Grayson, Assyrian and Babylonian Chronicles), 1975, Atlanta, 2004.

GLEISER, Marcelo. **A Dança do Universo:** Dos Mitos da Criação do Big Bang. São Paulo: Companhia da Letras, 2006, p.18. ISBN-978-85-35908480

HAMBLIN, William J. **Warfare in the Ancient Near East to 1600 BC – Holy Warriors and the Dawn of History**. London e New York: Routledge, 2006. ISBN 0-415-25589-9.

IFRAH, Georges. **Os números: a história de uma grande invenção**. 11. ed. São Paulo: Editora Globo, 2005. ISBN 978- 85-25002879.

JACOBSEN, Thorkild. **The Harps that Once...:** Sumerian Poetry In Translation. New Haven CT: Yale University Press, 1997.

JACOBSEN, Thorkild. **Treasure of Darkness:** A History of Mesopotamian Religion. New Haven CT: Yale University Press, 1976.

KENNETT, James P. *et al.* Evidence of Cosmic Impact at Abu Hureyra, Syria at the Younger Dryas Onset (~12.8ka): High temperature Melting at >2200 °C. Scientific Reports / Nature Research, mar. 2020.

KENNETT, Douglas J. **Arqueologia Ambiental e Ecologia Comportamental Humana.** Santa Bárbara, EUA: Universidade da Califórnia.

KING, Leonard William. **Enûma Eliš:** The Seven Tablets of Creation. London (1902); 1999 reprint ISBN 978-15-85090433; 2002 reprint ISBN 1402159056.

KLÍMA, Josef. **Sociedade e cultura na antiga Mesopotâmia.** 5. ed. Tradução: Matilde Moreno. Título original: Gesellschaft and kultur des alten Mesopotamien. Madrid: Ediciones AKAL SA, 2007. ISBN 978-84-73395175.

KOLEV, Rumen (1960). **The Enuma Anu Enlil:** A Panoramic View. Varna, Bulgaria: Placidus Research Center, 2007.

KRAMER, Samuel Noah. **El Matrimonio Sagrado en la Antigua Sumer.** Tradução: Manuel Molina. Barcelona: AUSA, 1999. ISBN 978-84-88810519.

KRAMER, Samuel Noah. **Os sumérios:** sua história, cultura e caráter. University of Chicago Press. EUA, 2011. ISBN 978-0-226452326.

KRAMER, Samuel Noah. **Mesopotâmia:** O Berço da Civilização. Rio de Janeiro: José Olímpio Time-Life, 1969.

KRIWACZEK, Paul. **Babilônia:** A Mesopotâmia e o Nascimento da Civilização. Tradução: Vera Ribeiro. Rio de Janeiro, Brasil: Editora Zahar, 2018. ISBN 978-85-37817193.

KUPPER Jean-Robert; SOLLBERGER, Edmond. **Inscriptions Royales Sumeriennes et Akkadiennes.** Paris: Les Éditions du Cerf, 1971. ISBN- 978-2204035736.

YOUNG, Michael. **The Rise of the Meritocracy.** London: Thames and Hudson, al. "Livro Pelican", 1958. ISBN 978-11-38538306.

LARSEN, Kristine M.; McBEATH, Alastair. Meteor Beliefs Project: meteoritic weapons. *In:* **Proceedings of the International Meteor Conference.** 30th International Meteor Organization, Sibiu, Romania, 2011. ISBN-2978-2-873550233, p.137-144.

LEICK, Gwendolyn. **Sex and eroticism in Mesopotamian literature.** New York: Taylor & Francis, 2003. ISBN 978-04-15311618.

LEICK, Gwendolyn. **Mesopotâmia:** A Invenção da cidade. Rio de Janeiro: Imago, 2003. ISBN 978-85-31208607.

LERNER, Gerda. **A criação do patriarcado.** Nova York: Oxford University Press, 1986. ISBN 0-19-503996-3.

LIPOVETSKY, Gilles. **O império do efêmero:** a moda e seu destino nas sociedades modernas. São Paulo: Companhia das Letras, 1989. ISBN 978-85-35915129.

LIVERANI, Mario. **O Antigo Oriente Próximo**: História, Sociedade e Economia. Londres: Routledge. 2014. Tradução: Prof. Emanuel O. Oliveira. São Paulo: Editora da Universidade de São Paulo, 2016. ISBN 978-0-415679060.

LOMA BARRIE, Borja. **Do Paleolítico à queda de Roma. Cronologia da pré-história e dos tempos antigos**. Madrid: Borja Loma Barrie, 2015. ISBN 978-15-49654831.

LÓPEZ MELERO, Raquel. **Breve história do mundo antigo**. 2. ed. Madrid: Editorial Universitária Ramón Arechs, SA, 2011. ISBN 978-84-996410544.

LÓPEZ, Jesus; SANMARTIN, Joaquín. **Mitología y Religión del Oriente Antiguo. Egito-Mesopotâmia**. Journal of the American Oriental Society; Ann Arbor Vol. 118, Ed. 4, Barcelona: AUSA, oct-dec/1998.

MELLA, Frederico A. Arbório. **Dos Sumérios a Babel**. São Paulo: Editora Hemus, 2001. ISBN-978-8528900273.

McCALL, Henrietta. **O Passado Lendário**: Mitos da Mesopotâmia. São Paulo: Moraes, 1994. ISBN 978-00-00128225.

MAISELS, Charles Keith. **The Emergence of Civilization**: From Hunting and Gathering to Agriculture, cities and the state in the Near East. London: Routledge, 1998. ISBN 0.415-009659-6.

MALINOWSKI, Bronislaw. Una Análisis Antropológico de la Guerra. **Revista Mexicana de Sociología**, Ciudad de México, Universidad Nacional Autónoma de México, v. III, 1944.

MARCO SIMÓN, Francisco; SANTOS YANGUAS, Narciso. **Textos para a História do Antigo Oriente Próximo - Volume** I. Oviedo: Universidad de Oviedo, 1980. ISBN 978-84-74680416.

MARTINS, Roberto de Andrade. **O Universo**: teorias sobre sua origem e evolução. 2. ed. São Paulo: Editora Livraria da Física, 2012. ISBN 978-85-78611798.

MARTOS, Ana Rubio. **Breve história dos sumérios**. Madrid: Ediciones NOWTILUS, SL, 2012. ISBN 978-84-99673639.

MAZOYER, Marcel; ROUDART, Laurence. **História das agriculturas no mundo – do neolítico à crise contemporânea.** SBPC – Ciência e Cultura, vol.69 nº 2, São Paulo: Editora UNESP, abr-jun/2017.

MOORE, Andrew M. T. *et al.* Epipalaeolithic animal tending to Neolithic herding at Abu Hureyra, Syria (12,800–7,800 calBP): Deciphering dung spherulites. PLOS ONE Journal, University at Buffalo of The State University of New York, set. 2022.

NASCIMENTO, Carlos Arthur Ribeiro do (org.). **Ciência e Fé, Galileu Galilei.** 1. ed. São Paulo: Nova Stella Editorial, 1988. ISBN 978-85-71399396.

NOAH KRAMER, Samuel. **Os sumérios. Sua história, cultura e caráter.** London: The University of Chicago press, Ltd., 1963. ISBN 0-226-45238-7.

NOAH KRAMER, Samuel. **A história começa na Suméria**. Traduzido do inglês por Jaime Elías. Barcelona: Ediciones Orbis, SA, 1985. ISBN 978-97-21043121.

OTTERMANN, Monika. **Morte e ressurreição na Suméria**: a "Descida ao Inferno" de Inanna e de Dumuzi. Processos de posse e perda de poderes divinos e humanos Volume II. São Bernardo do Campo: Oracula, 2006.

PEINADO, Federico Lara. **Himnos sumérios**. Madrid: Molina, Tecnos Editorial S.A., espanhol, 1988. ISBN-978-84-30944217.

PEINADO, Federico Lara. **Enuma Elish**: Poema babilónico de la creación. 1. ed. Madri: Editorial Trotta, S.A., 1994. ISBN-978-84-81640120.

PECOTCHE, Carlos Bernardo González. Conferência proferida em Buenos Aires em 8 de maio de 1958.

PECOTCHE, Carlos Bernardo González. **Curso de Iniciação Logosófica**. Tradução de filiados da Fundação Logosófica (Em Prol da Superação Humana). São Paulo: Editora Logosófica, 2008. ISBN 978-85-70970671.

PECOTCHE, Carlos Bernardo González. **Introdução ao Conhecimento Logosófico** / tradução de Colaboradores Voluntários da Fundação Logosófica (em Prol da Superação Humana) – 3. ed. São Paulo: Editora Logosófica, 2011. ISBN: 978-85-70970633.

PECOTCHE, Carlos Bernardo González. **O Senhor de Sándara**: romance psicodinâmico. [revisão da tradução José Dalmy Silva Gama]. 7. ed. São Paulo: Editora Logosófica, 2007. ISBN 978-85-70970664.

PECOTCHE, Carlos Bernardo González. **Coletânea de Conferências pronunciadas por Carlos Bernardo Gonzalez Pecothe (Raumsol) em Montevidéu, 1955-1963:** Tomo 3. Tradução, Colaboradores Voluntários da Fundação Logosófica (em Prol da Superação Humana). São Paulo: Editora Logosófica, 2016. ISBN 978-85-70971272.

PECOTCHE, Carlos Bernardo González. **O Mecanismo da Vida Consciente.** 15. ed. São Paulo: Editora Logosófica, 2013. ISBN 978-85-70970893.

PECOTCHE, Carlos Bernardo González. **Diálogos.** Tradução, Colaboradores Voluntários da Fundação Logosófica (em Prol da Superação Humana). [revisão da tradução José Dalmy Silva Gama]. São Paulo: Editora Logosófica, 2006. ISBN 85-70970552.

PECOTCHE, Carlos Bernardo González. **Coletânea da revista Logosofia**, Volume 1. [revisão da tradução José Dalmy Silva Gama]. São Paulo: Editora Logosofia, 2002.

PECOTCHE, Carlos Bernardo González. Historia de los Tiempos – El Hombre frente la Esfinge. Rosário, **Revista AQUARIUS**, n. 7-9, publicada pela Escola Raumsólica de Logosofia, jul./set. 1937.

PERLIN, John. **História das Florestas**: A importância da Madeira no Desenvolvimento da Civilização. Tradução Marija Mendes Bezerra. Rio de Janeiro: Imago Editora, 1992. ISBN-978-85-31201776.

POSTGATE, J. Nicholas. **Mesopotâmia arcaica. Sociedade e economia no alvorecer da história.** Tradução: Carlos Pérez Suárez. Madrid: Ediciones AKAL SA, 1999. ISBN 978-84-46010364.

PIGOTT, Vicent C. **The archaeometallurgy of the Asian old world.** v. 16. Applied Science Center for Archaeology Philadelphia: UPenn Museum of Archaeology, 2007. ISSN 1048-5325.

PONTES, Antônio Ivemar da Silva. **A "Influência" do Mito Babilônico da Criação, Enuma Elish, em Gênesis**. 4. ed. Dissertação (Mestrado em Ciência da Religião) — Programa de Pós-Graduação da UNICAP, Recife, 2010.

PRITCHARD, James Bennett. **The Ancient Near East**: Na Anthology of Texts and Pictures. 3rd revised ed. Foreword by Fleming, Daniel E. Princeton University Press, 1969.

RICKARD, Thomas Arthur. The use of meteoric iron. **The Journal of the Royal Anthropological Institute,** published by: Royal Anthropological Institute of Great Britain and Ireland, v. 71, n. 1-2, p. 55-66, 1941.

POZZER, Katia Maria Paim. Escritas e Escribas: o cuneiforme no antigo Oriente Próximo. **Revista Brasileira de Estudos Clássicos**, Seção Escrita e Oralidade no Mundo Antigo, São Paulo, v. 11, n. 11-12, p. 61-80, 1999.

POZZER, Katia Maria Paim. Os Mesopotâmicos tinham fome de que? Literatura, Cultura Material e outras Histórias. **Revista do Grupo de Estudos e Pesquisas sobre a Antiguidade Clássica e suas Conexões Afro-asiáticas**, Seção Homenagem a Pedro Paulo Abreu Funari, São Paulo, v. 2, n. 2, p.137-152, 2018.

ROBICHEZ, Juliette. A proteção do patrimônio histórico-cultural da humanidade e a crise do direito internacional. *In*: MENEZES, Wagner; ANUNCIAÇÃO, Clodoaldo Silva da; VIEIRA, Gustavo Menezes (org.). **Direito Internacional em Expansão**. Belo Horizonte: Arrães Editora, 2015.

ROGOFF, Barbara.; CHAVAJAY, Pablo. What's become of research on the cultural basis of cognitive development. **American Psychological Association PsycArticle Journal**: American Psychologist, v. 50, n. 10, p. 859-877, 1995.

RATHBONE, Dominic. História Ilustrada do Mundo Antigo. São Paulo: Publifolha, 2009. ISBN 978-85-79143519.

SANMARTIN, Joaquín; SERRANO, José M. **História Antígua del Próximo Oriente:** Mesopotâmia e Egipto. Madrid: Ediciones AKAL, 2006. ISBN-978-84-46010326.

SALLABERGER, Walther; SCHRAMKAMP, Ingo. **History & Philology – Middle Euphrates** Volum IV. Associated Regional Chronologies for the Ancient Near East and the Eastern Mediterranean. Belgium: Brepols, 2015. ISBN 978-2-503-53495-4.

SALLERON, Louis (Contra); MONESTIER André (Pró). **Teilhard de Chardin**. Lisboa: Editora Livros do Brasil. 1967.

SANTOS, Antônio Ramos dos. O Microcosmos da Teocracia na Antiga Babilônia. **Revista Lusófona de Ciência das Religiões**, Lisboa, ano IV, n. 7-8, p. 235-246, 2005.

SIMÕES, Angelo. **A Saga Humana Segundo as narrativas das cátedras científicas e das tradições religiosas e mitológicas**. Belo Horizonte: Clube de Autores, 2021. ISBN 978-65-00212976.

SINGER, Peter. **Ética Prática.** 4. ed. Tradução de Jefferson Luiz Camargo. São Paulo: Martins Fontes Editora, 2018. ISBN-978-85-806-3318-4.

SERRA, Orped J. Trindade. **A Mais Antiga Epopeia do Mundo: a Gesta de Gilgamesh**. Volume I. 1. ed. Salvador: Fundação Cultural, 1985.

SOLLBERG, Edmund. A Inscrição de Tummal. ed. 16. EUA, **Journal of Cuneiform Studies**, v. 2, 1962.

THOMAS, Ariane; POTTS, Timothy. **Mesopotamia: Civilization Begins**. Los Angeles: Getty Publications, 2020. ISBN 978-1-60606-649-2.

THE EPIC of Gilgamesh: a new translation, analogues, criticism. Translated and edited bv FOSTER, Benjamin R; FRAYNE, Douglas; BECKMAN, Gary M. New York: Loudon Norton, 2001. ISBN 978-03-93975161.

THE EPIC of Gilgamesh: the Babylonian Epic Poem and Other Texts in Akkadian and Sumerian. Translated by Andrew George. USA: Penguin Books, 2003. ISBN 978-01-40449198.

WOMACK, Mari. **Symbols and Meaning**: A Concise Introduction. California: Rowman Altamira Press, 176th Edition, USA, 2005, p. 81. ISBN-978-07-59103221.

OBSERVAÇÕES

1. As acepções contidas nas notas de rodapé foram obtidas em consultas ao site Wikipédia, a enciclopédia livre.

2. As transliterações dos textos cuneiformes, descritos nesta publicação foram obtidas, salvo indicação ao contrário, junto ao ETCSL – Electronic Text Corpus of Sumerian Literature, que é uma biblioteca digital, desenvolvida pela Universidade de Oxford, contendo transliterações, traduções para a língua inglês e referências bibliográficas da Antiga Mesopotâmia (atual Iraque), datadas do III e II milênio aEC.

Sites Consultados

https://www.casadellibro.com/libro-textos-para-la-historia-del-proximo-oriente-antiguo/9788474680386/394846

https://www.suapesquisa.com/pesquisa/babilonia.htm

https://pt.wikipedia.org/wiki/Babil%C3%B4nia

https://www.historiadomundo.com.br/babilonia/

https://www.suapesquisa.com/pesquisa/sumerios.htm

https://lounge.obviousmag.org/anna_anjos/2013/05/a-invencao-da-roupa.html

https://vestuariodaantiguidade.blogspot.com.br/2011/02/assirios.html

https://www.marcosabino.com/blog/?p=2429

https://virtualandmemories.blogspot.com.br/2011/08/indumentaria-sumeria.html

https://2012aeradeouro.webnode.com.br/products/civiliza%C3%A7%C3%A3o%20sumeria/

https://neumannnicolle.blogspot.com.br/2012/07/mais-ou-menos-27.html

https://oestranhocurioso.blogspot.com.br/2010/03/os-sumerios.html

https://html.rincondelvago.com/indumentaria-de-sumeria-asiria-y-babilonia.html

https://www.alunosonline.com.br/historia/os-sumerios-seu-legado.html

https://www.infopedia.pt/mostra_artigo.jsp?id=9705300

https://www.scielo.br/scielo.php?script=sci_arttext&pid=S0101-90742013000200013

https://ensinarhistoriajoelza.com.br/gilgamesh-a-historia-mais-antiga-do-mundo/

https://ensinarhistoriajoelza.com.br/mulheres-ao-longo-da-historia--3-mesopotamia/

https://www.youtube.com/watch?v=Pw0xSx56Z_M

https://www.nationalmuseumindia.gov.in/en/ground-floor

https://whc.unesco.org/en/tentativelists/1878

http://www.ammapsique.org.br/baixe/O-Racismo-atraves-da-historia-Moore.pdf

https://www.scielosp.org/article/rpsp/1998.v3n1/1-8/

Os domínios de Inanna: permanências de um culto... História: Questões & Debates, Curitiba, n. 57, p. 193-212, jul/dez. 2012. Editora UFPR

http://repositorio.unicamp.br/jspui/bitstream/REPOSIP/311415/1/Siegel_Pamela_D

https://super.abril.com.br/mundo-estranho/como-sao-os-paraisos-das-outras-religioes/

https://www.sciencedirect.com/science/artcle/abs/pii/S1040618212016035?via%3Dihub

https://ensinarhistoriajoelza.com.br/gilgamesh-a-historia-mais-antiga-do-mundo/

https://commons.wikimedia.org/w/index.php?curid=3356425

https://pubmed.ncbi.nlm.nih.gov/17743929/

https://sagrado-feminino.blogspot.com/2009/02/o-mito-da-sacerdotisa--shamhat.html

https://educacao.uol.com.br/disciplinas/historia/mesopotamia

http://tede2.uepg.br/jspui/handle/prefix/372

http://diocese-aveiro.pt/cultura/3677-2/

ETCSL, c 1.2.1. Enlil and Ninlil.

ETCSL, t.1.3.1. Inana and Enki.

ETCSL, t.1.8.2.3. Enmerkar and the Lord of Aratta

http://etcsl.orinst.ox.ac.uk/section1/tr121.htm.

https://commons.wikimedia.org/w/index.php?curid=5816007

http://etcsl.orinst.ox.ac.uk/cgibin/etcsl.cgi?text=t.1.3.1&display=Crit&charenc=gcirc&lineid=t131.p6#t131.p6

https://www.arca.fiocruz.br/bitstream/icict/37794/2/dhyana_nery_ioc_espec_2019.pdf

http://etcsl.orinst.ox.ac.uk/cgi-bin/etcsl.cgi?text=t.1.8.2.3#, 227-235.

http://pt-wikipedia.org/wiki/cosmogonia

http://pt-wikipedia.org/wiki/teogonia

https://angelanatel.wordpress.com/2020/07/25/elas-nao-sao-figuras-de-venus/

https://publicaciones.unaula.edu.co/index.php/VisionContable/article/view/426

https://books.google.es/books?id=vFxdSbAhrNAC

https://www.isbns.fm/isbn/9788446010364

http://www.uaslp.mx/difusi%C3%B3n/publicaciones

https://www.iberlibro.com/buscar-libro/titulo/la-historia-empieza-en-sumer/autor/noah-kramer-samuel

https://www.casadellibro.com/libro-textos-para-la-historia-del-proximo-oriente-antiguo/9788474680386/394846

http://dx.doi.org/10.22201/iis.01882503p. 1941.4.58448

http://www.librosmaravillosos.com/brevehistoriadelossumerios/pdf/Breve%20historia%20de%20los%20sumerios%20-%20Ana%20Martos%20Rubio

https://dialnet.unirioja.es/servlet/extaut?codigo=6728

https://www.amazon.es/Ancient-Near-East-History-Society/dp/0415679060

https://radicalfeministbookclub.files.wordpress.com/.../women-and-history_-v-1-gerda-l

https://es.scribd.com/document/377949826/Klima-Josef-Sociedad-Y-Cultura-en-La-Antigua-Mesopotamia

https://es.scribd.com/document/376908248/02A-Lara-Peinado-Federico-La--Civilizacion-Sumeria-266

https://www.amazon.es/Biblical-Studies-Failure-History-Perspectives/dp/B01DI2PWTU

https://hera.ugr.es/tesisugr/20762768

https://doi.org./10.18830/issn2238-362X.v10.n1.2020.05

https://doi.org/10.1371/journal.pone.0272947

http://dx.doi.org/10.5007/2178-4582.2014v48n1p108

http://hdl.handle.net/10451/45312

https://www.uniceub.br/media/454281/seminario1

https://doi.org/10.1371/journal.pone.0272947

https://pensador.com/frases/buda

http://dx.doi.org/10.21800/2317-66602017000200016